알쏭달쏭
헷갈리는
영단어

예스북

초판 1쇄 인쇄 2010년 06월 25일
초판 5쇄 발행 2020년 05월 29일

펴낸이 | 양봉숙
지은이 | 권인택·곽광우
편 집 | 김윤희
디자인 | 김선희
마케팅 | 이주철

펴낸곳 | 예스북
출판등록 | 2005년 3월 21일 제320-2005-25호
주소 | 서울시 마포구 서강로 131 신촌아이스페이스 1107호
전화 | (02) 337-3054
팩스 | 0504-190-1001
E-mail | yesbooks@naver.com
홈페이지 | www.e-yesbook.co.kr

ISBN 978-89-92197-49-6 10740

구성과 특징

핵심 단어의 비교!
- 반드시 익혀야 할 단어를 한 눈에 비교하기 쉽게!
- 기존에 알고 있던 단어의 의미가 한층 명확해진다!

Unit A-01

able
[éibl] 에이블
③ ~할 수 있는, 유능한

→ ability (지적, 육체적) 능력, 재능(pl)

💡 ~을 해낼 수 있는, 뛰어난 능력을 가진

capable
[kéipəbl] 케이퍼블
③ ~의 능력(자격)이 있는

→ ⓒ capableness 할 수 있음
ⓒ capably 유능하게

💡 어떤 일을 할 수 있는 능력을 갖춘 (책임이 있는)

차이를 느끼게 만드는 Point!
- 의미의 핵심을 찌르는 포인트!

able
- He is an able player. 그는 뛰어난 선수이다.
- Will Obama be able to deliver on his promises?
오바마는 자신의 약속을 지킬 수 있을까?

살아있는 예문!
- 생생한 예문으로 단어의 감을 키운다!

capable
- He's still a capable player. 그는 지금도 선수로 뛸 수 있다.
- Which teams are capable of winning a title?
어느 팀들이 우승 후보에 들만한가요?

뉘앙스를 이해하게 도와주는 Tip!
- 쉽고도 재미있는 설명!
- 읽기만 해도 단어는 내것이 된다!

Tip

요즘 젊은 여성들에게는 잘생긴 사람보다 능력 있는 사람(an able man)이 인기라고 합니다. 재능과 실력을 갖추고 있으면 아무래도 돈을 많이 벌 수 있기 때문에 생긴 현상이죠. 이처럼 뭔가 다른 사람들 보다 뛰어나다는 느낌을 주는 단어가 바로 able이랍니다.

유사어
- capability (앞으로 어느수준까지에 갈) 장래성, 재능 capacity 수용력, (잠재적인)능력, 역량
- competent (충분한) 능력 있는(=suitable)
- qualified (특정한 일을 할 수 있는)자격을 갖춘, 적격의
- talent (특히 예술분야에서) 타고난(능력, 재능

연관된 단어로 확장!
- 비슷한 의미를 가진 다른 단어를 한 번에!

머리말

 영어는 감(感)으로 한다는 말이 있습니다. 영어에 대한 '감'이 있으면 듣기, 말하기, 읽기, 쓰기가 골고루 향상됩니다. 이때 말하는 영어의 '감'은 두 가지 측면에서 살펴볼 수 있습니다. 첫째는 구문에 대한 감각, 즉 영어의 언어 구조가 우리의 머리 속에서 얼마나 확고하게 자리를 잡고 있는가? 라는 것이고, 둘째는 영어 단어 자체에 대한 감각입니다.

 단어에 대한 감이 있다는 말은 단어를 제대로 사용한다는 의미입니다. 우리가 단어를 공부하는 이유이기도 하죠. 그러한 목표를 위해 여러 방향으로 단어학습이 이루어지고 있습니다. 알파벳 순서대로 무식하게(?) 외우는 고전적인 방식에서부터 어원이나 쓰임새의 분류에 따라 모아서 외우는 다소 과학적인 방법에 이르기까지 다양한 방법들이 시도되고 있는 것입니다. 하지만 단어에 대한 감각은 직접 느껴봐야 자기의 말로 만들 수 있습니다. 그런 측면에서 뉘앙스의 차이를 아는 게 무엇보다도 중요하다고 하겠습니다.

 그렇다면, 단어 학습에 있어서 가장 중요한 요소는 무엇일까요? 기왕에 같은 시간을 투자할 것이면 기억에 오래 남는 게 좋고, 또한 단어 자체에 대한 감각을 키우는 방식이면 좋지 않을까요? 그래서 비슷하거나 헷갈리기 쉬운 단어를 서로 비교하면서 예문을 통하여 익히는 방법이 시도되었습니다. 하지만 너무 두꺼운 사전이어서 자주 참조하기 힘들거나 책 한 권을 다 봐도 단어는 몇 개 안 되는 비효율적인 방식이었습니다.

그래서 사전식으로 배열하여 되도록 많은 단어를 익히도록 배려하면서도 미묘한 뉘앙스 차이를 쉽게 익힐 수 있도록 구성한 책을 선보이게 되었습니다. 필요한 부분만 찾아서 봐도 좋고, 책을 읽듯이 순서대로 읽어도 상관없습니다. 비교된 단어와 설명을 읽다 보면 기존에 알지 못했던 단어의 맛을 알게 될 것입니다. 진짜 단어 실력은 이러한 미묘한 차이를 알고 활용하는 것입니다.

특히 단어의 뜻을 읽은 다음 **Point** 에 나오는 글을 서로 비교해가며 꼼꼼히 읽다 보면 비교되는 단어들의 차이점을 확실하게 이해할 수 있을 겁니다. 맛있는 음식을 꼭꼭 씹으면 그 맛이 더욱 우러나는 이치와 같습니다. 말하자면, **Point** 는 해당 단어의 엑기스라고 할 수 있습니다.

비록 작은 책이지만 여러분의 단어실력을 키우는 데에 큰 역할을 할 것임을 확신하며, 이 책을 좋은 친구 삼아 원하는 목표를 성취하시기를 기원합니다.

권인택 · 곽광우

목차

Part 1

A • 12	J • 208	S • 330
B • 40	K • 212	T • 386
C • 60	L • 217	U • 404
D • 105	M • 227	V • 409
E • 127	N • 239	W • 412
F • 149	O • 246	Y • 425
G • 170	P • 257	Z • 427
H • 179	Q • 297	
I • 195	R • 302	

Part 2

Simple&Useful • 429

Part 3

INDEX • 495

Part 1
Confusing Words

서로 비슷하여 헷갈리기 쉬운 단어들을 짝으로 엮었습니다. 비슷하기 때문에 헷갈리기 쉽지만 반대로 기억하기도 쉬운 장점이 있습니다. 또한 알쏭달쏭하기 때문에 단어의 감각을 키우는 데에도 큰 도움이 됩니다.

읽고 느끼고 말하면 쉽게 외워집니다. 쌍쌍단어의 세계로 초대합니다.

able
éibəl 에이블
형 ~할 수 있는, 유능한

→ 명 ability (지적, 육체적) 능력, 재능(pl)

Point ~을 해낼 수 있는, 뛰어난 능력을 가진

capable
kéipəbəl 케이퍼블
형 ~의 능력(자격)이 있는

→ 명 capableness 할 수 있음
   부 capably 유능하게

Point 어떤 일을 할 수 있는 능력을 갖춘 (역량이 있는)

able

- He is an **able** player. 그는 뛰어난 선수이다.
- Will Obama be **able** to deliver on his promises?
  오바마는 자신의 약속을 지킬 수 있을까?

capable

- He's still a **capable** player. 그는 지금도 선수로 뛸 수 있다.
- Which teams are **capable** of winning a title?
  어느 팀들이 우승 후보에 들만한가요?

Tip

요즘 젊은 여성들에게는 잘생긴 사람보다 능력 있는 사람 an able man이 인기라고 합니다. 재능과 실력을 갖추고 있으면 아무래도 돈을 많이 벌 수 있기 때문에 생긴 현상이겠죠. 이처럼 뭔가 다른 사람들 보다 뛰어나다는 느낌을 주는 단어가 바로 able이랍니다.

capability (받아들이는)수용능력, 잠재력, 재능 **capacity** 수용력, (잠재적인)능력, 역량
competent (특정한 일에 뛰어나서)유능한
qualified (특정한 일을 할 수 있는)자격을 갖춘, 적격의
talent (특히 예술분야에서 타고난)능력, 재능

accept

æksépt 앸쎕ㅌ

[동] 받아들이다, 인정하다

→ [형] acceptable 받아들일 수 있는
[명] acceptance 받아 들임, 승인

[Point] 호의를 가지고 받아들이다

receive

risíːv 뤼씨-v

[동] 받다

→ [명] receiver 수령인
[명] receipt 수령, 영수증

[Point] 누군가 보낸 것을 받아서 소유하다

accept

- Will you **accept** Tiger's apology?
  당신은 타이거 우즈의 사과를 받아들일 건가요?
- I'm sorry, I can't **accept** it. 미안하지만, 난 그것을 인정할 수 없어요.

receive

- Did you **receive** his letter? 그가 보낸 편지를 받았나요?
- The next day I **received** a phone call from him.
  그 다음날 그 사람으로부터 온 전화를 받았어요.

Tip

누군가 여러분에게 선물을 준다면 기꺼이 받겠죠? 그렇게 자발적으로 받는 것을 accept로 표현합니다. 적극적으로 받아들이는 대상은 선물 같은 물건일 수도 있고 초대나 신청같이 추상적인 것도 있답니다. 이에 비해, receive는 그냥 주어진 것을 받는 것(수동적으로 받음)에 초점이 있습니다.

[유사어휘]
adopt 채택하다(새로운 이론, 사상, 주장, 정책 등을 받아들이는 것)
admit 승인하다, 시인하다 **greet** (사람을)환영하다, 맞이하다
welcome (사람, 뉴스, 제안 등을)환영하다, 기꺼이 받아들이다

accident
æksidənt 액시든트
® 사고, 재난

→ ® accidental 우연한
® accidentally 우연하게

Point 뜻하지 않게 사고를 당해 다치거나 재산 피해를 봄

incident
ínsədənt 인서든트
® 우발적인 사건, 일어난 일

→ ® incidental 일어나기 쉬운, 부차적인, 임시의
® incidentally 부수적으로, 우연히

Point (의도적으로 일어나서)일어난 (작은)사건

accident

- He injured in minor car accident.
  그는 경미한 차 사고로 상처를 입었다.

- Five people were killed in a boating accident.
  5명이 보트사고로 목숨을 잃었다.

incident

- They were talking about the Roswell UFO incident of the late 1940s.
  그들은 1940년대 후반에 일어난 로즈웰 UFO 추락사건에 대해 이야기 하고 있었다.

- White House is considering the incident an attempted terrorist attack.
  백악관은 그 사건을 테러리스트가 시도한 공격으로 간주하고 있다.

Tip

뜻하지 않은 일이 일어나서 피해를 입는 경우 accident로 표현합니다.
그래서 차 사고는 car accident 또는 traffic accident라고 표현하죠.
보험을 노리는 범죄라면 모를까 그런 사고를 당하고자 하는 사람은 없을 테니까요. 반면 incident는 우연한 사건이나 일어날 가능성이 농후했던 사건을 표현하는 말입니다.

 disaster 크나큰 피해를 입은 사건, 재난 **event** 중요한 사건
misfortune 운이 나빠서 당한 사건, 재난 **occurrence** 어떤 일이 일어남, 생긴 일, 사건

accuse
əkjúːz 어큐-z

- 통 비난하다, ~에게 죄를 씌우다, 고발하다

→ 명 accusation 비난, 고발
  명 accuser 고소인, 고발자

Point 대개 개인적인 비난

charge
tʃɑ́ːrdʒ 촤-r쥐

- 통 고발하다, ~에게 죄를 씌우다
- 명 비난, 고발, 고소

Point 대개 정식으로 기소, 고발 하는 것

accuse

- Nobody will ever be able to accuse him of being an idle man. 어느 누구도 그를 두고 게으르다고 비난 할 수는 결코 없을 것이다.
- Many critics accused him of misogyny.
  많은 비평가들이 그를 두고 여자를 혐오하는 사람이라고 비난했다.

charge

- He was charged with a crime. 그는 범죄로 기소되었다.
- Why not charge him with murder?
  왜 그를 살인죄로 고발하지 않는 거죠?

Tip

누군가 잘못을 저질렀을 때 그 사람을 비난하는 것으로 끝낼 수도 있고 정식으로 고발할 수도 있을 겁니다. accuse는 of와 함께 사용되어 주로 잘못이나 죄에 대해 그 사람을 개인적으로 비난하는 것을 표현하고, charge는 with와 함께 사용되어 주로 법을 위반한 죄를 묻기 위해 정식 절차를 밟는 것을 나타냅니다.

blame 비난하다(책임을 ~에게 돌리다) criticize 비판하다 fault 누구의 흠을 잡다, 비난하다
impeach 탄핵하다 incriminate ~에게 죄를 씌우다, 사건에 말려들게 하다 indict 기소하다

Unit A-05

acknowledge

ækná́lidʒ 애ㅋ날리쥐

[동] 인정하다, 자인하다

→[명] acknowledgment 승인, 인정

Point 마지못해 무엇이 사실임을 인정하는 것

admit

ədmít 어ㄷ밑

[동] 시인하다, 인정하다

→[명] admission 승인, 입학 허가, 입국 허가

[명] admittance (구체적인 장소에)입장 허가

Point 어떤 증거나 주장에 대해 정당하다고 인정하는 것

acknowledge

- He **acknowledged** he made some mistakes.
  그는 자신이 약간의 실수를 했다는 점을 인정했다.
- They **acknowledge** that nicotine is addictive.
  그들은 니코틴에는 중독성이 있다는 점을 시인하고 있다.

admit

- He **admitted** his guilt. 그는 자신의 유죄를 인정했다.
- I think it was a mistake, and we should **admit** that.
  내 생각에 그건 실수였어요. 우리는 그것을 인정해야 합니다.

Tip

니코틴이 암의 원인이라는 주장에 오리발로 일관하던 담배회사들이 결국에는 니코틴의 위험성을 인정할 수 밖에 없게 되었습니다. 이처럼 마지못해 털어놓거나, 숨겨왔던 사실을 털어놓는 것을 acknowledge로 표현하지요. 잘못은 빨리 admit하는 것이 좋습니다.

유사어휘

concede (선거에서 패배를 인정하는 것처럼 어쩔 수 없이)인정하다
confess 자백하다(자기의 죄를 승인하고 그것에 대한 책임을 받아들이는 것)
recognize 알아보다, 인정하다

Unit A-06

action
ǽkʃən 액션
명 활동, 행동

→ 동 명 act 행하다, 행위
  명 activity 활동, 운동

Point 행하는 과정

behavior
bihéivjər 비헤이뷔어r
명 행동, 동작, 태도

→ 동 behave (예절 바르게) 행동하다

Point 남에게 하는 태도, 행동

action

- All of those proposals require congressional action.
  이 모든 제안들은 의회의 의결을 필요로 한다. (congressional action = 의회의 의결 행위)
- He talks big, but I never see any action.
  그는 허풍만 쳤지, 실제로 행동하는 것을 못 봤어.

behavior

- That's real peculiar behavior. 정말이지 별난 행동이야.
- She wanted to apologize one more time for her behavior. 그녀는 자신의 행위에 대해서 다시 한 번 사과하고 싶어했다.

Tip

정치적인 행동political action, 영웅적인 행동heroic action처럼 어떤 일이나 행위를 하는 과정에 초점을 둔 말이 action입니다. 반면, behavior는 심리학이나 사회학 등의 연구 대상으로서의 행동이라고 할 수 있습니다. 대개 본능적인 행위이면서 성격이 드러나는 행동이고 또한 훈육의 결과로서 나올 수 있는 행동이죠.

act (일시적이고 개인적인 행위로써 그 결과에 초점이 있는)행동
conduct (도덕적인 책임이 깃든)행동, 행실 deed (훌륭한)행위, 행동, (위대한)업적

Unit A-07

adult
əd∧lt 어덜ㅌ
- 형 성인이 된, 완전히 성장한
- 명 성인, 어른

Point 법적으로 성인이 된

mature
mətjúər 머튜어r
- 형 익은, 성숙한
- 동 익히다, 성숙시키다

Point 완전히 자란, 원숙한

adult
- Prices for summer tours are $59 for adults, $29 for children. 여름 여행 가격은 어른 59달러, 어린이 29달러.
- This is a game that is for adults. 이건 성인용 게임입니다.

mature
- It has long been known that overweight girls tend to mature earlier.
  대개 뚱뚱한 소녀들이 좀 더 일찍 성숙해진다는 것은 오래 전부터 알려진 사실이다.
- Great talents mature late. 대기 만성.

Tip

사람, 동물, 식물이 완전히 자란 경우 adult로 표현할 수 있는데, 사람의 경우에는 법적으로 성인이 되었을 때 사용하는 말입니다.
이에 비해, mature는 성숙하게 완전히 자랐다는 데에 초점이 있는 말이어서 과일이 잘 익은 경우, 또는 사람에게서 원숙함이 나타날 때 사용할 수 있습니다.

유사어휘 full-grown 성숙한(완전히 정상크기로 자랐다는 사실을 강조) grown-up 완전히 자란
of age (법적으로 인정되는)성년의

advance
ədvǽns 어드 뺀ㅆ
- 동 앞으로 이동하다, 앞으로 나아가게 하다
- 명 진전, 진보, 승진, 선금

핵심이미 위치를 앞쪽으로 이동하다

progress
prəgrés 프뤄그뤠ㅆ
- 동 나아가다, 진보하다
- 명 진보 [prágres] 앞으로 나아감, 전진

핵심이미 발전과 향상이 일어나고 있다

advance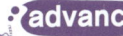

- Obviously, technology has advanced significantly in the last ten years. 분명, 기술은 최근 10년 동안 상당히 발전했습니다.
- You have to pay in advance. 선불로 내야 합니다.

progress

- Crisis has progressed to a very severe stage.
  위기는 매우 심각한 단계로 진행되었다.
- Are you making progress? 일이 잘 되어 가나요?

Tip

회사 생활의 즐거움은 승진에(advance) 있습니다. 직급도 올라가고 월급도 올라가고… 뭔가가 높아지는 느낌이지요? 수준이나 위치가 이동하는 느낌을 줍니다. 그래서 기술의 진보를 표현할 때 사용하며, 돈을 미리 내는 경우도 advance를 씁니다. 반면, progress는 어떤 방향으로 발전하는 것을 표현합니다.

유사어휘
go (다른 장소로)이동하다 go on 계속 ~하다
move (방향이나 장소를 바꾸어)이동하다 proceed (잠시 멈추었다가)계속 이동하다

advice
ədváis 어드봐이ㅆ
- 명 충고, 조언

→ 동 advise[ædváiz]
  명 adviser 조언자, 지도 교사(교수)

Point 대개 개인간의 조언

counsel
káunsəl 카운쓸
- 명 조언, 권고
- 동 조언하다, 권하다

→ 명 counselor 고문, 카운슬러

Point 전문가의 조언

advice
- I hope you don't mind me giving you a piece of advice. 내 충고를 귀담아 듣기를 바랍니다.
- Take my advice. 내 충고를 따르거라.

counsel
- We rely on your counsel, and we depend on your help. 우리는 당신의 조언을 신뢰하며 당신의 도움에 의지하고 있습니다.
- I am grateful for your friendship and your counsel 당신의 우정과 조언에 감사 드립니다.

Tip

개인간에 이루어지는 충고나 조언은 대개 advice로 표현합니다. 반면, 변호사나 의사처럼 직업적으로 상담하고 조언을 해주는 경우가 있죠. 이때는 counsel을 사용합니다. 그래서 counsel은 '법률고문, 변호인단' 이라는 의미로도 사용된답니다.

hint 가벼운 신호나 눈치. 간단한 지시나 암시 **recommendation** 추천, 권고

Unit A-10

affect
əfékt 어펙트
- 통 영향을 주다, 작용하다

→ 명 affection 영향, 감동, 애정, 호의
형 affectionate 애정이 깊은

Point 작용하다 → 감동시키다

effect
ifékt 이펙트
- 통 초래하다, 달성하다
- 명 결과, 효과, 영향, 효력

→ 형 effective 효과적인, 유효한

Point 어떤 변화(결과)를 가져오는 것

affect

- How will health care reform affect cancer patients?
  의료보험 개혁이 암환자들에게 어떤 영향을 줄 것인가?
- Your faith will affect your life.
  당신의 신념은 당신의 삶에 영향을 미칠 것이다.

effect

- They think it may effect the outcome of the election.
  그들은 이것이 선거 결과에 영향을 줄 것으로 (변화를 초래할 것으로) 생각한다.
- The rule will be in effect until the end of 2012.
  그 규정은 2012년까지는 유효할 것입니다.

Tip

술을 많이 마시면 알코올이 우리 머리에 영향을 끼칩니다^{affect}. 이제 알코올이 계속 들어가면 어떤 증상이 나타나죠. 즉 알코올 효과^{effect}가 나타나서 '주사'를 부리게 합니다. 알코올은 두뇌에 자극을 주었고^{affect} 그 결과 횡설수설하는 모습을 보이게 했죠^{effect}.

유사어휘

- **impress** (심적, 감정적 영향을 강조하여)깊은 인상을 주다, 감동시키다
- **influence** 영향을 끼치다, 감화시키다
- **move** (공감을 불러일으킨다는 의미에서)감동시키다
- **sway** 흔들다, (타인의 결심을)빗나가게 하다
- **touch** (마음을 고무시킨다는 의미에서)심동시키다, 선뜻하게 하다

Unit A-11

afraid
əfréid 어ㅍ뤠이드
형 두려워하는, 걱정하는

포인트 불안, 걱정으로 인한 두려움

frightened
fráitnd ㅍ프라이튼드
형 겁이 난, 깜짝 놀란

포인트 갑작스럽게 닥치는 강렬한 공포감

afraid

- I'm afraid it's going to rain. 비가 올 것 같아 걱정되는 데.
- Don't be afraid of silence. 침묵을 두려워하지 마라.

frightened

- These little kids must have been very frightened.
  이 꼬맹이들은 틀림없이 겁을 먹었을 거야.
- After reading the email I felt very frightened.
  그 이메일을 읽은 후에 전 매우 놀랬습니다.

Tip

누군가 칼을 들고 설친다면 등골이 오싹하겠죠? 또 사자에게 잡히지 않으려고 필사적으로 도망가는 초식동물이 느끼는 공포도 frightened로 표현할 수 있습니다. 몸이 다칠지도 모르는 두려움, 강렬한 공포가 암시된 말입니다.

유사어휘
alarmed (생각지도 못한 위험을 알아 차리게 되어서)깜짝 놀란, 겁먹은
fearful (불안, 근심으로)두려워하는
horrified 겁에 질린, 소름 끼치는(무서움, 혐오스러움이 있음)
scared (갑작스러운 공포로)겁먹은
terrified (극도의 공포를 나타내어)무서워하는, 겁에 질린

agree
əgríː 어ㄱ뤼-

[동] 동의하다, 찬성하다

→[형] agreeable 기꺼이 동의하는, 기분 좋은

[명] agreement 동의, 합의, 협정

[Point] 의견을 같이하다, 제안이나 계획 등에 찬성하다

consent
kənsént 컨쎈ㅌ

[동] 동의하다, 승낙하다

[명] 동의, 승낙

[Point] 다른 사람의 제안이나 요청을 받아들임

agree

- I **agree** with you entirely. 네 의견에 전적으로 동감이야.
- They had **agreed** to a set of principles on revisions to the rescue plan.
  그들은 구제 계획안 개정에 관한 일련의 원칙들에 찬성했다

consent

- After all, they'd never **consented** to genetic testing.
  어쨌든, 그들은 유전자 검사에 동의한 적이 없었다.
- Silence means **consent**. 침묵은 승낙의 표시이다.

Tip

agree에는 처음에 의견이 틀렸으나 조정을 거쳐 동의한다는 의미가 있습니다. 대화하고 설득하고 논의하는 과정에서 처음에는 부정적이었던 생각이 바뀌어 다른 사람의 의견에 동의하게 되거나 반대했던 계획을 찬성한다는 뉘앙스입니다. 이에 반해, consent는 자발적인 동의, 즉 적극적인 의지를 가지고 하는 동의와 승낙을 표현합니다.

[유사어휘]
assent (제안이나 의견에)동의하다
coincide (의견, 취미, 소원 등이 완전하게)일치하다 → 동시에 발생하다
concur (투표나 의견 발표과정을 거쳐)동의하다, 일치하다 → 동시에 발생하다

A B C D E F G H I J K L M

all
ɔːl 오-을
형 모든, 전체의

Point 개체의 총합을 강조

whole
hóul 호우을
형 전부의, 모든 부분을 갖추고 있는

Point 빠진 게 하나도 없음을 강조

all

- They look at problems from all angles.
  그들은 문제들을 모든 각도에서 살펴본다.
- I love you with all my heart. 당신을 진심으로 사랑합니다.

whole

- The whole world is watching. 온 세상이 지켜보고 있습니다.
- The computer tells me how much I sold for the whole day. 컴퓨터를 통해 하루 매상을 알 수 있습니다.

나의 총소득all my earnings에서 나타나듯이 all은 총합을 강조하기도 하고, 온 세상all the world 처럼 전체를 강조하기도 합니다.
이에 비해 whole은 평생whole life, 전 세계the whole world 에서 알 수 있듯이 통일된 전체를 강조하죠.

 complete (다 갖추고 있는)완벽한, 전부의
entire (뺄 것도 더할 것도 없이 그 자체로)완전한, 전체의
full 전체의, (최대한 다 있다는 의미로)충분한
total (개체의 총합을 강조하여)전체의, 합계의

allow

əláu 얼라우

[동] 허락하다, 허가하다

→[명] allowance

Point 소극적인 허가

permit

pəːrmít 퍼-r 밑

[동] 허가하다, 인가하다
[명] 면허증, 허가증

Point allow에 비해서 공적인 허가

allow

- You are not **allowed** to smoke in here.
  여기서 흡연은 금지되어 있습니다.
- Online TV **allows** me to watch what I want when I want. 온라인 TV는 내가 원할 때 내가 원하는 프로그램을 볼 수 있게 해줍니다.

permit

- I'm not **permitted** to tell you how it's done.
  이 일이 어떻게 된 것인지에 대해서 당신에게 말하는 것이 금지되어 있습니다.
- Only some companies **permit** you to do this.
  당신에게 이것을 하도록 허락한 곳은 몇몇 회사들 밖에 없습니다.

Tip

allow는 금지하려는 생각이 없는 것으로써 단순히 막지 않는다는 의미입니다. 말하자면, 소극적인 허가를 나타내죠. 이에 비해, permit은 allow에 비해서 공적인 허가 행위를 묘사할 때 사용하는 말입니다. 예를 들어, 건축을 하려면 관청에서 '허가'를 받아야 하는 것처럼 말이죠.

[유사어휘]
authorize (무엇을 할 수 있는)권한을 주다(permit보다 더 공적이면서 강력한 허가를 표현)
let (반대하지 않는 다는 의미에서)허용하다

alone
əlóun 얼로운
형 (떨어져서) 홀로 있는

→ 명 aloneness 홀로 있음

Point 홀로 있음을 강조

lonely
lóunli ㄹ로운리
형 고독한, 쓸쓸한

→ 명 loneliness 쓸쓸함

Point 외톨이로 있어 고독하다는 의미를 강조

alone
- Please, leave me alone. 제발 혼자 있게 해주세요.
- Humans might not be alone in the cosmos.
  인간만이 이 우주에서 유일한 생명체는 아닐 겁니다.

lonely
- Internet can make you lonely, depressed.
  인터넷 때문에 당신은 고독해지고 우울해질 수 있다.
- He was a lonely man who was having problems with drinking. 그는 알코올중독에 시달리던 고독한 사람이었죠.

Tip
'Leave me alone.' 하면 '혼자 있게 해달라'는 말이죠. 혼자 있다는 것을 강조하는 말이기 때문에 반드시 쓸쓸함을 의미하지는 않습니다. 이에 반해, lonely는 외로이 쓸쓸하게 있다는 것에 초점이 있는 말입니다.

유사어휘 isolated (따로 떨어져)고립되어 있는, 격리된 lonesome 외롭고 쓸쓸한
solitary (부류나 동료 없이 혼자 있음을 강조하여)혼자의, 단독의 solo 단독으로, 혼자서 하는

Unit A-16

amaze
əméiz 어메이z
- 동 깜짝 놀라게 하다

→ 형 amazing 광장한, 놀랄 만한
  명 amazement 놀람

Point 당황스러울 정도의 혼란과 놀람, 감탄

surprise
sərpráiz 써ㄹ프롸이z
- 동 깜짝 놀라게 하다
- 명 놀람, 놀라운 일

→ 형 surprising 놀랄만한

Point 생각도 못하고 있다가 놀라는 것

amaze
- I was amazed at the news. 그 소식에 나는 깜짝 놀랐다.
- I'm amazed how this could happen.
  이런 일이 어떻게 일어날 수 있는지 너무 놀랍다.

surprise
- I was surprised at the news. 뜻밖의 소식을 듣고 나는 깜짝 놀랐다.
- I'm surprised you didn't ask about eating.
  네가 먹는 것에 대해 묻지 않아서 놀랐다.

Tip

만약 여러분이 UFO를 직접 본다면? 서로 보기만 해도 싸우기 바빴던 사람에게서 예기치 않은 선물을 받는다면? 여러분의 기분은 어떨까요? 놀람과 감탄을 강조하려면 amaze로 표현할 수 있을 것이고 생각지도 못했던 사건임을 강조하려면 surprise로 표현할 수 있겠죠?

유사 어휘
astonish (믿지 못할 일이 벌어져 너무 놀란 경우)놀라게 하다
astound 몹시 놀라서 충격을 받게 하다(간 떨어지게 하는 것)
shock (너무 놀라게 해서)충격을 주다 stun 정신을 잃게 할 정도로 놀라게 하다

amount
əmáunt 어마운트

명 양, 금액, 총계, 총액
동 (숫자나 양이)~에 달하다

Point 수나 양의 합계

quantity
kwάntəti ㅋ완터티

명 양

Point 질량이나 부피로 측정 가능한 전체. 수량, 분량

amount

- How can I reduce the amount I'll need?
  앞으로 필요하게 될 돈의 액수를 어떻게 줄일 수 있을까?

- Most Americans get nearly double the daily recommended amount of sodium.
  대부분의 미국인들은 하루 권장소비량의 거의 두 배에 이르는 양의 나트륨을 섭취하고 있다.

quantity

- Quality matters more than quantity. 양보다 질.

- The quantity of cocaine we recovered is large.
  우리가 회수한 코카인 양은 상당합니다.

Tip

배가 매우 고프면 음식의 '질' 보다는 '양' 을 따지게 됩니다. 이처럼 질에 대비되는 개념이 '양quantity' 입니다. 반면, 숫자나 '양quantity' 을 하나의 결과물로써, 즉 모여서 만들어진 어떤 덩어리로써 인식하면 amount가 됩니다. 그래서 '총계, 총액' 등의 의미가 되지요.

 number (모든 구성요소를 더한)총수 a number of 다수의 sum (더한 결과)총액, 총수

Unit A-18

ancient
éinʃənt 에인쉬언트
- 형 오래된, 옛날의
- 명 고대인

Point 오래되어 낡은, 나이가 많은

antique
æntíːk 앤띠-ㅋ
- 형 오래된, 골동품의
- 명 골동품

→ 명 antiquity 오래됨

Point 오래되어 희소가치가 있는 (고미술품 등)

ancient

- Chocolate can be traced back to the ancient Mayan and Aztec civilizations in Mexico.
  초콜릿의 기원은 멕시코의 고대 마야문명과 아즈텍 문명의 시기에까지 거슬러 올라간다.
- Ancient footprints were discovered in northern Kenya.
  고대 인간의 발자국이 케냐 북부에서 발견되었다.

antique

- Do you collect antiques? 골동품을 수집하나요?
- He was very interested in antique furniture and fast cars. 그는 고가구와 빠른 차에 상당한 흥미를 가지고 있었다.

Tip

'옛날의, 고대의(서로마제국이 멸망한 A.D 476년 이전)'라는 뜻의 ancient는 거의 사물에만 사용되는 말로써 오래 된 것, 예전에 존재했으나 지금은 없는 것을 묘사합니다. 이에 비해, antique는 ancient처럼 오래된 것을 나타내기는 하지만 희소가치가 있다는 것을 강조하죠

유사어휘
old 늙은, 나이를 먹은 old-fashioned 오래되어 유행에 뒤진
out of-date 낡은, 오래되어 더 이상 사용하지 않는

anger
ǽŋɡər 앵거r
- 명 화, 분노
- 동 화나게 하다

→ 형 angry 화난

Point 불쾌함, 기분 상함

outrage
áutrèidʒ 아웃뤠이쥐
- 명 격분
- 동 격분시키다

Point 매우 크게 화가 난 것, 엄청난 분노

anger
- I was beside myself with anger. 난 화가 나서 견딜 수가 없었다.
- I do not tolerate any actions or words in anger.
  난 화를 내는 것을 조금도 용납하지 않습니다.

outrage
- Where is the patriots' outrage against this grave injustice? 이런 엄청난 부정에 애국자들은 왜 분노하지 않는가?
- I mean, I'm outraged when I look at this.
  내 말은 내가 이것을 봤을 때 엄청 화가 났단 뜻이야.

Tip
anger는 노여움이나 분노를 표현하는 가장 일반적인 말입니다. 이에 비해, outrage는 매우 화가 난 상태, 엄청난 분노를 뜻하죠. 특히 불의와 같은 것을 보고 느끼는 격분을 의미합니다. 안중근 의사가 일제에 느꼈던 감정을 outrage로 나타낼 수 있을 겁니다.

fury (광기를 보이는)노여움 indignation (의로운)분노
irritation 짜증, 화(짜증과 초조에 초점) wrath (신의)분노, 노여움

Unit A-20

answer
ǽnsər 앤써r
- 통 응답하다
- 명 대답, 해결, 해결책

Point 질문이나 부름에 대답하는 행위를 묘사하는 가장 일반적인 단어

reply
riplái 뤼플라이
- 통 대답하다
- 명 회답, 대답

Point 일반적으로 자세하게 대답하다

answer
- Why don't you **answer** me? 왜 나에게 답을 안 하는 겁니까?
- Will you **answer** the phone? 전화 좀 받을래?

reply
- **Reply** as soon as possible. 가능한 한 빨리 답장을 주시오.
- According to police documents, she **replied** that she hadn't seen him.
  경찰 문서에 의하면, 그녀는 그를 본적이 없다고 대답했다.

Tip

질문이나 전화 등에 응답하는 것은 일반적으로 answer로 표현합니다. 이에 비해, reply는 숙고한 후 자세하게 대답한다는 뜻입니다. 그래서 'reply a letter'는 편지에서 질문한 것들에 대해 세세하게 답장을 한다는 의미입니다. 따라서 그냥 편지를 받았다는 사실을 알리려면 'answer a letter'가 어울리겠죠.

rejoin 응답하다, 항변하다(말대꾸나 법정에서의 항변)
respond (자극에)반응하다, (즉석에서)응답하다, (상대가 기대하는)대답을 하다
retort 반박하다, 응수하다.

anxious
æŋkʃəs 앵ㅋ쉬어ㅆ
형 걱정하는, 불안해하는

→ 명 anxiety (미래에 대한)걱정, 근심

Point 미래에 대한 불안, 초조

concerned
kənsə́:rnd 컨써-r은ㄷ
형 걱정하는, 염려하는

→ 명 concern 관심, 염려

Point 특정문제에 대한 관심 때문에 생기는 걱정과 염려

anxious
- I was anxious about it. 난 그것에 대해 걱정했다.
- I'm very anxious at this point. 난 이점에 대해 매우 걱정하고 있다.

concerned
- I was concerned about it. 난 그것에 대해 걱정했다.
- He was concerned about his son's safety.
  그는 아들의 안전에 대해 염려했다.

Tip

미래에 대한 불안, 걱정, 염려가 생긴다면 가만히 있지 못하겠죠? 무엇이든 하고 싶어할 것입니다. 그래서 anxious는 '열망하는, 몹시 ~하고 싶어하는'의 뜻으로도 사용됩니다. 한편, 걱정과 염려는 관심이 있거나 관계가 있기 때문에 생기죠. 그래서 concerned도 '관계하는, 관심을 가진'의 뜻으로도 사용된답니다.

care (관심을 갖고 하는)걱정
upset (마음의 평정을 잃어서 생기는 혼란과 걱정)걱정하고 불안해하는
worried (어떤 생각 때문에)마음을 졸이는, 불안해하는 **worry** 걱정(복수형으로 '걱정거리')

Unit A-22

argue
á:rgju: 아-ㄹ 규-
⑤ 논하다, 주장하다

→ ⑲ argument 논의, 논쟁

Point 설득을 목적으로 논하다

discuss
diskʌ́s 디ㅆ꺼ㅆ
⑤ 토론하다, ~에 관해 이야기하다

→ ⑲ discussion 토론

Point 검토하다, 자연스럽게 무엇에 대해 이야기 하다

argue

- Academics have long argued that the market's swings are always rational and efficient.
  학자들은 오랫동안 주장해왔다. 시장은 항상 이성적이고 효율적으로 움직이고 있다고.
- Don't argue with her in the kitchen.
  부엌에서 그녀와 논쟁하지 마라.

discuss

- Have you discussed your future with your parents?
  부모님과 너의 미래에 대하여 이야기해본 적이 있니?
- Let's discuss it for a moment, shall we?
  이것에 대해 잠깐 논의해볼까요?

Tip

argue는 자기의 주장이나 신념을 옹호하는 것입니다. 그래서 '언쟁하다, 설득해서 ~하게하다' 는 의미도 있답니다. 이에 비해 discuss는 어느 것이 좋은지 살피기 위해 서로의 의견을 교환하는 것입니다.

 controversy (중요한 문제에 대한 장기간의)논쟁
debate (규정에 따라 공식적으로)토론하다, 토론, 토의 quarrel 싸우다, 말다툼하다, 말다툼, 싸움

arrange
əréindʒ 어뤠인쥐
동 배열하다, 가지런히 하다

→명 arrangement 배열, 배치

 순서대로 배열, 정리하는 것

classify
klǽsəfài 클래씨퐈이
동 분류하다

→형 classified 분류된
명 classification 분류(법)

 어떤 기준에 따라 분류하는 것

arrange
- Did you arrange flowers? 네가 꽃꽂이를 했니?
- Who arranged this meeting? 누가 이 모임을 마련했나요?

classify
- They will classify the photos to keep them out of the public eye.
  그들은 그 사진들을 대중의 시선으로부터 보호하기 위해 별도로 분류할 것이다. (기밀로 분류할 것이다.)
- A goal of topology is to classify multidimensional surfaces. 위상기하학의 목표는 다차원으로 이루어진 면을 분류하는 것이다.

Tip

arrange는 순서대로 가지런히 놓는 것이고 classify는 기준에 따라 그룹으로 놓는 것입니다. 가지런히 정리하려면 미리 준비해야 하겠죠? 그래서 arrange는 '미리 정하다' 라는 뜻으로도 사용합니다. 정부가 어떤 문서를 기밀로 따로 떼어 놓을 때에는 일정한 기준에 따라 분류해야 하므로 classify를 사용합니다.

 organize (체계적으로 놓는다는 뜻에서)조직하다, 편성하다
set (물건을)놓다, (사람을)배치하다 sort (종류나 모양에 따라)분류하다

Unit A-24

arrive
əráiv 어롸이v
동 도착하다, 도달하다

→ 명 arrival 도착, 도달

Point 어떤 장소에 오는 것, 목표를 성취함에 초점

reach
ríːtʃ 뤼-취
동 ~에 이르다, ~에 미치다

Point 도착하는 데에 들인 노력을 강조

arrive

- As the first police **arrived** at the school, he fled.
  첫 번째 경찰이 학교에 도착했을 때, 그는 도망가 버렸다.
- I was seven-year-old when I **arrived** in Australia in May 1950. 1950년 5월 호주에 도착했을 때, 나는 7살 이었다.

reach

- He finally **reached** the border. 그는 마침내 국경에 도착했다.
- The two sides **reached** an agreement without a work stoppage. 양측은 파업 없이 합의에 도달했다.

Tip

목표지점에 도착하는 것은 arrive at으로 표현하며, 도달하는 곳이 큰 장소인 경우에는 arrive in으로 합니다. 이미 목적한 곳에 있음을 강조하는 말이죠. 이에 반해, reach는 전치사 없이 바로 장소가 나오며, 때로는 중간 지점에 이른 것, 또는 중간에 멈춘 것을 의미하기도 하지요.

attain (목표를 노력해서)달성하다, (목적, 장소에)도달하다
come 도착하다, 오다, 가다   **get to** 도착하다(구어)

35

Unit A-25

ask

ǽsk 애ㅆㅋ

[동] 요청하다, 바라다

→ [명] asking 구함, 청구

Point 물어보다, 요청하다

demand

dimǽnd 디맨ㄷ

[동] 요구하다, 다그치다
[명] 요구, 요청

Point 강력하게 요구하다

ask

- May I **ask** you a favor? 부탁 좀 드려도 될까요?
- Why don't you **ask** her out to dinner?
  그녀에게 저녁을 같이 하자고 해보지 그래?

demand

- I **demand** your apology. 당신의 사과를 요구합니다.
- She **demanded** to know how the meetings could produce results.
  그녀는 이 회담을 성공시킬 수 있는 방법을 알려달라고 요구했다.

Tip

질문하는 것에서부터 부탁하고 요청하는 것에 이르기까지 표현할 수 있는 말이 ask입니다. 그래서 도움을 구하는 것을 'ask for help'로 표현하죠. 이에 비해, demand는 어떤 권위나 권력에 의지하여 단호하게 요구하는 모습입니다.

[유사어휘]
claim (사실에 대한 주장, 보상금처럼 당연히 자신이 받아야 할 것을)요구하다
inquire (격식을 차린 말로써 시간이나 이름같이 명확한 것을)묻다
query (진위를 의심하면서)묻다 question 질문을 하다 require (법에 의거하여)요구하다

attempt
ətémpt 어템프트
- 통 시도하다
- 명 시도, 기도

Point 대개 실패를 암시

try
trái 트라이
- 통 시도하다
- 명 시도, 시험

→ 형 trying 견디기 어려운, 괴로운

Point 무엇을 하려고 노력하다

attempt
- He attempted suicide a number of times.
  그는 여러 번 자살을 시도했다.
- I'm sure that many ventures will attempt to solve this problem. 많은 벤처들이 이 문제를 풀기 위해 시도할 것으로 확신한다.

try
- Don't try to find out who I am. 내가 누구인지 찾으려 하지 마세요.
- We don't try to find alternative solutions.
  우리는 다른 해결책을 찾으려고 하는 것이 아니다.

안 되는 줄 알면서 도전하는 것이 있습니다. 그럴 때 attempt를 사용합니다. 이에 비해, try는 성공 가능한 것에 도전하는 경우에 사용되며, 안 되면 또 다른 방법으로 하겠다는 뉘앙스가 있는 말입니다. 노력을 강조하는 거죠. 영어요? 당근…Try it again!

 endeavor (상당한 노력을 기울여서)애쓰다 strive 몹시 애쓰다

authority
əθɔ́:riti 오 th쏘-뤼티
명 권위, 권한

→ 동 authorize 권한을 주다

Point 권위 혹은 위임된 권능(권한)

power
páuər 파우어r
명 권력, 힘

→ 형 powerful 강력한

Point 정치적인 결정을 할 수 있는 힘

authority

- I don't have the authority to do that.
  나에게는 그것을 할 권한이 없어요.
- If you don't have the authority to make certain decisions, talk to your supervisor.
  당신이 어떤 결정을 할 수 있는 권한을 가지고 있지 않다면, 상관에게 이야기하라.

power

- Money is power. 돈은 권력이다.
- I have no power to tell the movement to shut up.
  나에게는 그 운동을 그만두게 할 힘이 없다.

Tip

'힘'을 의미하는 말 중에 authority는 위임 받은 권위, 권력, 권한을 의미합니다. 남을 복종시킬 수 있는 힘이지만 정당한 위임을 받았다는 의미입니다. 이에 비해, power는 물리적인 힘이라는 의미에서부터 정치적인 힘인 권력까지 표현할 수 있는 가장 일반적인 말입니다.

 유사어휘
influence (다른 사람에게 미치는)영향력(법적인 권한과는 상관이 없음)
sway (마음대로 지배할 수 있는 힘)지배력

award
ɔwɔ́ːrd 어워-r드

- 명 상
- 통 상을 주다

Point 심사를 거쳐 주는 상

reward
riwɔ́ːrd 뤼워-r드

- 명 보상, 포상
- 통 보답하다

Point 보상으로 주는 것

award

- The following are the nominations for the 81st annual Academy Awards. 다음은 81회 아카데미상 수상 후보들 입니다.
- The Nobel committee decided to award him the 2009 Nobel Peace Prize.
  노벨위원회는 그에게 2009년도 노벨평화상을 수여하기로 결정했다.

reward

- Honor is the reward of virtue. 명예는 선행의 보상이다.
- Osama bin Laden remains on the run despite a $25 million reward for his capture.
  오사마 빈 라덴은 그의 체포에 2백만 달러의 포상금이 걸려있음에도 불구하고 여전히 잡히지 않고 있다.

Tip

상을 받을 경우 'award-winning'을 사용하여 표현합니다. a award-winning writer수상작가, a award-winning film수상영화, a award-winning product수상제품 등. 이에 비해 reward는 보상으로 얻어지는 것이죠. 그래서 '고생 끝에 낙No reward without toil.' 이라는 말이 있습니다.

 bounty 하사금, 정부가 주는 장려금   honor 영예, 명예   prize 상, 상품

Unit B-01

baby
béibi 베이비
명 아이

Point 아주 어린아이

kid
kíd 키드
명 아이

Point child 대신 구어체에서 많이 사용됨

baby
- Don't play the baby. 어리광 부리지 마라.
- She's having a baby in about 3 months.
  그녀는 임신 했는데, 3개월 정도 되었어.

kid
- We're still the new kid on the block.
  우리는 여전히 신출내기입니다.
- My biggest financial concern is being able to pay for the kids' college education.
  가장 큰 걱정은 아이들이 대학을 마칠 때까지 돈을 댈 수 있느냐 하는 문제죠.

Tip

baby는 아기를 뜻하지만 애인이나 예쁘고 젊은 여자도 baby라고 합니다. 아기는 천진난만하지만 한편으로는 유치한 모습을 보이죠. 그래서 어리광을 부리거나 유치한 행동을 하면 애기 같다고 like a baby 합니다.

유사어휘 child (가장 일반적으로 사용됨)복수형은 children
infant (baby와 더불어 갓 태어난 어린 아이를 말함)유아 toddler (이제 막 걷기 시작한)아이

Unit B-02

bad
bǽd 배드
- 형 나쁜

→ 명 badness 나쁜 상태, 나쁨

Point 좋지 않다는 뜻의 가장 일반적인 말

evil
íːvəl 이-v블
- 형 나쁜, 사악한
- 명 악, 해악

Point 사회적, 도덕적인 평가가 담긴 말

- That's too bad. 너무 안 됐군요.
- Bad news travels quickly. 나쁜 소식은 빨리 퍼진다.

- An evil deed will be discovered. 악한 행위는 드러나기 마련이다.
- President Bush mentioned that axis of evil, North Korea, Iran, and Iraq.
부시 대통령은 악의 축으로 북한, 이란, 이라크를 언급했다.

Tip

기분이 좋지 않을 때, 'I feel bad.'라고 말합니다. 불만족스러운 상태를 나타내는 거죠. 또 날씨가 안 좋을 때에는 bad weather, 충치는 a bad tooth라고 합니다. 상태가 안 좋은 것은 전부 bad로 표현할 수 있지요. 이에 비해, evil은 '악의 제국evil empire'이니 '악의 축'이니 하는 말에서 알 수 있듯이 어떤 도덕적, 정치적, 사회적인 판단이 반영된 말입니다.

 ill 나쁜, 악한(evil에 비해 약한 말) malicious 악의를 가진 wicked (evil처럼)나쁜, 사악한

Unit B-03

bare
béar 베어
- 형 벌거벗은, 가리지 않은
- 동 벌거벗기다

→ 형 barefoot 맨발의

Point 부가적인 것이 없는

naked
néikid 네이키드
- 형 벌거벗은, 나체의

Point 주로 성적인 노출

bare
- With bare feet or socks? 맨발이야 아니면 양말을 신었어?
- These people just have their bare hands.
  이 사람들은 아무 것도 가진 게 없어요.

naked
- What's the naked truth? 무엇이 있는 그대로의 진실인가?
- An angry, naked man commandeered a school bus.
  분노에 찬 한 남성이 나체의 몸으로 학교버스를 탈취했다.

Tip

신체의 일부가 가려지지 않은 경우를 표현할 때는 bare를 사용합니다. 맨 얼굴bare face, 맨 발bare feet, 맨 손bare hands 등… 이에 비해, naked는 사람이 아무것도 걸치지 않은 상태로써 노출을 강조하는 말입니다. 뉴스에 종종 등장하는 바바리맨이 바로 이런 상태에 가깝죠.

 유사어휘
nude 아무 것도 걸치지 않은, 나체의(주로 예술성을 표현할 때 사용)
stripped 벗겨진, 노출된, 빼앗긴

base
béis 베이쓰

명 기초, 토대

→ 형 basic 기초적인, 기본적인

Point 무엇을 받치는 토대, 기초.

basis
béisis 베이씨쓰

명 기초, 토대, 근거

Point 주로 비유적인 의미로 사용

base
- We will build a solid customer base.
  우리는 확고한 고객 기반을 구축할 것입니다.
- I jumped and the ball hit the base of my glove.
  나는 뛰어올랐고, 그 공은 내 글러브의 밑에 맞았죠.

basis
- It's the first-come first-served basis. 선착순이야.
- On a currency neutral basis, full-year 2009 earnings per share grew 13 percent.
  (환율로 인한 이익과 손실을 제하는) 통화 중립적인 기준으로 보면, 2009년도의 EPS는 13% 상승했다.

Tip
군사기지 military base는 나라마다 기밀에 속하는 사항이죠. 그런데 요즘은 구글어스 때문에 전부 외부로 유출되고 있습니다. 심지어 지하에 건설된 잠수함 기지 a submarine base가 공개되기도 하죠. 예전에는 접근조차 할 수 없었던 정보들이 네티즌에 의해 공개되고 분석되는 세상이 되었습니다.

 유사어휘
foundation (건물의)기초, (땅 밑의)토대, 창설, 창립 → 기초화장품
ground (대개 복수형으로 사용되어)기초, 근거

basic
béisik 베이씩
- 형 기초적인, 기본적인
- 명 기본, 기초

→ 부 basically 기본으로

Point 기초적이고 핵심적인

elementary
èləméntəri 엘러멘터뤼
- 형 기본의, 초보의

→ 명 elementary school
　　초등학교

Point 초보적인

basic

- Basic knowledge of criminal law and valid driver's license required. 형법에 대한 기본 지식과 유효한 운전면허증이 요구 됨.
- The party shouldn't change its basic principles.
정당은 자신의 기본 원칙을 바꾸어서는 안 된다.

elementary

- There was a school shooting at an elementary school. 한 초등학교에서 총격사건이 있었다.
- I have a college degree in elementary education.
나는 초등 교육에 관한 학위를 가지고 있다.

Tip

basic은 기본급료basic salary, 기본예절basic morals, 기초과학basic science, 기간산업basic industry에서 보이듯이 근본적이고 중요한 부분이라는 암시가 있습니다. 이에 반해, elementary는 초보적이어서 기본적이라는 의미입니다.

 fundamental (근본적으로 중요한)기초의, 근본적인
primary 기초적인, (시간이나 중요성에서)첫째의

battle
bǽtl 배틀

- 명 전투, 싸움
- 동 싸우다

→ 명 battlefield 전장, 싸움터

Point 주로 전쟁 중 이루어지는 교전행위

fight
fáit 파이트

- 명 싸움
- 동 싸우다

→ 명 fighter 투사
  명 fighting 싸움

Point 주로 군사행동 이외의 일반적인 싸움

battle

- Knowledge is half the battle. 알기만 해도 절반은 이긴 것.
- Kennedy, known as the "Lion of the Senate", died after a lengthy battle with brain cancer.
  상원의 사자라 불렸던 케네디 상원의원이 장기간에 걸친 뇌종양과의 싸움을 끝내고 사망했습니다.

fight

- We're going to fight out. 우리는 끝까지 싸울 거야.
- Are you picking a fight now? 지금 한판 하자는 거냐?

Tip

오프라 윈프리가 살 빼기에 나서자 그녀에 대한 기사 제목이 'Ophra on her battle with weight'였습니다. 이처럼 battle은 비유적으로도 많이 사용되죠. 반면, fight는 경쟁관계에 있는 당사자들 사이에서 이루어지는 바람직스럽지 못한 싸움이죠. 그래서 부부싸움을 'fight between husband and wife'라고 표현합니다.

 유사어휘
campaign (전쟁의 일부로써 특별한 목적을 이루기 위한 일련의)군사행동
combat 전투, (1:1로 이루어지는)결투 **conflict** (장기간의)싸움, 충돌, 대립
war 전쟁(국가간에 이루어지는 싸움)

Unit B-07

beach
bíːtʃ 비-취
명 해변, 물가

Point 바다나 호수의 물결이 치는 모래밭

coast
kóust 코우ㅆㅌ
명 연안, 해안

Point 대양과 접한 땅을 전체적으로 지칭하는 말

- Women would sit on the beach waiting for their fishermen to sail home.
  여성들은 고기 잡으러 간 남편들이 돌아오기를 기다리며 해변에 앉아 있곤 했다.

- He inherited a summer beach house from his parents.
  그는 부모로부터 해변에 있는 여름용 별장을 상속받았다.

coast

- The coast is clear. 지금이 좋은 기회다.

- It is crazy to allow so much building so close to the coast. 해안가에 저렇게 가까이 빌딩을 짓게 하다니 미쳤다.

Tip

여름이 되면 해운대에 엄청난 인파가 몰리곤 하죠. 이렇게 사람들이 휴가를 즐기기 위해서 찾는 해변, 모래사장을 beach라고 합니다. 이에 비해, coast는 'the Pacific coast태평양 연안'처럼 광범위한 해안으로써 육지에서 본 바다와의 경계입니다.

 shore 물과 땅의 경계 지역. 해변, 호숫가, 강변

bear

bέər 베어r

[동] 참다, 견디다

→[형] bearable 견딜 수 있는

Point 대개 어려운 일을 참는다

stand

stǽnd ㅆ땐ㄷ

[동] 견디다, 참다

Point 대개 불쾌한 것을 참는다

bear

- I can't **bear** to see him go. 그가 가는 걸 눈뜨고 볼 수 없어요.
- He had to **bear** being with her!
  그는 꾹 참으며 그녀와 함께 있어야만 했지요!

stand

- I can't just **stand** you. 네가 지긋지긋해 못 참겠어.
- She couldn't **stand** being caged any longer.
  그녀는 속박당하는 것을 더 이상 참을 수 없었어요.

Tip

bear는 무겁고 어려운 일을 견딘다는 뉘앙스가 있습니다. 의지를 가지고 마치 '곰'처럼 견디는 모습을 연상시키죠. 그래서 bear가 '곰'이라는 뜻으로도 사용되는 것 같습니다. 이에 비해, stand는 불쾌한 것을 견디는 데에 초점이 있습니다. bear대신에 구어체에서 많이 사용되기도 하죠.

[유사어휘] **endure** 오랫동안 고통을 참다 **put up with** (stand처럼 불쾌한 것을)참다
tolerate (사람의 언행에 대해)참다, 묵인하다, 관대하게 대하다

Unit B-09

beat

bíːt 비-ㅌ

[동] 치다, 두드리다

Point 반복해서 세게 치다

hit

hít 힡

[형] 치다, 때리다

Point 노리고 있던 것을 치다

beat

- I'll **beat** you up. 널 두들겨 패주겠어.
- Don't **beat** around the bush. 빙빙 말 돌리지 마.

hit

- We really **hit** it off. 우리는 정말 서로 잘 통했지.
- Somebody **hit** me on the head. 누군가 내 머리를 때렸어.

Tip

기억이 안 날 때 자기 머리를 마구 때리는 경우, 다른 사람을 마구 패는 경우처럼 반복해서 치는 것을 beat로 표현합니다. 이에 비해, hit는 야구 선수가 공을 치는 것이나 화살이나 총알이 무엇을 맞추는 것처럼 강하게 일격을 가한다는 느낌이 있습니다.

유사어휘 knock (문을)두드리다, (주먹으로)치다 pound (주먹으로 강하게)두드리다 punch (주먹으로 강하게)치다, 때리다 strike 치다(바라던 효과를 거둔 것을 암시함)

beat
bíːt 비-트
통 ~에 이기다

Point 경쟁에서 이기다, 상대를 뛰어넘다

defeat
difíːt 디퓌-트
통 ~에 이기다, 처부수다
명 패배

Point 상대를 패배시킨다는 것에 초점

beat
- Beats me. 모르겠어.
- You can't beat me, no matter how hard you try.
  네가 사력을 다한다 해도 날 이길 수는 없을 거야.

defeat
- South Korea defeated Japan 3-1. 한국이 일본을 3-1로 이겼다.
- South Korea defeated China to win the gold medal.
  한국은 중국을 이기고 금메달을 차지했다.

Tip
미국의 TV 퀴즈 쇼에서 참가자들이 답을 모를 때 사회자에게 Beats me! 라고 했는데, 그 표현이 일반화되어서 사용된 게 'Beats me'입니다. 본래 의미는 '나는 졌다'인데 그 의미가 확장되어 '모르겠어'라는 뜻으로 사용된 거죠. 최종적인 승리를 의미하는 beat에 비해 defeat는 상대의 패배를 강조하며 일시적인 승리를 뜻하기도 합니다.

 conquer 완전히 정복하다 subdue 상대방을 굴복시키다, 진압하다 win 이기다, 획득하다

Unit B-11

begin
bigín 비긴
동 시작하다

→ **명** beginning 처음, 최초
  명 beginner 창시자, 초심자

Point 어떤 일을 시작할 때 보통 사용하는 말

start
stá:rt 스따-rㅌ
동 시작하다

→ **명** starter 출발자, 개시자

Point 어느 한 지점에서 출발하다, 시작하다

begin
- **What time does it begin?** 몇 시에 시작하나요?
- **Life begins at conception.** 생명은 수태되는 순간부터 시작됩니다.

start
- **Let's get started on it.** 자, 일을 시작합시다.
- **What time does it start getting dark there?**
  거기는 몇 시부터 어두워지나요?

Tip

begin은 첫발을 내디디다, 첫 행동을 개시한다는 의미입니다. 그래서 성경 첫 머리에 시작하는 구절이 'In the beginning태초에' 이죠. 이에 비해, start는 어느 한 지점에서 출발하는 것, 엔진에 시동을 거는 것처럼 정지 상태에서 갑자기 행동으로 옮기기 시작하는 것을 표현하죠. 그래서 begin보다 움직임이 활발하다는 느낌을 줍니다.

commence (의식이나 소송을)개시하다
inaugurate (정식으로)발족시키다, 개시하다, 취임시키다
initiate (새로운 분야에서 처음부터)시작하다, 착수하다
launch (배를)진수시키다, (계획에)착수하다
set off (여행을)시작하다, 출발하다

Unit B-12

believe
bilíːv 빌리-v

- 통 믿다

→ 명 belief 믿음
  형 believable 믿을 수 있는

P점 의심하지 않고 받아들이다

trust
trʌ́st 트뤄ㅆ트

- 통 신뢰하다
- 명 신뢰, 신용

→ 형 trusting 믿는, 신뢰하는
  형 trustworthy 신뢰할 수 있는

P점 사람의 능력이나 됨됨이를 믿다

believe
- Believe you me. 정말이야, 날 믿어.
- I can't believe it's real. 이게 정말이라니 믿을 수 없군.

trust
- Trust me. 나를 믿어.
- I don't trust the WHO and don't believe anything they say. 난 WHO를 신뢰하지 않으며 따라서 그들이 하는 말을 믿지 않아요.

Tip

believe는 마음으로 받아들이고 인정하는 것을 표현하는 말입니다.(어떤 존재를 믿는다고 할 때에는 believe in을 사용) 이에 비해, trust는 확신이 개입합니다. 우리에게 잘 알려진 '프리즌 브레이크Prison Break'에서 주인공 석호필이 자주 하는 대사가 'Trust me(날 믿어)'입니다. 자기는 능력도 있고 성실하니 확실하게 믿어달라는 거죠. 그를 trust한 사람들은 결국 행복한 결말을 맞이합니다.

 confidence 신용, 신뢰 convince, conviction 확신 faith 신뢰

Unit B-13

big
bíg 빅
형 큰

Point 부피, 무게, 정도가 큰

large
láːrdʒ ㄹ라-r쥐
형 큰, 넓은

Point 넓이나 양이 큰

- No big deal. 별거 아니에요.
- She has a big mouth and says things she doesn't mean. 그녀는 수다쟁이라 쓸데없는 말을 많이 해요.

- I know your family is large. 너희는 대가족인걸 알고 있어.
- How large is my prostate cancer? 전립선 암은 얼마나 큰가요?

Tip

대개 큰 것을 묘사할 때 large, big, great가 혼용되는 경향이 있습니다. 예컨대, a big man하면 덩치가 크다는 의미도 있지만 중요한 사람ª great man의 뜻으로도 많이 사용됩니다. 그러나 large는 big이나 great에 비해서 감정이 들어가 있지 않은 단어입니다. 그래서 자신의 암세포의 실제 크기를 물을 때에는 예문처럼 How large~? 로 묻는 게 옳습니다.

 enormous 상당히 큰 **great** 큰, 위대한, 훌륭한 **huge** (부피나 모양이)매우 큰 **immense** (넓이 등이)광장히 큰 **massive** 부피가 큰 **sizable** 상당한 크기의

Unit B-14

bother
bάðər 바 th더r
- 동 괴롭히다, 귀찮게 하다
- 명 성가심, 귀찮음

→ 형 bothersome 귀찮은

Point 대개 사소한 문제로 괴롭히다

disturb
distə́:rb 디쓰떠-rㅂ
- 동 방해하다

→ 명 disturbance 방해, 소동

Point 마음을 어지럽게 하다

bother
- Don't bother me. 날 귀찮게 하지 마.
- Please do not bother me with details.
  제발 자잘한 것 가지고 날 괴롭히지 마세요.

disturb
- Don't disturb me. 날 방해하지 마.
- Maybe she just wanted to disturb me.
  어쩌면 그녀는 그저 절 방해하고 싶었는지도 모르죠.

Tip

bother는 귀찮게 하고 성가시게 하는 것을 표현합니다. 주변에 이렇게 귀찮게 하는 사람이 있나요? 단호하게 말해보세요. Don't bother me!(날 귀찮게 하지마!) 이에 비해, disturb는 대개 휴식이나 생각에 잠겨 있는 데 방해하는 것을 의미합니다. 그래서 조용히 방안에서 쉬고 싶을 때에는 문 밖에다 'Don't disturb(방해하지 마시오)'라는 표지를 달아놓습니다.

 유사 어휘

annoy 짜증나게 만들다, 귀찮게 괴롭히다
harass (흔히 군사에 관한 것으로 계속 공격해서)괴롭히다
irritate 초조하게 만들다   trouble 괴롭히다, 난처하게 만들다

brave
bréiv 브뤠이v
형 용감한

→ **명** bravery 용기

Point 두려워 하지 않는

bold
bóuld 보울ㄷ
형 용감한, 대담한

→ **명** boldness 대담, 배짱

Point 과감하고 대담한 것에 초점

 brave

- Fortune favors the brave. 행운의 여신은 용감한 자를 편든다.
- It was brave of you to take on that assignment again.
  그 일을 다시 떠맡다니 당신은 용감하군요.

 bold

- It was a very bold decision. 이건 엄청나게 대담한 결정이었어요.
- I make bold to say that this could only happen in America. 감히 말하자면 이것은 미국에서만 가능한 일이에요.

다른 사람들이 무서움을 느끼는 상황에서도 무서움을 모르고 과감하게 행동하는 것을 가리키는 가장 일반적인 말이 brave입니다.
이에 비해, bold는 약간은 건방지거나 거만함이 느껴질 정도의 과감함, 대담함이 느껴지는 말입니다.

 audacious (무모할 정도로)대담한
courageous (도덕적 확신에서 나오는 단호함)용기 있는
fearless 두려움을 모르는, 용맹스러운
heroic (영웅적인 용감함을 표현하여)영웅적인
intrepid (미지의 것에 대한 두려움이 전혀 없는)용맹한

bright

brάit ㅂ롸이ㅌ

[형] 빛나는

→[동] brighten 반짝이게 하다, 빛나다
[부] brightly 밝게

[Point] 빛의 세기, 강렬함에 초점

brilliant

bríljənt ㅂ륄리언ㅌ

[형] 반짝거리는

→[명] brilliance 광휘

[Point] bright보다 더 빛나는 것을 묘사

bright

- I'm trying to look at the **bright** side of things.
  긍정적으로 바라보려고 노력하고 있어요.
- I'm looking forward to a **bright** future with him as our president. 우리의 대통령으로서 그와 함께 밝은 미래가 펼쳐지기를 기대합니다.

brilliant

- She was probably the most **brilliant** person I've ever met in my life.
  그녀는 내가 지금까지 만나 본 사람들 중에서 가장 뛰어난 사람이었어요.
- The most **brilliant** decisions tend to come from the gut. 가장 훌륭한 결정은 대개 직감에서 나오지요.

Tip

구름 한 점 없이 빛나는 하늘, 초롱초롱 빛나는 눈, 활활 타고 있는 장작 등 빛을 발하는 것을 묘사하는 단어가 bright입니다. 이에 비해, bright보다 더 반짝거리는 것, 너무 빛나서 찬란한 느낌을 주는 경우, 그야말로 눈부신 것은 brilliant를 사용하는데, 훌륭하다는 뜻으로도 쓰입니다.

[유사어휘] glowing (불꽃이 타올라)빛나는 luminous (스스로)빛을 내는
radiant (광선을 계속 발산하여)빛나는 shining (표면에 반사되는 빛이)빛나는

bring
bríŋ 브링
동 가져오다, 데려오다

Point 무엇을 가지고 오다

take
téik 테익
동 가져가다

Point 무엇을 잡아서 가져가다

 bring
- Please, bring me some water. 물 좀 가져다 주세요.
- What brings you here? 여기는 웬 일이세요?

 take
- She took my breath away. 그녀 때문에 거의 숨 넘어갈 뻔했어.
- Do you take me for a fool? 넌 날 바보로 아니?

Tip

take는 '손으로 잡다, 잡아서 가져가다'는 뜻입니다. 그 대상은 구체적인 물건에서부터 추상적인 개념에 이르기까지 다양합니다. take a seat_{자리에 앉다} 처럼 의자일 수도 있고 take a dream_{꿈을 꾸다} 처럼 꿈일 수도 있습니다. 잡아서 마음으로 가져간다는 의미에서 '생각하다, 이해하다'는 뜻으로도 사용됩니다.

 유사어휘 carry (무엇을 가지고)운반하다 convey 운반하다, (메시지를)전달하다

broad

brɔ́:d ㅂ로-ㄷ

[형] 폭이 넓은

→ [동] broaden 넓히다, 넓어지다

Point 퍼져 있는 넓이에 초점

wide

wáid 와이ㄷ

[형] 폭이 넓은

→ [동] widen 넓히다, 넓어지다

Point 벌어진 거리에 초점

broad

- He grew into a tall, muscular man with **broad** shoulders. 그는 키가 크고 딱 벌어진 어깨를 가진 근육질의 사내로 자랐다.
- He's very **broad**-minded. 그는 상당히 마음이 넓은 사람이에요.

wide

- Open your mouth **wide**. 입을 크게 벌려.
- Our education deficit is growing too **wide** to ignore. 우리의 교육적자는 더 이상 간과할 수 없을 정도로 커지고 있습니다.

Tip

딱 벌어진 어깨broad shoulders, 넓적한 얼굴broad face, 광범위한 질문a broad question처럼 퍼져있는 넓이를 강조하는 말이 broad입니다. 넓어서 좋다는 뉘앙스가 있죠. 반면, wide는 서로 떨어져 있는 두 경계 사이의 거리를 강조합니다. 윗입술과 아래 입술 사이가 넓은 경우 a wide mouth크게 벌린 입이 되는 거죠.

[유사어휘] large (넓이나 덩치가)큰 vast (수, 양, 금액이)광대한(엄청나게 큰)

Unit B-19

build
bíld 빌ㄷ
⊛ 세우다, 짓다

→ 몡 builder 건축업자
  몡 building 건축(물), 빌딩

'세우다'는 뜻의 가장 일반적인 말

construct
kənstrʌ́kt 컨스트뤽트
⊛ 세우다, 구성하다

→ 몡 construction 건설, 건축
  혱 constructive 건설적인

다리나 기계 같은 복잡한 구조물을 세우다

build

- This house was built of concrete and steel.
  이 집은 콘크리트와 강철로 지어졌습니다.
- The technology is building a better world.
  기술은 너 나은 세상을 만들고 있습니다.

construct

- Under Construction. 공사 중.
- If we try to construct a bridge of understanding, what would be done?
  우리가 서로 이해의 다리를 놓으려면 무엇을 해야 할까요?

Tip

build는 구체적인 대상부터 매우 추상적인 개념에 이르기까지 사용되는 일반적인 말입니다. 이에 비해, construct는 뭔가 복잡한 구조물을 조직적으로 만들어 간다는 의미로 사용됩니다.

 assemble (부품을)조립하다 erect (지면 위로)세우다
fabricate (부품을 조립하여)만들다, (허위로)꾸며내다

burn

bə́ːrn 버-ㄹㄴ

[동] 타다, 태우다

→[형] burning 불타는, 뜨거운

[Point] 불이나 열을 가하여 어떤 것을 변형시키다

bake

béik 베이ㅋ

[동] 굽다, 태우다

→[명] baker 빵 가게, 빵 굽는 사람
[명] bakery 빵집

[Point] 주로 빵을 오븐에 굽다

burn

- His home was **burnt** down to the ground. 그의 집은 완전히 전소되었다.
- This thing really **burns** me up. 이것이 정말 날 열 받게 하는 군.

bake

- These women **bake** bread at home and sell it to try to survive. 이 여성들은 생존하기 위해서 집에서 빵을 구워서 팔고 있습니다.
- As you brew, so shall you **bake**. 자업자득.

Tip

burn은 대개 불이나 열로 인해서 전부 또는 일부가 없어지는 것을 뜻합니다. 또한 비유적으로도 사용되어서 열을 받게 한다든가 기력이 소진되는 것을 표현하기도 하죠. 이에 비해 bake는 직접 불에 대지 않고 굽는 것입니다. 대개 빵이나 과자를 굽는 행위를 표현하며, 피부를 태운다는 뜻으로 사용되기도 합니다.

[유사어휘] broil 불에 굽다 char 까맣게 태우다(숯으로 만들다) roast (고기를)불에 굽다, 익히다
scorch (표면을 살짝 태우는 것)그슬리다, (피부를 햇볕에)태우다
sear (표면을)태우다, (상처를)불로 지지다 singe (표면을)태우다

Unit C-01

calm
ká:m 카-ㅁ
- ⓗ 고요한, 차분한
- ⓣ 진정시키다

→ ⓟ calmly 고요히
  ⓝ calmness 평온

Point 동요나 소란이 없음

still
stíl 쓰띨
- ⓗ 고요한, 움직이지 않는

Point 소리나 움직임이 없는

calm
- **Calm down!** 진정하세요!
- **They are steady as a ship on a calm sea.**
  그 사람들은 고요한 바다 위의 배처럼 안정되어 있어요.

still
- **He was very still through this entire sentencing.**
  선고가 내려지는 동안 그는 쥐 죽은 듯이 있었습니다.
- **Still waters run deep.** 깊은 물은 고요히 흐른다.

Tip

날씨나 바다가 고요하고 잔잔한 경우 calm으로 표현합니다. 또한 동요나 소란이 없다는 의미에서 마음이 평온할 때에도 사용되는데, 이때는 일시적인 평온을 의미합니다. 그래서 Calm down! 하면 흥분을 잠시 가라앉히라는 이야기죠. 이에 비해, still은 소리가 없거나 움직임이 없는 상태를 묘사하고 있습니다. 그래서 영화의 정지사진을 a still picture라고 하죠.

placid (흥분하지 않고)평온한, 침착한 **quiet** (흥분이나 동요가 없이)조용한, 평온한
serene (정신적으로 고상한 상태의)평온한, 고요한
tranquil 조용한, 평온한(calm에 비해 오랫동안 지속됨을 의미)

careful
kέərfəl 케어필

형 조심성 있는, 주의를 기울이는

→ 부 carefully 주의 깊게

Point 조심스럽게 살피는

cautious
kɔ́:ʃəs 코-쉬어ㅆ

형 신중한, 조심하는

→ 명 caution 조심, 신중
부 cautiously 조심스럽게

Point 위험할지도 모르기 때문에 신중을 기하는

careful
- Be careful not to touch your hands to your face.
  얼굴에 손을 대지 않도록 조심해라.
- You can't be too careful. 아무리 조심해도 지나치지 않아.

cautious
- U.S. officials have been cautious not to directly accuse the Chinese military.
  미국 관리들은 지금까지 중국의 군부를 직접 비난하지 않으려고 조심해왔다.
- We are always very cautious of adults coming on campus. 우리는 교내로 들어오는 성인들에 대해 굉장히 신경을 쓰고 있습니다.

Tip
실수를 하지 않기 위해 세심한 주의와 관심을 기울일 때 careful하다고 합니다. 이에 비해, 자기의 신변에 위험이 닥칠지도 모른다거나 불리해질 수 있기 때문에 조심하는 경우가 있는데, cautious로 표현합니다. 요즘 같은 세상에서는 여성분들은 특히 늦은 밤길에서 매우 조심very cautious해야 합니다.

 attentive 주의 깊은, 경청하는 discreet (분별력이 있으며 믿음직하고)신중한
prudent (현명하고 빈틈없고)신중한, 세심한 wary (의심과 염려로)조심하는

center
séntər 쎈터r
- 명 중심, 중앙
- 동 중앙에 두다

Point 원이나 구의 중심

middle
mídl 미들
- 명 중앙, 한가운데
- 형 한 가운데의, 중앙의

Point 가운데, 두 지점의 중간

center

- The victim is at the center of a circle.
  희생자가 원의 중앙에 있어요.
- The company maintains an office in the center of town.
  그 회사는 시내 중심부에 사무실을 가지고 있죠.

middle

- In the middle of the room was a light shining on a table.
  방 가운데, 테이블 위에 빛이 빛나고 있었다.
- We are in the middle of a very severe recession.
  우리는 매우 심각한 경기침체의 한 가운데에 있습니다.

Tip

center는 원, 구체의 중심점이라는 뜻입니다. 그런데 그 뜻이 확대되어 물체의 중심, 활동의 중심점을 뜻하는 말로 사용되고 있죠. 이에 비해, middle은 center처럼 중앙의 점이 아니라 '가운데의 공간(장소)'이라는 개념입니다. 그래서 전치사 in과 함께 사용되지요. (한 가운데에 in the middle of)

유사어휘 core 핵심(가장 중요한 부분) heart 중심(깊숙한 곳)
hub (활동의)중심, 중추 midst (in the midst of 로 사용되어)~의 한가운데

ceremony
sérəmòuni 쎄뤄모우니
명 식, 의식

→ **형** ceremonial
의식의, 의식에서 사용되는

Point 공식적인 행사

celebration
sèləbréiʃən 쎌러브뤠이션
명 축하의식

→ **동** celebrate
경축하다, 세상에 알리다

Point 축하연

ceremony

- The university held its graduation ceremony yesterday, as planned. 그 대학교는 예정대로 어제 졸업식을 거행했다.
- You don't have to stand on ceremony here.
  여기서는 격식을 차리지 않아도 돼요.

celebration

- What would a New Year's celebration be without champagne? 신년 축하연에 샴페인이 없다면 어떨까?
- It's the first Christmas celebration for me.
  처음으로 맞이하는 크리스마스 축하연이에요.

Tip

성대하고 엄숙하게 일정한 형식에 따르는 행사를 ceremony라고 합니다. 결혼식, 졸업식, 장례식, 종교의식 등이 해당되겠죠. 이에 비해, celebration은 원래 누군가를 찬양, 칭송하고 세상에 알리는 의식을 뜻하는 말입니다. 그래서 종교적인 의식뿐만 아니라 흥겹게 벌이는 축제나 축하연을 뜻하게 되었죠.

유사어휘 congratulation (대개 사람을 대상으로 한)축하
rite 희례, 의식 service (종교적인)의식, 예배

chance
tʃǽns 챈ㅆ
명 기회, 우연

Point 적극적으로 이용할 기회

opportunity
ɑ̀pərtjúːnəti 아퍼r튜-너티
명 기회, 호기

Point 어떤 일을 하기에 좋은 상태

chance
- I'll take my chances. 모험을 해보겠어요.
- Give me one more chance. 저에게 한 번 더 기회를 주세요.

opportunity
- Opportunity only comes to those who are prepared.
  기회는 준비된 자에게만 온다.
- He will take the opportunity to talk about that.
  그는 그것에 대해 이야기할 기회를 잡을 거에요.

Tip

chance에는 우연이나 가망, 가능성이라는 뜻이 있습니다. 그러니까 우연하게 생긴 '기회'라는 말이죠. 그래서 take a chance 하면 우연히 발생한 기회를 잡아서 성공하던 실패하던 해보겠다는 뜻입니다. 이에 비해, opportunity는 좋은 상황이 허락된, 말하자면 주어진 기회라는 뜻이 있습니다.

 coincidence (동시에 일어남)우연 occasion (어떤 일이 일어나는 때)기회, 경우
possibility 가능성 prospect 가망, 가능성(일어날 가능성이 큰 것)

change
tʃéindʒ 췌인쥐

[동] 바꾸다, 교환하다
[명] 변화, 변경

→[형] changeable 변하기 쉬운

Point 전혀 다른 것으로 바꾸다

alter
ɔ́:ltər 오-을터r

[동] 바꾸다, 개조하다

→[명] alteration 변경, 개조

Point 본래의 성질은 유지됨

change

- Don't **change** the subject. 주제를 바꾸지 마.
- The only way to lose weight is to exercise and **change** your diet.
  살을 빼는 유일한 방법은 운동을 하고 식단을 바꾸는 것이다.

alter

- Circumstances **alter** cases. 사정에 따라 이야기가 달라진다.
- They believe that this person may have **altered** that vehicle. 그들은 이 사람이 저 차량을 개조했을 거라고 생각한다.

Tip

여러분이 가지고 있던 자동차를 change했다면 전혀 다른 자동차로 바꾸었다는 의미입니다. 이에 반해, alter했다면 본래의 성질은 유지되는 것이므로 그 자동차를 일부 개조를 했다는 말이 됩니다.

[유사어휘]
adapt 적합하게 바꾸다, 적응시키다, 개작하다 amend (법률 등을)수정하다, 개정하다
convert (다른 용도로 사용하기 위해)바꾸다, 개조하다
modify (일부분을)수정하다 transform (형태, 성질 등을 다른 것으로)변화시키다
vary (다양하게)변화하다, 다양하게 하다

chaos
kéias 케이아쓰
명 혼돈

→ 형 chaotic 무질서한

Point 극도의 무질서

disorder
disɔ́:rdər 디쓰오-rㄷ-r
명 무질서, 혼란, 장애
동 어지럽히다

→ 형 disorderly 무질서한

Point 제자리에 있지 않음

chaos

- When the first gunshots started, it was complete chaos.
  총이 발사되기 시작하자, 완전히 혼란에 빠졌죠.

- Is there any alternative to political chaos?
  정치적 혼란에 대처할 다른 대안이 있나요?

disorder

- Depression is a physiological disorder.
  우울증은 생리적인 질환입니다.

- We call it post-traumatic stress disorder right now.
  우리는 그 증상을 외상 후 스트레스 장애라고 부르죠.

Tip

원래 chaos는 창조 이전의 혼란 상태를 묘사하는 말에서 나왔습니다. 질서 잡힌 우주와 대비되는 개념으로써 극도의 혼돈 상태를 나타냅니다. 이에 비해, disorder는 여러분의 책상 서랍 안의 모습처럼 정돈되어 있지 않아서 정신없는 것을 묘사하죠. 제자리에 있지 않다는 의미에서 의학에서는 장애를 뜻하게 됩니다.

 유사어휘
clutter 난장판, 혼란 confusion (서로 섞여 있어서 대상을 구분하기 힘든)혼동, 혼란
jumble 뒤범벅, 혼란 mess (뒤죽박죽 되어 더러운 상태)난잡, 엉망진창
turmoil 소란, 소동

character
kǽriktər 캐뤽터r
명 성격, 특징, 기질, 인격

Point 어떤 사람이나 그룹에게 고유한 특징, 개성

personality
pə̀ːrsənǽləti 퍼-r쎄낼러티
명 개성, 성격

Point 어떤 사람의 성격, 인품

character
- We will be in flight again soon, because it is part of the national **character**.
  우리는 금방 다시 도약할 겁니다. 그게 우리 국민성이거든요.
- He is quite a **character**. 그는 개성이 강한 사람이에요.

personality
- Can you change your **personality** like that?
  당신의 성격을 그렇게 바꿀 수 있겠어요?
- He's got a great **personality**. 그는 성격이 아주 좋은 분이에요.

Tip
character는 의지, 품성 같은 도덕적인 측면에서의 성격에 주안점이 있습니다. 또한 개성이 별나게 강한 사람, 즉 괴짜를 뜻하는 말로도 사용되지요. 이에 비해, personality는 사람과의 관계에서 나타나는 성격, 한 인간의 총체적인 모습을 보여주는 말입니다.
a friendly personality다정한 성격, duel personality이중인격

disposition (~하는)성질, 기질 identity 정체성, 독자성
individuality (타인과 구별되는 개인의)특성, 개성 temperament (감정적인)기질, 성질

characteristic
kæriktərístik 캐릭터뤼ㅆ틱

명 특질, 특색
형 특징적인, 특유한

Point 어떤 것의 전형적인 특징

feature
fi:tʃər 퓌-춰r

명 특징, 특색
통 특징을 이루다, 두드러지게 하다, 대서특필하다

Point 눈에 띄는 두드러진 특성

characteristic

- Let's talk about this unusual characteristic.
  이 별난 특성에 대해서 이야기 해보도록 합시다.
- It is so characteristic of Korean.
  한국적인 특색을 잘 보여주고 있군요.

feature

- Its most striking feature is a whopping 4.3-inch screen.
  이것의 가장 두드러진 특징은 엄청나게 큰 4.3인치 스크린을 장착했다는 거죠.
- It borrows the best features of both capitalism and socialism. 이건 자본주의와 사회주의의 가장 좋은 점만을 빌려온 것이죠.

Tip

characteristic은 가치판단이 들어가 있지 않은 것으로써 대개 어떤 것의 전형적인 특색을 의미합니다. 이에 비해, feature는 대개 긍정적인 의미에서 두드러진 특징이죠. 그래서 얼굴의 생김새라는 뜻으로도 사용되고, 두드러진다는 의미에서 신문 방송의 특집기사를 의미하기도 합니다.

attribute 속성, (대개 긍정적인)특성 **mark** 특징, 표시
peculiarity 특색, 기묘(대개 불쾌감을 주는 두드러진 특징)
trait (주로 행동의 패턴을 묘사하는)특색, 특성

Unit C-10

cheap
tʃi:p 취-ㅍ
- 형 값이 싼
- 부 싸게

Point 값도 싸고 질도 나쁜

inexpensive
ìnikspénsiv 인익ㅆ뻰씨v
- 형 값이 싼

Point 품질에 비해 값은 싼

cheap
- Do you have anything cheaper? 좀 더 싼 거 있나요?
- The cheap buyer takes bad meat. 싼 게 비지떡.

inexpensive
- Other printers are inexpensive, but have only the most basic functions.
  다른 프린터들은 저렴해요. 하지만 그것들은 기본적인 기능밖에 지원하지 않아요.
- You'd have to be skilled, but it's very inexpensive.
  당신이 능숙하게 다룰 줄 알아야겠지만, 이건 상당히 저렴한 거에요.

Tip
'싼 게 비지떡'이라는 말은 단순히 가격이 저렴할 뿐만 아니라 품질도 좋지 않다는 뜻이 들어 있는 말이죠. 흔히 '싸구려야'라고 말할 때 느끼는 부정적인 뉘앙스가 바로 cheap입니다. 이에 비해, inexpensive는 값에 비해 품질이 좋다는 뜻이 숨어 있죠.

 economical 경제적인, 절약이 되는   low-priced (객관적으로)가격이 낮은
poor (가격과는 상관없이)질이 형편없는

Unit C-11

choice
tʃɔ́is 쵸이쓰
명 선택, 선택하기

→ 동 choose 선택하다

Point 결단과 최종적인 결정임을 강조

selection
silékʃən 씰렉션
명 선택, 선발

→ 동 select 선택하다

Point 여러 개 중에서 신중하게 골랐음을 강조

choice
- I have no choice but to stay home today.
  다른 선택의 여지가 없어요. 오늘은 집에 그냥 있어야지요.
- I think she's made a good choice here.
  그녀는 여기서 선택을 잘 한 것 같아요.

selection
- I think he's a good selection. 제 생각에 그가 가장 적임이에요.
- A final selection is to be made at a board meeting.
  최종 선발은 이사회에서 내려진다.

Tip

어쩔 수 없이 어떤 행동을 했을 때 우리는 'I have no choice.(선택의 여지가 없었어.)'라고 말합니다. 선택의 자유권을 강조하는 option과 달리 choice는 선택의 행위를 강조하여 최종적인 결단을 암시하기도 합니다. 이에 비해, selection은 신중하게 따지고 비교해서 적당히 하나를 골랐다는 의미가 있어요.

alternative 대안(이것 대신 저것을 선택할 수 있음) **elect** 선출하다
option 선택권(어떤 것을 선택 할 수 있음을 강조) **pick** 골라잡다, 선택

clean
klíːn 클리-ㄴ

- 동 깨끗하게 하다
- 형 깨끗한

→ 부 cleanly[klínli] 깨끗하게

Point 먼지 등을 제거하여 청결하게 하다

cleanse
klénz 클렌z

- 동 깨끗하게 하다

→ 명 cleansing (도덕적)정화

Point 소독하다, 정결하게 하다

clean

- Let's clean up the environment, invest in education.
  환경을 깨끗이 하고 교육에 투자합시다.
- Now it's time for Tiger Woods to come clean.
  이제 타이거 우즈가 실토할 때가 되었어.

cleanse

- Special torch may cleanse nuclear waste.
  특별 제작된 토치가 핵 폐기물을 제거할 것이다.
- Ramadan is a time to fast, cleanse the soul and surrender to God.
  라마단은 금식하며 죄를 씻어내고 신에게 자신을 내맡기는 기간이다.

Tip

상처를 소독하거나 약품으로 기계류를 닦는 것, 즉 화학 약품을 사용하여 깨끗하게 씻는 행위는 cleanse로 표현합니다. 또 비유적으로는 마음의 죄를 씻어내 정결하게 한다는 의미로 쓰이죠. 몸의 상처를 소독하면 새살이 돋아 치유되듯이 마음도 치유되기를 바라는 마음에서 같은 단어를 사용하는 것 같습니다.

유사어휘 cleanly [klenli](발음주의), 깨끗한 것을 좋아하는, 깔끔한 clear 맑은, 투명한
fresh 신선한 scrub 문질러 닦다, 씻다 wash (물로)씻어내다
wipe (수건으로)닦다, 닦아 내다

Unit C-13

clear
kliər 클리어r
형 분명한, 명백한

Point 모호함이 없이 이해하기 쉬운

distinct
distíŋkt 디쓰팅크트
형 뚜렷한, 명확한

→ 명 distinction 구별
형 distinctive
뚜렷이 구별할 수 있는, 특이한

Point 다른 것과 뚜렷하게 분별되는

clear

- How can I make it clear to you?
  어떻게 해야 네가 잘 알아들을 수 있니?
- I will say it's not so clear to me.
  말하자면 분명하게 이해가 안 돼요.

distinct

- We have four distinct seasons.
  우리나라는 뚜렷한 4계절이 있습니다.
- A commutation is distinct from a pardon.
  감형은 사면과 확실히 다르다.

Tip

clear는 맑은 상태, 밝은 상태를 묘사하는 말입니다. 맑으니 당연히 잘 보이겠죠? 그래서 '분명한, 명확한'의 의미를 지니는데, 눈으로도 잘 보이지만 머리로도 이해하기 쉽다는 뜻입니다. 이에 비해, distinct는 다른 것과 달라서 분명하게 보인다는 의미가 있습니다. 그래서 distinct voice 하면 잘 들리는 목소리인데 clear할 뿐 아니라 또박또박 발음이 잘 들린다는 뉘앙스가 있습니다.

 apparent 외견상 분명하게 보이는 **obvious** 명백한, 명확한 **plain** 누구나 알기 쉬운

Unit C-14

client
kláiənt 클라이언트

명 고객, 의뢰인

Point 변호사, 의사 등과 같은 전문직업인의 의뢰인

customer
kʌ́stəmər 커스터머r

명 손님, 고객

Point 가게의 손님, 단골

client

- Be friendly with your client but avoid making them your friend. 당신의 의뢰인과 친해지세요. 하지만 친구로 지내지는 마세요.
- First of all, your client is considered by police to be a person of interest.
  무엇보다도 당신의 의뢰인은 경찰에 의해 용의자로 지목되었어요.

customer

- The customer is always right. 고객은 언제나 옳습니다.
- He was a regular customer here at the time.
  그는 그 때 여기 단골이었지요.

Tip

client와 customer를 구분 없이 사용하는 경우도 있지만, 대개 client는 물건을 사는 '고객'이라기 보다는 조언을 구하는 '의뢰인'의 의미로 사용됩니다. 처음에는 변호사의 의뢰인이라는 의미였는데 지금은 전문직업인에게 전문분야의 도움을 구하는 사람으로 그 범위가 넓어졌습니다.

유사어휘 caller (잠깐 다녀가는)방문객 guest (초대 받은)손님, (여관 등의)고객
visitor (장기간 체류하는)방문객

climb
kláim 클라임

- 동 오르다
- 명 오름, 등반

→ 명 climber 등산가
  명 climbing 등산, 등반

Point 힘든 과정을 거쳐 위로 올라가다

ascend
əsénd 어쎈드

- 동 오르다, 올라가다

→ 명 ascent 상승, 향상

Point 힘들이지 않고 오르다

climb

- I climbed down the stairs. 나는 계단을 내려왔다.
- Andy Murray climbed up to number two in the world after his victory in the Montreal Masters.
  앤디 머레이는 몬트리올 마스터스 대회에서 우승한 후 세계 랭킹 2위로 올라섰다.

ascend

- He will ascend the throne to become chairman of the behemoth. 그는 아버지의 자리를 물려받아 거대 기업의 총수가 될 것이다.
- Only 10 visitors are permitted to ascend the steps at any one time. 한 번에 10명만 올라갈 수 있습니다.

Tip

가파른 산등성이를 손과 발을 사용하여 상당히 힘들게 올라가고 있는 모습이 climb입니다. 이에 비해, ascend는 하늘로 연기가 올라가듯이, 구름 위로 달이 뜨듯이 자연스럽게 힘들이지 않고 올라가는 것이죠. 그래서 계단이나 산을 올라가도 수월하게 가는 경우면 ascend로 표현할 수 있습니다.

유사어휘 mount (한발씩 내디디면서)올라가다 rise (하늘로, 높은 곳으로)오르다
scale (손발을 사용하여 장애물을, 사다리를)올라가다

Unit C-16

close
klóuz 클로우z
동 닫다

→형 close [klouzd] 닫은
명 closing 종료, 폐쇄

Point 대개 열린 문이나 가게를 닫다

shut
ʃʎt 셧
동 닫다

→명 shutdown 일시 휴업
명 shutter 셔터, 덧문

Point 닫고 막아버린다

close
- Gold prices closed at a fresh record high above a $1200 an ounce.
  금값이 온스당 1200불을 넘어 사상 최고치를 기록하면서 마감했다.
- Close your eyes for a minute. 일 분간 눈을 감으세요.

shut
- Put up or shut up. 참든가 아니면 입 닥치고 있어.
- Internet attacks shut down the social networking site Twitter. 사이버 공격으로 인해 소셜 네트워킹 사이트인 트위터가 폐쇄되었다.

Tip
터진 구멍을 막는 것, 저녁이 되어 가게 문을 닫는 것, 누구와 거래를 끊는 것 등 열려있던 것을 닫을 때 close를 사용할 수 있습니다. 이에 비해, shut는 아무것도 드나들지 못하게 막는 의미가 강합니다. 그래서 가게나 공장을 폐쇄하는 경우에 사용되고 있으며, close보다 강한 느낌을 줍니다.

fasten 서로 묶어서 고정시키다 seal 편지봉투를 봉하다, 무엇을 밀폐하다
secure 단단히 잠그다

Unit C-17

close
klóus 클로우ㅆ
- 형 가까운
- 부 ~에 접하여, 바로 곁에

→ 부 closely 밀접하여

Point 시공간적으로 가까운

near
níər 니어r
- 형 가까운
- 부 가까이, 근접하여

→ 부 nearly 거의

Point 가까운 것을 표현하는 일반적인 말

close
- Financial pain hits close to home.
  경제적인 고통이 남의 일 같지 않군요.
- Keep healthy snacks close at hand.
  건강 과자를 가까이에 두세요.

near
- Doesn't he live near here? 그 사람은 이 근방에 살지 않나요?
- The deal was reported to be very near completion.
  거래가 거의 성사단계에 있다고 보도되었죠.

Tip

close는 공간적으로는 바로 옆에, 시간적으로는 거의 동시에 있는 것을 나타내는데 의미가 확장되어 친한 친구나 친척을 묘사할 때, 번역이 원본에 충실할 때도 쓰입니다. 이에 비해, near는 close보다는 가까운 정도가 덜 한 경우입니다. 그래서 a near guess하면 거의 정확한 추측을 했다기 보다는 '빗나가지 않은' 추측을 했다는 뜻이지요.

 adjacent 옆에 있는 **immediate** 바로 곁에 있는, (시공간적으로)가까운
nearby (조금 떨어진)가까운 거리에 있는

clothes
klóuz 클로우z
뗑 의복, 옷

Point 몸을 가리게 위해 입는 의복

clothing
klóuðiŋ 클로우th딩
뗑 의류(집합적)

Point 의류

clothes
- Take off your clothes. 옷을 벗으세요.
- Clothes do not make the man.
  옷차림으로(겉모양으로) 사람을 판단하지 마라.

clothing
- He opened a men's clothing store.
  그는 남성용 의류를 파는 가게를 열었다.
- For many, the iPhone joins food, clothing and shelter as an essential human need.
  많은 사람들에게 아이폰은 의식주처럼 인간 생활에 필수적인 품목으로 자리잡았다.

Tip
'옷'을 뜻하는 clothes는 단수형이 없이 복수형 명사로만 사용되며,
clothing은 clothes를 총칭하는 말입니다.
- cloth [klɔ(:)θ 클로 th씨] 천, 헝겊
- cloths cloth의 복수형.
- clothe [klouð 클로우th드] (동)옷을 주다, 덮다, 옷을 입히다

 apparel 의복, 특히 기성복 costume (여성의)복장, 특수용도의 복장
dress 의복. 대개 정장, 예복

cold
kóuld 코울ㄷ
- 형 추운
- 명 추움, 감기

Point 기온이 낮거나 냉담함을 표현하는 일반적인 말

cool
kú:l 쿠-을
- 형 시원한
- 명 냉기, 서늘함
- → 명 cooler 냉각기, 냉장고

Point 기분을 편하게 해주는 시원함

 cold
- It's getting cold. 날씨가 점점 추워져요.
- How about a cold drink? 찬 거 한잔 마실래요?

 cool
- Anyone who wants to get cool may just go and jump in.
  시원해지고 싶으면 누구든 그냥 가서 안으로 뛰어들어요.
- That's cool. That's what I like to hear.
  근사하군. 내가 듣고 싶었던 거야.

Tip

cold는 기온이 낮은 상태를 의미하는 일반적인 말인데, 비유적으로는 냉담하거나 냉정한 상태를 묘사하죠. 명사로는 감기의 의미도 있습니다. 이에 비해, cool은 여름에 얼음물을 마실 때와 같은 시원함이 느껴지는 단어입니다. 물론 비유적으로 냉정하다는 의미로도 쓰이지만, 기분 좋은 시원함에서 알 수 있듯이 근사하고 멋있는 것을 표현하기도 하죠.
That's cool! (그거 끝내주는 데!)

 chilly 쌀쌀한(으스스한 추위) **frigid** 상당히 추운(항상 얼음이 얼어 있음) **icy** (얼음처럼)차가운

come

kʌ́m 컴

[동] 오다, 가다

Point 목적지를 향하여 가다(오다)

go

góu 고우

[동] 가다

Point 기준점에서 출발하다

come

- Something's **come** up. 무슨 일이 생겼어.
- Spring has **come**. 봄이 왔어요.

go

- Let's **go** shopping. 쇼핑하러 갑시다.
- How'd it **go**? 어떻게 됐어?

Tip

come은 출발지에서 목적지를 향하여 움직이는 것인데, 목적지가 가고 오는 것을 판단하는 기준점입니다. 그러니까 기준점을 향하여 '가다' 혹은 '오다' 라고 표현할 수 있는 거죠.

- I'm coming. 나 가요.(내가 목적지를 향하여 가는 것)
- Come here. 이리 오세요.(내가 있는 곳이 목적지, 목적지로 오라는 의미)

go는 출발지가 기준점이며, 그곳에서 목적지를 향하여 출발하는 것입니다. 따라서 go에는 이동과 변화, 진행의 의미가 있습니다.

[유사어휘] arrive 도착하다, 닿다 come back 돌아오다, 원상태로 회복하다 go back 되돌아가다 reach ~에 도착하다

command
kəmǽnd 커맨드

- 동 명령하다
- 명 명령, 지휘

→ 명 commander 지휘관, 사령관

Point 공적인 권위를 가지고 내리는 명령

order
ɔ́:rdər 오-r더r

- 동 명령하다, 지시하다
- 명 명령, 지휘

Point (대개 사적인) 지시나 명령

command

- **The space shuttle is commanded by Rick Husband, a seven-person crew on board.**
  우주왕복선은 릭 허즈번드가 지휘를 하고 있고, 그 안에 7명의 승무원이 탑승하고 있습니다.
- **He that cannot obey cannot command.**
  복종할 수 없는 자는 명령할 수 없다. (지도자가 되기를 원한다면 먼저 다른 사람에게 복종하는 법부터 배워야 한다.)

order

- **He ordered me to exit the car.** 그는 나보고 차에서 나가라고 명령했죠.
- **This isn't what I ordered.** 이건 내가 주문한 게 아니에요.

Tip

command는 공적인 권위, 거부하기 힘든 절대적인 권위를 가지고 하는 명령을 의미합니다. 최고사령관이 명령하면 거부하기 힘들겠죠? 이에 비해, order는 의사가 환자에게 처방을 해주거나 물건을 주문하는 것처럼 사적인 명령이라고 할 수 있죠. 경우에 따라서는 상당히 강제성을 띠는 경우도 있지만 command에 비하면 약하다고 할 수 있습니다.

direct (흔히 직무와 관련해서)명하다, 지시하다
instruct (구체적으로 무엇을 하라고)알려주다, 지시하다

common
kámən 카먼

- 형 공통의, 보통의

→ 분 commonly
  일반적으로, 보통으로

Point 모든 사람들이 함께 나누어 가지고 있는

public
páblik 퍼블릭

- 형 공공의
- 형 일반 대중

→ 분 publicly 공공연히

Point 모든 사람들에게 해당되는

common

- The Korean people share a common language and common culture. 한국인들은 공통의 언어와 문화를 공유하고 있다.
- The two countries are different, but have common interests. 이 두 나라는 다르지만 공통의 이익을 가지고 있죠.

public

- This is a public place. 여기는 공공장소 입니다.
- Public opinion appears to be shifting on the matter.
  그 문제에 대한 여론이 변하고 있는 거 같아요.

Tip

common은 당사자들이면 누구나 똑같이 가지고 있어서 흔하고 평범하고 익숙한 상태를 묘사하는 말입니다. 이에 비해, public은 공공장소 public place, 치안 public safety라는 말에서 알 수 있듯이 '누구에게나 해당되는', '모든 사람들을 위한' 이라는 의미입니다.

유사 어휘
familiar 친숙한 mutual 서로의, 상호간의
normal (기준에 맞는, 이상하지 않은)보통의, 표준의
ordinary (일반적인 기준에 부합하는)보통의, 평범한 usual 평상시의, 보통의

company
kʌ́mpəni 컴퍼니
명 회사

Point 회사를 뜻하는 일반적인 말

firm
fə́:rm 풔-r ㅁ
명 회사

Point 대개 합자 회사인 법률, 세무회사

company

- What company is safe from the next crisis?
  다음 위기에서 어떤 회사가 안전할까?

- In this case, you need to understand your company's financial situation.
  이런 경우, 당신 회사의 재정상황을 이해하는 것이 필요합니다.

 firm

- This is a family firm. 이건 가족회사에요.

- Visit www.0000.com for more information about our law firm. 우리 법률회사에 대해 더 알고 싶으시면 www.0000.com 을 방문하세요.

 Tip

명함을 보면 회사이름을 영문으로 표기한 곳에 Co. 이라고 새겨진 것을 볼 수 있는데, 그것이 바로 company를 표시한 것입니다. 본래 company는 협력하는 사람들의 모임으로서 일단의 사람들을 의미합니다. 그래서 'Do you have company?' 하면 '일행이 있어요?' 하고 묻는 내용입니다.

 유사어휘 band 그룹, 떼, 특히 악단(밴드) corporation 주식(유한)회사, 법인
guild 상인 단체, 길드, 조합 party (공통의 목적을 위해 움직이는)모임, 동아리, 특히 정당

compare
kəmpέər 컴페어r

[동] 비교하다, 비유하다

→ [명] comparison 비교, 대조

[Point] 닮은 점이나 다른 점을 알아보다

contrast
kɔ́ntrɑːst 컨트 뢔쓰트

[동] 대비시키다, 대조하다

→ [동] contrast[kɑ́ntræst] 대비, 대조, 차이

[Point] 대비시켜 뚜렷하게 드러나게 하다

compare

- I **compared** Seoul with Tokyo. 나는 서울과 동경을 비교했다.
- I **compared** Seoul to Tokyo. 나는 서울을 동경에 비유했다.

contrast

- The increasing budget deficit in Chicago was **contrasted** with a $0 total for Rio.
  늘어나는 시카고의 적자는 부채가 없는 리오와 뚜렷하게 대비된다.
- Compare and **contrast** the U.S. financial commitment to space in the 60s and today.
  미국이 60년대에 우주개발에 쓴 비용과 오늘날 쓰고 있는 것을 비교하고 대조해보라.

Tip

compare Seoul with Tokyo는 서울과 동경의 닮은 점과 다른 점을 자세하게 알아보는 것이고 compare Seoul to Tokyo는 서울을 동경에 비유하여 설명하는 것입니다. 서울이 동경과 닮은 점을 찾는 것이죠. contrast는 서로 대비(대조)시켜 그 차이점을 뚜렷하게 인식할 수 있게 하는 것입니다.

[유사어휘] distinguish 구별하다, 식별하다 parallel ~에 견주다, ~에 평행시키다

Unit C-25

conceal

kənsíːl 컨씨-을

[동] 숨기다

→[명] concealment 숨김, 은폐

[Point] 감추다

obscure

əbskjúər 업ㅆ큐어r

[동] 가리다, 알기 어렵게 하다

[형] 어두운, 분명치 않은

→[명] obscurity 불분명, 애매함

[Point] 잘 보이지 않게 덮어 가리다

conceal

- It would be easy to **conceal** yourself in these woods.
  이런 숲에서 숨기는 쉬울 거야.
- The truth is I broke the law, **concealed** my conduct.
  진실을 말하자면, 법을 어기고 내 행위를 숨겼어요.

obscure

- His face **obscured** by his long hair.
  머리가 길어서 그의 얼굴이 잘 보이지 않았다.
- There are some **obscure** rules in all sports that can be confusing.
  모든 스포츠 종목마다 혼란을 일으키는 모호한 규정들이 약간씩은 있다.

Tip

conceal은 물건, 지식, 정보 등을 보이지 않게 숨기는 행위를 묘사하는 말입니다. 감추고 비밀로 하는 것이죠. 이에 비해, obscure는 애매하게 만드는 것입니다. 눈에 잘 안 보이게 하는 것이고, 명확하게 이해하지 못하게 하는 것이죠.

[유사어휘] **hide** (= conceal)숨기다 **secrete** (은밀하게 비밀로 하기 위해)숨기다
vague 애매한, 막연한 **veil** 베일로 가리다, 숨기다

Unit C-26

conclusion
kənklúːʒən 컨클루-전
- 명 결말, 결론

→ 통 conclude 마치다, 결말을 짓다
형 conclusive 결정적인, 확실한

Point 논리적인 결론

result
rizʌ́lt 뤼z절ㅌ
- 명 결과, 결말
- 통 결과로써 일어나다

Point 인과관계에 따라서 생기는 결과

conclusion

- It is a danger to jump to a conclusion before you have the DNA results back.
  DNA 결과가 나오기 전에 속단하는 것은 위험해요.

- Finally he came to conclusion that we did it.
  마침내 그는 우리가 그것을 했다는 결론을 내렸다.

result

- Did you get the results? 결과 나왔니?

- Every 24 seconds a child dies as a result of receiving an unsafe injection.
  안전하지 못한 주사로 인해서 매 24초마다 어린이가 한 명씩 사망한다.

Tip

conclusion은 논리적인 과정을 따라 끝에 다다른 것, 생각 끝에 무엇을 하기로 결정한 것을 뜻합니다. 이에 비해 result는 인과관계에 따라 끝에 다다른 것입니다. 그래서 원인에서 결과에 이르는 과정에 대한 평가가 담겨있어서 '성과', '성적' 등의 의미로도 사용되지요.

 유사어휘

consequence (어떤 행동에 이어서 나타나는)결과
effect (어떤 원인에 의해 나타나는)효과, 결과 **fruit** 결실, 좋은 결과
outcome 결과, 성과(결과에만 초점. 결과가 나타나기 전까지는 불확실했다는 뉘앙스)

85

confidence
kánfidəns 칸퓌던쓰

명 확신, 신뢰

→ 형 confident 확신하는, 자신만만한

Point 자신의 능력에 대한 확신

conviction
kənvíkʃən 컨뷕션

명 신념, 확신

→ 통 convince 납득시키다, 확신시키다

Point 진실에 대한 신념, 확신

confidence

- Have confidence in the world and yourself.
  세상과 당신 자신을 믿어라.
- I can say with confidence. 난 자신 있게 말할 수 있어요.

conviction

- A company with conviction can change the world in a way that others can't.
  신념이 있는 기업은 다른 기업들이 할 수 없는 방식으로 세상을 바꿀 수 있어요.
- I have a firm conviction that it's a battle we will win.
  이 전쟁에서 우리가 이길 것이라는 확신이 있습니다.

confidence는 자기의 경험이나 나름의 근거에 의해서 형성된 '확신'입니다. 이것이 다른 사람에게로 향하면 그 사람에 대한 '신뢰'로 나타나겠죠? 이에 비해, conviction은 진실, 사실에 대하여 강하게 믿고 있는 것입니다. 우리가 인생에서 목표로 하는 것을 성취하기 위해서는 confidence와 conviction이 필요하지 않을까요?

 belief 믿음(의심 없이 받아들임) **faith** 전적인 신뢰, (맹목적인)믿음
trust (능력에 대한)신용, 신뢰, 믿음

Unit C-28

confuse
kənfjúːz 컨퓨-z
동 혼동하다, 헷갈리게 하다

→ 형 confused 혼란한, 헷갈리는
명 confusion 혼란, 혼동

Point 뭐가 뭔지 모르게 하다

puzzle
pʌ́zl 퍼z즐
동 혼란스럽게 하다, 당혹하게 하다

→ 형 puzzling 당혹하게 하는

Point 복잡하고 어려워서 이해하기 힘들게 하다

confuse
- I'm confused. 제가 혼동했어요.
- Don't confuse money with happiness. 돈과 행복을 혼동하지 마라.

puzzle
- I was puzzled by his behavior. 그의 행동 때문에 당혹스러웠어.
- New York has always puzzled me, no matter who is the mayor. 뉴욕은 시장이 누가 되든 항상 나를 혼란스럽게 하지.

Tip
간혹 농산물을 중국산과 국산을 섞어 팔다가 걸리는 경우를 뉴스에서 볼 수 있습니다. 그렇게 섞으면 뭐가 뭔지 모르게 되겠죠. 그렇게 잘못 선택하게 하는 것이 confuse입니다. 이에 비해, puzzle은 복잡하고 어려워서 머리가 아픈 경우에 해당합니다. 복잡한 그림조각 맞추기를 생각하시면 이해가 쉽습니다.

 유사어휘
bewilder 너무 어렵고 복잡하여 혼란스럽다 confound 뒤죽박죽으로 하다, 혼란 시키다
embarrass 난처하게 하다 mystify (신비스럽게 하여)혼란 시키다, 미혹하다

Unit C-29

connect
kənékt 커넥트
⑤ 연결하다

→ ⑲ connection 연결

Point 어떤 매개물을 이용하여 두 개를 연결하다

combine
kəmbáin 컴바인
⑤ 결합시키다

→ ⑲ combination 결합
⑲ combined 결합한

Point 원래의 것을 알아보기 힘들 만큼 하나로 결합시키다

connect
- I'll connect you. (전화에서)연결해드리겠습니다.
- He has connected himself with domestic terrorists.
  그는 국내의 테러리스트들과 관계를 가지고 있었죠.

combine

- This is where hydrogen combines with oxygen to produce electricity. 여기서 수소와 산소가 결합하여 전기를 만들어냅니다.
- Let's combine the best features of both.
  이 둘의 장점들을 결합해봅시다.

Tip
connect는 서로 독자성을 지닌 상태에서 결합하는 것으로써 약간은 느슨한 면이 있으며, 전화를 연결하는 것처럼 매개물을 이용하여 연결하는 것이 많습니다. 또한 사람, 생각, 사건의 경우는 서로 관계가 있다는 의미로 사용됩니다.

associate (남과 동등한 조건으로)결합시키다, 연합하다, 연상하다
attach 덧붙이다
consolidate (능률을 올리기 위해 통합하다)합병하다, 합병 정리하다
join (매개물 없이 두 개를 바로 연결합하다, 접합하다
link (쇠사슬처럼 단단하게 결합됨)연결하다, 잇다
unite (두 가지 이상을 연결하여 새로운 하나를 만듦)결합하다, 통합하다

conserve
kənsə́ːrv 컨써-r v

동 보존하다

→ 명 conservation 보호, 보존
  형 conservative 보존하려는, 보수적인

의미 낭비하지 않고 절약하다

preserve
prizə́ːrv 프뤼z저-r v

동 보존하다

→ 명 preservation 보존

의미 손상되지 않도록 보존하다

conserve

- What are you doing to conserve energy around the office or home?
  사무실이나 집에서 에너지를 절약하기 위해 당신은 무엇을 하고 있나요?

- He is asking people to conserve water.
  그는 사람들에게 물을 아껴 쓸 것을 요구하고 있어요.

preserve

- We must preserve the natural heritage.
  우리는 자연유산을 반드시 보존해야 합니다.

- They are continuing to take steps to preserve the environment. 그들은 환경을 보존하기 위한 조치들을 계속해서 취하고 있다.

Tip

conserve는 절약하는 것이고 preserve는 손상, 부패, 위험으로부터 보호하는 것을 뜻합니다. 특히 지금의 상태를 보존하려는 상태를 conservative라고 표현합니다. 그래서 '보수적인, 보수주의자' 라는 의미로 사용되지요.

 maintain (계속 사용할 수 있도록)보존, 유지하다 reserve (장래를 위해)남겨두다
save (따로 떼어)남겨놓다, 저축하다

consider
kənsídər 컨씨더r
동 숙고하다, ~로 생각하다

→ 명 consideration 고려, 숙고
전 considering ~을 고려하면

Point 심사숙고 하고 두루 검토하다

reflect
riflékt 뤼f플렉ㅌ
동 곰곰이 생각하다

→ 명 reflection 반성, 회고
형 reflective 숙고하는

Point 반성하고 회고하다

 consider
- Please consider joining us. 우리와 함께 하는 것에 대해 고려해보세요.
- What do you consider yourself? 당신 자신을 뭐라고 생각하세요?

reflect
- There is no time to reflect what is going on.
  무슨 일이 벌어지고 있는지 생각할 시간이 없어.
- I didn't have much time to reflect on anything.
  곰곰이 생각해볼 시간이 별로 없었어.

Tip
결정을 내리기 위해 이리저리 검토하는 모습이 consider입니다. 그래서 '~라고 생각하다, ~로 여기다' 할 때에도 consider를 사용하죠. 이에 비해, reflect는 특히 과거에 일어난 일을 뒤돌아 보는 것이며(과거의 일에 대하여 consider 하는 것), 현재의 일에 사용될 때에는 진지한 고려와 연구를 한다는 뉘앙스가 있습니다.

contemplate 오랫동안 숙고하다 count ~이라고 생각하다, 간주하다
deem 생각하다, 간주하다 deliberate (공공의 문제에 대하여)숙고하다, 심의하다
reckon ~라고 생각하다, 평가하다 regard ~로 생각하다, 여기다
weigh (저울을 제듯이)헤아리다

continual
kəntínjuəl 컨티뉴얼

형 계속되는

→ 부 continually
잇따라, 계속적으로
(짧은 간격을 두고 계속됨)

반복되어 나타나는

continuous
kəntínjuəs 컨티뉴어쓰

형 계속되는

→ 동 continue 계속하다
부 continuously
연속적으로, 계속해서

중단 없이 계속 되는

continual

- Conspiracy was a continual part of imperial Confucianism.
  반역은 황제가 다스리던 유교국가에서 계속 반복되어 일어났던 사건이다.

- We're under continual threat.
  우리는 계속되는 위협에 시달리고 있습니다.

continuous

- Do you know Present Continuous Tense in English?
  영어의 현재진행 시제를 알고 있니?

- 3 years or more of continuous service.
  3년 이상 근속 (구인광고판에서)

Tip

할리우드의 유명 배우들 중에서 끊임없이 스캔들을 달고 다니는 사람들이 있습니다. 누구와 염문설이 불거지고 나면 좀 있다가 상대가 바뀌죠. 이처럼 반복해서 일이 일어나는 것이 continual입니다.
반면 continuous는 비가 그치지 않고 계속 내리는 것처럼 일정기간 지속되는 것을 표현하죠.

 constant 변치 않는, 일정한 perpetual 끊임없는, 영속하는 persistent 끊임 없는, 완고한

contract
kάntrækt 칸트뢕트
몡 계약
통 [kəntrǽkt] 계약하다

Point 합의를 문서로 작성하는 것, 계약

agreement
əgríːmənt 어ㄱ뤼-먼트
몡 합의, 계약

Point 무엇에 의견이 일치되었음

contract
- I am ready to sign the contract. 계약서에 서명할 준비가 되었어요.
- He made a contract with his school. 그는 학교하고 계약을 했어요.

agreement
- We're fully in agreement with that.
  우리는 그 문제에 대해 완전히 의견이 일치했어요.
- The two sides have never signed a formal peace agreement.
  양 당사국은 지금까지 평화협정에 서명한 적이 없었죠.

Tip

contract하면 대개 돈을 받기로 하고 약속한 일을 완수하는 것, 즉 도급계약(청부계약)을 의미합니다. 보통 '청부'하면 살인청부가 생각나죠? 그래서 그런 의미로도 사용된답니다. 이에 비해, agreement는 당사자간에 의견이 일치했음을 나타냅니다. 개인간에서부터 국가간에 이르기까지 합의에 도달해서 협정이나 계약을 하는 것이죠.

 **covenant** (의무와 책임이 강하게 따르는)계약, 서약 **deal** 거래, 타협
treaty (국가간의)조약

Unit C-34

contrary
kántreri 칸트뤠뤼
형 반대의

Point 완전히 다르다

opposite
ápəzit 아퍼z짙
형 반대쪽의, 마주보고 있는

Point 성질, 관점 등이 상반된다

contrary

- Quite the contrary, we are patriots who love our country. 완전히 정반대로, 우리들은 조국을 사랑하는 애국자들입니다.
- Any statements to the contrary are false.
  그와는 다른 진술은 어떤 것이든 거짓입니다.

opposite

- That is opposite to the normal situation.
  이건 정상적인 상황과는 완전히 반대입니다.
- The office is on the opposite side of the street from the U.S. Capitol. 그 사무실은 미국 국회의사당의 도로 맞은 편에 있습니다.

Tip

opposite는 반대되는 의견, 흑과 백처럼 서로 반대되는 것을 나타냅니다. 정반대이기 때문에 위치로 보아서는 서로 마주보는 모습이죠. 이에 비해, contrary는 완전히 서로 다르다는 것을 강조하고 있는 말이라서 갈등과 대립을 뜻하기도 합니다.

유사어휘 contradictory 모순되는 converse (순서, 관계, 행동 등이)거꾸로인
opposed 적대하는(감정 등이 서로 대립하는)
reverse (면해있는 반향이나 움직이는 방향이)반대의

control
kəntróul 컨트로울
- 图 지배하다, 통제하다
- 图 지배, 제어

→ 图 controller 지배자, 관리인

어원 영향력을 행사하여 통제하다

direct
dirékt 디**렉**트
- 图 관리하다, 지도하다

→ 图 direction 지도, 지휘

어원 리더쉽을 가지고 지도하다

control
- I didn't know how to control it. It was beyond me.
  난 그것을 제어하는 법을 몰랐어요. 내 능력의 범위를 벗어난 것이었죠.
- We don't need to control any individual.
  우리는 개인들을 통제할 필요가 없어요.

direct
- He directed me to go out. 그는 나보고 나가라고 명령했다.
- Could you direct me to the station?
  역으로 가는 길을 알려주시겠어요?

야구에서 제구력이 좋은 투수라고 하면, 공을 마음먹은 대로 잘 던지는 투수를 말하죠. 이러한 제구력을 control로 표현합니다. 즉 공을 완전히 통제하고 있다는 의미입니다. 이에 비해, direct는 지도와 지시에 초점이 있습니다.

administer 관리하다(통치) command 명령하다 govern 통치하다
manage 관리하다, 운용하다 supervise 관리하고 감독하다

Unit C-36

conversation
kὰnvərséiʃən 칸붜r쎄이션
명 회화, 담화

→ 통 converse 서로이야기 하다, 담화 하다

Point 의견의 교환

talk
tɔ́:k 토-ㅋ
명 이야기, 담화
통 말하다, 이야기하다

→ talk show (유명인사와의)대담 프로그램

Point 격식을 차리지 않은 이야기

conversation

- Don't break in our conversation. 우리 대화에 끼어들지 마라.
- We had a very private conversation.
  우리는 매우 사적인 대화를 나누었죠.

talk

- You need to have a talk with your kids.
  당신은 아이들과 이야기할 필요가 있어요.
- It's not the big talk anymore. 더 이상 허풍이 아니에요.

Tip

위헌 논란으로 쟁점이 되었던 '간통'을 영어로 criminal conversation이라고 합니다. 여기서 알 수 있듯이 conversation에는 친교라는 뉘앙스가 있죠. 그래서 외교상의 비공식 회담도 conversation으로 표기합니다. 반면, talk는 격식 없이 이루어지는 대화입니다. 그래서 비공식적인 연설, 짧고 친밀한 강연, 재미있는 이야기 등의 의미로 사용되죠.

유사어휘 address 공식적인 연설 dialogue 대화 monologue 혼자 말하기 speech 연설

Unit C-37

correct

kərékt 커뤸ㅌ

[동] 올바르게 바꾸다

→[명] correction 정정, 수정
[형] corrective 고치는

[Point] 틀린 것, 실수한 것을 고치다

revise

riváiz 뤼봐이z

[동] 개정하다, 수정하다

→[명] revision 개정, 교정

[Point] 더 좋게 만들기 위해서 고치다

correct

- Please, **correct** me if I'm wrong. 내가 틀렸다면 고쳐주세요.
- Can you **correct** that? 그것을 고칠 수 있나요?

revise

- They are attempting to **revise** the rules.
  그들은 규칙을 개정하려고 하고 있죠.
- We have opposed his plans to **revise** the constitution.
  우리는 헌법을 개정하려는 그의 계획에 반대해왔습니다.

Tip

correct는 형용사로써 '정확한, 사실과 일치하는'이라는 의미를 가지고 있습니다. 이에 비해, revise는 사실과의 부합여부가 아니라 더 좋게 만들기 위하여 수정한다는 뜻입니다. 그래서 법안, 규칙, 헌법 등을 바꾸는 것은 revise를 사용하여 표현한답니다.

[유사어휘] **adjust** 조정하다, 맞추다 **fix** (본래의 기능을 하도록)고치다
mend 고치다, 개선하다 **repair** 수리하다(기술을 필요로 함)

Unit C-38

correct
kərékt 커뤡트
형 옳은, 정확한

→ 부 correctly 정확히

틀리지 않은

right
ráit 롸잍
형 옳은, 올바른

→ 부 rightly 올바르게, 정당하게

정당하고 진실한

correct
- I think both are correct. 내 생각에 양쪽 다 옳아.
- There's no correct answer. 정확한 답이 없어요.

right
- I was wrong, you were right. 난 틀렸고, 당신은 옳았소.
- Ethics is a major branch of philosophy, encompassing right conduct and good life.
윤리학은 철학의 주요한 한 분야로써, 올바른 행동과 선한 삶에 대하여 다룬다.

Tip
correct는 사실과 일치하는 정확한 상태를 묘사하는 말이고, right는 주로 도덕적으로 올바른, 정당한 상태를 묘사하는 말입니다. 그래서 'You are right.' 하면 네가 정당하고 올바르다는 말입니다. 물론 right의 경우, right answer정확한 대답처럼 correct의 의미로도 사용되고 있습니다.

  accurate (올으면서도)정확한(정밀한) exact (조금도 틀림이 없이)정확한, 엄밀한
precise (세세한 부분까지 구분이)정확한

cost
kɔ́:st 코-스트
- 명 가격, 비용
- 동 ~의 비용이 들다

→ 형 costly 값이 비싼

Point 들어간 돈, 비용

price
práis 프라이ㅆ
- 명 가격
- 동 ~에 값을 매기다

Point 물건의 가격

cost
- **Companies have to cut costs.**
  기업들은 비용을 절감해야 합니다.
- **How much will it cost?** 비용이 얼마나 들까요?

price
- **What's the price?** 가격이 얼마죠?
- **Price as marked.** 정가 판매.

Tip

물건에 붙인 가격, 즉 팔려고 내놓은 가격을 price라고 합니다. 그래서 a cash price하면 현찰로 받는 가격이라는 의미입니다. 이에 비해, cost는 대가로 지불하는 비용을 뜻합니다. 예컨대, 여러분이 책을 사기 위해 서점에 그 책의 price를 지불했다고 하면, 여러분은 얼마의 cost 를, 즉 비용을 지불하고 이 책을 산 것입니다.

charge (부과된)요금, 청구금액 **expense** 비용, 지출(지출 총액을 뜻함)
fare 교통요금 **fee** 수수료, 요금 **value** 가치(에 해당되는 액수)

Unit C-40

crash
kræʃ 크뢔쉬
- 동 충돌하다
- 명 충돌, 추락

Point 충돌, 추락, 부서짐을 표현

smash
smæʃ 스매쉬
- 동 세게 충돌하다
- 명 깨뜨려 부숨

Point 때려 부수다, 부서지다

crash
- The guy just crashed into me.
  저 사람이 나에게 마구 달려들어 부딪혔죠.
- We saw when the plane crashed against a mountain and then a huge fireball erupted.
  우리가 봤을 때, 비행기가 산하고 충돌했죠. 그런 후 커다란 불덩어리가 일어났어요.

smash
- The glass was smashed, and the gate bent.
  유리는 산산조각이 나고, 문은 휴지조각처럼 구겨졌어요.
- His wife smashed out the back window with a golf club.
  그의 부인은 골프채로 차의 뒷유리창을 깨뜨렸다.

Tip

비행기가 산에 부딪칠 때처럼, 큰 소리를 내며 산산이 부서지는 모습이 crash의 이미지입니다. 또 비유적으로 사용되어 '실패하다, 파산하다'는 의미로도 쓰입니다. 이에 비해 smash는 세차게 내려치거나, 빠른 속도로 부딪쳐서 박살나는 모습이며, 비유적으로 큰 실패와 파산을 의미하기도 합니다.

유사어휘 bump 부딪치다 collide 충돌하다

Unit C-41

crazy
kréizi 크뤠이z지
형 미친

Point 정신의 혼란, 격정이나 열광

insane
inséin 인쎄인
형 미친, 정신이상의

Point 정신착란

- The whole world is going **crazy** for her.
  온 세상이 그녀에게 푹 빠져들고 있어.
- You're driving me **crazy**. 너 때문에 미칠 지경이야.

- I don't think he's **insane**. 그가 미쳤다고 생각하지는 않아.
- I believe that many people may think I went **insane**.
  많은 사람들은 내가 미쳐가고 있다고 생각할지도 모르겠습니다.

Tip

이성에 푹 빠져 정신을 못 차리는 경우와 같은 흥분, 열광, 열중을 표현하는 말이 crazy입니다. 이에 비해, insane은 정신착란을 가리키는 말로써 어리석고 몰상식한 행위를 묘사하는 데에 쓰이기도 합니다. 영화에 보면 insane한 인간들 그러니까 살짝 맛이 간 '싸이코'들이 많이 등장하죠.

 mad 미친(crazy보다 중증의 정신착란) **psychotic** 정신병의

100

Unit C-42

crime
kráim 크라임
명 범죄

→ 형 criminal 범죄의

Point 주로 심각한 위법행위

violation
vàiəléiʃən 봐이얼레이션
명 (법을)위반

→ 동 violate 어기다, 위반하다

Point 특히 규정위반을 지칭

crime

- I believe the death penalty is a deterrent to capital crime.
  사형은 흉악한 범죄발생을 억제한다고 믿는다.
- No one was charged with a crime.
  어느 누구도 범죄로 기소되지 않았다.

violation

- It's clearly in violation of the Establishment Clause.
  이것은 명백히 수정헌법 1조를 위반한 것입니다.
- The United States is not really concerned about the violation of human rights.
  미국은 인권침해에 대해서 사실 관심이 없습니다.

Tip

crime은 대개 형벌에 의해 규제되는 법을 위반했다는 의미로 사용됩니다. 이에 비해, violation은 규정, 규칙, 협정처럼 같이 지키기로 한 것을 지키지 않았다는 뜻입니다. 그래서 교통법규 위반은 crime이 아니라 violation을 사용합니다. (a traffic violation)

 유사어휘 felony 중죄 misdemeanor 경범죄 offense 위반(crime과 violation을 포함)
oin (도덕적, 종교적 의미에서의)죄

Unit C-43

crowd
kráud 크라우드
- 명 군중
- 통 군집하다

느낌깨! 많은 사람들을 강조

mob
máb 맙
- 명 군중

느낌깨! 모인 사람들의 무질서와 무법을 강조

crowd
- Don't follow the crowd. 군중을 따르지 마라. (부화뇌동하지 마라)
- He has the charisma to gather a crowd.
  그에게는 사람들을 끌어 모으는 카리스마가 있지.

mob
- After the crash, he was captured by a mob and held for 11 days. 그 충돌이 일어난 후 그는 폭도들에게 잡혀서 11일 동안 감금되었다.
- He has been attacked and beaten by a mob.
  성난 군중들은 그를 공격하고 때렸다.

Tip
혼잡한 시장 골목에서 질서 없이 이리 밀리고 저리 밀리는 군중의 모습이 crowd 입니다. 많은 것을 강조하는 말이라, 'What a crowd!' 하면 '엄청 붐비는 군!' 하는 의미가 됩니다. 이에 비해, mob은 성난 폭도를 연상시키는 단어입니다. 사람들이 떼지어 다니며 약탈하는 장면을 TV에서 한번쯤은 보았을 겁니다. 딱 그 모습이죠.

horde (불쾌하고 위협적인)무리 multitude (많은 수를 강조하여)다수, 군중
swarm (경멸적인 의미로 웅성거리며 이동하는)무리, 떼
throng 군중(문어. crowd 와 비슷)

cruel
krúːəl 크루-얼
휑 잔혹한, 잔인한

→ 뗑 cruelty 잔학함
뛴 cruelly 잔인하게

Point 사람을 괴롭히는 것을 좋아하는

brutal
brúːtl 브루-틀
휑 잔인한

→ 뗑 brute (인간에 대비하여)짐승
뛴 brutality 잔인, 무자비

Point 짐승 같은 잔인성과 비열함

cruel
- It's too **cruel** to be funny. 재미있다고 하기에는 너무 잔인하죠.
- Why do you have to use **cruel** words for it?
  그것에 대해 왜 그렇게 잔인하게 말을 하는 거니?

brutal
- Here's an example of the **brutal** treatment of circus animals.
  이것이 바로 서커스단의 동물들을 어떻게 잔인하게 다뤘는지 보여주는 예입니다.
- We've removed a **brutal** dictator from power and brought him to trial.
  우리는 잔혹했던 독재자를 권좌에서 몰아냈고 그를 법정에 세웠습니다.

Tip

남이 당하는 고통에 무감각하거나 오히려 그것을 즐기는 사람은 보통 '잔인한 놈 cruel man'이라고 하죠. 사람뿐만 아니라 동물을 학대하는 것도 cruel을 사용합니다. 이에 비해, brutal은 야만적인 짐승에서 느껴지는 폭력성이 암시되어 있습니다.

유사어휘 ferocious 사나운, 잔인한 heartless 동정심이 없는
ruthless (자기 목적을 위해 수단과 방법을 가리지 않는)무자비한 unfeeling 냉혹한

Unit C-45

cry
krái 크라이
- 동 울다
- 명 울음소리, 고함

Point 크게 소리 내어 울다

sob
sáb 쌉
- 동 흐느껴 울다
- 명 흐느낌

Point 훌쩍이며 울다

cry
- Don't cry over spilt milk. 울지마, 이미 엎질러진 물이야.
- Why are you crying? Nothing is wrong.
  왜 우니? 잘못된 건 하나도 없어.

sob
- She sobbed with joy. 그녀는 기쁨에 겨워 울었다.
- "I'm so sorry" he sobbed.
  "너무 미안해요."라고 말하며 그는 흐느껴 울었다.

Tip
cry에는 '소리치다'라는 뜻이 있습니다. 사람이 울 때에는 대개 소리를 내면서 울죠. 슬픔과 고통을 당할 때 큰 소리를 내며 우는 모습이 cry입니다. 이에 비해, sob은 눈물을 참으려는 모습이 느껴지는 말입니다. 훌쩍이며 흐느껴 운다는 뜻이죠.

유사어휘 wail 대성통곡하다 weep 눈물을 흘리다, 슬퍼하다

Unit D-01

danger
déindʒər 떼인줘r
명 위험

→ 형 dangerous 위험한

Point 해를 입을 가능성

peril
pérəl 페뤨
명 위험

→ 형 perilous 위험이 많은

Point 커다란 위험

danger
- There's no danger of drowning. 물에 잠길 위험은 없어요.
- Our entire economy is in danger. 경제가 전체적으로 위험에 처했어요.

peril
- Did you think you were in peril of dying?
  당신은 죽을 위험에 처했다고 생각했나요?
- Glory is the fair child of peril.
  호랑이 굴에 가야 호랑이 새끼를 잡는다.

Tip
호랑이를 잡으려면 호랑이 굴에 들어가야 합니다. 그런데 그것은 사실 커다란 위험이죠. 막연한 가능성이 아니라 죽음 같은 절박한 위험 속으로 들어간다는 의미입니다. 그와 같이 위험의 정도가 큰 것을 묘사하는 데에는 danger보다는 peril이 어울립니다.

jeopardy (극도의 위험을 강조)위험
hazard (예측할 수 있지만 피할 수 없는, 우연을 강조함)위험
risk (자기의 책임하에 무릅쓰는)위험

dark
dá:rk 따-ㄹㅋ
- 형 어두운
- 명 암흑, 어두운 곳

→ 통 darken 어둡게 하다, 어두워 지다

Point 빛이 없는

dim
dím 띰
- 형 어둑한
- 통 흐리게 하다, 흐려지다

→ 부 dimly 희미하게

Point 어렴풋함

- I was alone in the dark, listening to music.
  난 어둠 속에서 홀로 있었죠. 음악을 들으며.
- At the foot of the candle it is dark. 등잔 밑이 어둡다.

- Profits have become a dim memory.
  수익은 희미한 기억이 되어버렸다.
- North Korean authorities take a dim view of people who enter the country without authorization.
  북한 당국자들은 허가 없이 자기나라로 들어오는 사람을 탐탁지 않게 여긴다.

전기 불, 태양, 달 등이 아예 없거나 있어도 조금 밖에 없어서 어두운 상태를 dark로 표현합니다. 이에 비해, dim은 뚜렷하게 보이지 않는 상태를 묘사하는 말입니다. 비유적으로는 기억이 희미한 것에도 사용되지요. 그래서 take a dim view of하면 비관적이고 회의적으로 본다, 탐탁지 않게 여긴다는 의미를 가지고 있습니다.

 gloomy (침울한 느낌을 주는)어두운 gray 어두운, 흐린 murky 침침한, 안개가 자욱한

Unit D-03

deadly
dédli 떼들리
- 형 치명적인, 죽음의

죽음을 가져올 수 있는

fatal
féitl 페이틀
- 형 치명적인

→ 형 fateful (운명을 결정하는)중대한
- 명 fate 운명, 숙명

죽음을 면할 수 없는, 숙명적인

deadly
- One of the charges is kidnapping with a **deadly** weapon. 기소 내용 중 하나는 흉기로 위협하여 납치한 것입니다.
- U.S. forces are still engaged in **deadly** combat throughout the country.
미군은 그 나라 곳곳에서 여전히 사투를 벌이고 있어요.

fatal
- He also sustained a **fatal** wound to the head as well.
그는 머리에도 치명상을 입었어요.
- They think there could be **fatal** consequences.
그들은 치명적인 결과가 있을 수 있다고 생각해요.

Tip

생명에 관계되어 있다는 의미의 deadly는 실제 죽을 것 같은 상황에서도 사용되지만 비유적으로 많이 쓰이고 있습니다. a deadly evidence하면 '결정적인 증거' 라는 뜻이죠. 이에 비해, fatal은 운명적이어서 피할 수 없는 죽음처럼 그 불가피성을 강조하는 말입니다.

 deathly 죽음 같은, 치명적인 **mortal** 치명적인, 죽을 수 밖에 없는 운명의

Unit D-04

deceive

disíːv 디씨-v

[동] 속이다

→ [명] deceiver 사기꾼
[명] deception 사기, 속임수

Point 사실이 아닌 것을 믿도록 만드는 행위

cheat

tʃíːt 취-ㅌ

[동] 속이다
[명] 속임수, 부정행위

Point 주로 시험에서의 부정행위, 바람을 피우는 것

deceive

- He has **deceived** himself, he has **deceived** his family.
  그는 자신을 속이고 가족들도 속였다.
- For 10 years, they have **deceived** the world.
  10년 동안 그들은 세상을 속여왔어요,

cheat

- They **cheated** me out of my money.
  그들은 나를 속여서 내 돈을 빼앗았다.
- How could he have **cheated** on his wife?
  대체 무슨 이유로 그 사람이 바람을 핀 거야?

Tip

deceive는 대개 나쁜 행동을 묘사하지만 마술사가 관객을 속이는 것처럼 나쁜 의도가 아닌 행위에도 사용됩니다. 이에 비해, cheat는 이익을 얻으려고 남의 눈을 피해서 어떤 행동을 하는 것이죠. 대표적으로는 바람피우는 행위, 시험에서의 부정행위를 뜻합니다.
No cheating is allowed!(부정행위 금지!)

[유사어휘] **delude** 착각하게 하다, 속이다 **fool** 속이다, 농락하다 **fraud** (범죄로써의)사기 **mislead** 잘못된 방향으로 이끌다 **trick** (책략을 사용하여)속이다

decide
disáid 디**싸**이드

동 결정하다, 해결하다

→ 명 decision 결심, 결의

Point 선택하여 결정하다

determine
ditə́ːrmin 디**터**-r민

동 결심하다, 결정하다

→ 명 determination 결심, 결의
형 determined 단단히 결심한

Point 이미 내린 결정을 계속 이어가기로 결심하다

decide
- Why did you decide to do that? 왜 그것을 하기로 결정했나요?
- That's for you to decide. 그건 당신이 결정할 일이야.

 determine
- I determined it was the right thing for me not to return.
돌아가지 않는 것이 옳다고 결정했어요.
- Bin Laden determined to attack inside the U.S.
빈 라덴은 미국 내에서 공격을 감행하기로 결심했습니다.

Tip
decide는 확고하면서도 빠르게 선택하는 것을 강조하는 말입니다. 그러한 결정은 대개 문제의 해결을 가져오므로 '해결하다'는 의미로도 사용되죠. 이에 비해, determine은 결정을 decision 한 후에 그 결정을 더 명확히 하는 행위를 가리킵니다.

 resolution 결의, 결정(심의 기관이나 단체의 정식 결정)
resolve 결의하다(굳은 결심, 최후의 결심)
settle 결정(확정)하다(결정적이고 최종적인 선택)

Unit D-06

declare

diklέər 디클레어r

[동] 선언하다, 단언하다

→[명] declaration 선언

[Point] 널리 알리다, 주장하다

announce

ənáuns 어나운ㅆ

[동] 발표하다, 공고하다

→[명] announcement 발표, 알림
[명] announcer 아나운서

[Point] 공식적으로 발표하다

declare

- Virginia's governor **declared** a state of emergency Friday. 버지니아 주지사는 금요일에 비상사태를 선포했다.
- The U.S. government **declared** a public health emergency. 미국 정부는 공중 보건에 비상이 걸렸다고 선언했다.

announce

- He's going to **announce** for the presidency.
  그는 대통령 출마를 선언하려고 한다.
- Toyota will **announce** a global recall of its 2010 Prius hybrid vehicles.
  도요타는 2010년 프리우스 하이브리드 차량에 대한 전세계적인 리콜을 발표할 것이다.

Tip

독립선언은 'the Declaration of Independence'라고 표현하죠. 여기서 알 수 있듯이 declare는 반대를 무릅쓰고 주장한다는 뉘앙스를 가지고 있습니다. 이에 비해, announce는 대중을 향해 정식으로 발표한다는 뉘앙스를 전달합니다.

[유사어휘]
assert 단언하다(증거가 아닌 자기 신념에 의해 강력하게 주장)
claim 주장하다(어떤 것이 사실이라고 주장)
proclaim 선언하다, 공포하다(최종적이고 결의에 찬 선언)

Unit D-07

decrease
dikríːs 디크뤼-ㅆ

- 동 감소하다, 감소시키다
- 명 감소, 축소

Point 조금씩 줄어 들다

reduce
ridjúːs 뤼듀-ㅆ

- 동 줄이다, 축소하다

→ 명 reduction 감소

Point 아래로 낮추다

decrease

- Gasoline prices decreased about 6 cents over the past two weeks.
  휘발유 가격이 지난 2주간에 걸쳐 약 6센트 하락했습니다.

- Total revenue decreased 15.3 percent in the fourth quarter versus the prior year quarter.
  지난해 같은 기간에 비해 올 4/4분기의 전체 세입이 15.3% 감소했다.

reduce

- If you start exercising, you will reduce your stress level. 당신이 운동을 시작한다면 스트레스 수준을 낮출 수 있을 겁니다.

- Reduce your risk of developing heart disease.
  심장 질환이 발병할 위험을 줄이도록 하라.

Tip

decrease는 크기, 부피, 수, 양이 지속적으로 감소하는 것을 뜻합니다. 이에 비해, reduce는 수나 양을 인위적으로 줄이거나 계급이나 신분의 상태를 아래로 낮춘다는 의미가 있습니다.

 decline 아래로 기울다, 감퇴하다, 감소하다 diminish (눈에 띄게)줄이다, 감소시키다
lessen 작게 하다, 줄이다(심한 정도가 줄어드는 것)

Unit D-08

definite

déf**ə**nit 데퍼닡

[형] 명확한, 한정된

→[동] define 한정하다, 규정하다, 정의를 내리다

Point 모호함이 없이 명확한

specific

spisífik 쓰피씨픽

[형] 명확한, 구체적인

Point 필요한 내용이 구체적으로 표시된

definite

- People would like some sort of **definite** answer.
  사람들은 뭔가 명확한 답변을 좋아하죠.
- These are all possible options, but no **definite** decision has been made.
  모든 가능성이 열려있지만, 아직은 확실한 결정이 이루어지지는 않았습니다.

specific

- Can you be a little more **specific**?
  좀 더 구체적으로 말해주시겠어요?
- It is not connected to **specific** case or **specific** place.
  이것은 특정한 사건 이나 장소와는 관계가 없어요.

Tip

definite는 범위와 한계가 정해져서 명확하다, 뜻이 분명하다는 의미입니다. 동사인 define의 뜻을 음미해보면 쉽게 이해할 수 있습니다. 이에 비해, specific은 '특수하고 독특하다, 일정하게 정해져 있다' 는 의미에서 명확하고 자세한 것을 나타냅니다.

[유사어휘] explicit (진술이)분명한, 솔직한 precise 정확한, 딱 들어맞는

deny

dinái 디나이

[동] 부인하다, 거부하다

→ [명] denial 거부, 부정, 거절

Point 사실이 아니라고 말하다

refuse

rifjú:z 뤼 f퓨-z

[동] 거절하다, 거부하다

→ [명] refusal 거절, 거부

Point 요구나 제의를 거절하다

deny

- They have **denied** the charge. 그들은 혐의를 부인했다.
- The board unanimously **denied** her request.
  위원회는 만장일치로 그녀의 요청을 거부했다.

refuse

- The company **refused** my request.
  그 회사는 내 요구를 거절했다.
- That's why I couldn't **refuse** to go.
  이런 이유로 나는 가는 것을 거절할 수 없었어.

Tip

deny는 무엇을 인정하지 않다는 뜻에서 '부인하다, 부정하다'는 의미로 사용되지만 refuse처럼 '거부하다'는 뜻으로도 사용됩니다. 이에 비해, refuse는 요구나 요청을 강하게 거부하거나 뇌물을 거부하는 것처럼 제공된 것을 용납하지 않는 행동을 묘사합니다.

[유사어휘] **decline** 사양하다 **reject** 거절하다, 각하하다

Unit D-10

describe

diskráib 디ㅆㅋ롸이ㅂ

[동] 묘사하다, 말로 설명하다

→[명] description 묘사, 기술

Point 언어로 하는 묘사

narrate

nǽreit 내뤠이ㅌ

[동] 이야기하다

→[명] narration 서술

Point 시간 순서대로 말하다

describe

- Can you **describe** that for me? 그것을 나에게 설명해줄래요?
- It's hard to **describe** this movie.
  영화를 뭐라 설명하기가 어렵군요.

narrate

- I'll do my best to **narrate** it. 최선을 다해서 설명할 것입니다.
- Take a look at this video and **narrate**.
  이 비디오를 보고 그대로 이야기 해달라.

Tip

무엇을 describe한다는 것은 말로써 그것의 모습, 성질 등을 전달하는 것을 말합니다. 자신이 본 재미있는 영화의 한 장면을 친구에게 세세하게 설명해주는 게 describe하는 것이죠. 이에 비해, narrate는 어떤 사건이 일어난 순서대로 자세하게 이야기 해주는 것을 의미합니다.

[유사어휘] depict (말이나 그림으로)묘사하다 explain 설명하다 portray 그리다 sketch 윤곽을 그리다

destiny
déstəni 떼쓰터니
명 운명

→ 통 destine 운명으로 정해지다

미리 정해진 일

fate
féit 풰이트
명 운명

불행한 숙명

destiny

- You are my destiny. 넌 내 운명이야.
- We politicians can't forget that the people decide the destiny of the country.
  우리 정치인들은 국민들이 이 나라의 운명을 결정한다는 사실을 잊어서는 안 됩니다.

fate

- You must accept your fate. 당신의 운명을 받아들여야만 합니다.
- It's an irony of fate. 이건 운명의 장난이야.

Tip

destiny는 미리 정해진 운명을 뜻하는 가장 일반적인 말입니다. 대개 좋은 의미로 하늘의 뜻이 이루어졌다는 뉘앙스가 있지요. 이에 비해, fate는 좋지 않은 결과를 뜻하는 경우가 많습니다. 힘들고 고통스럽지만 불가피하게 받아들여야만 하는 일들을 표현하는 말입니다. 그래서 fate는 '죽음, 비운' 등의 의미로도 사용됩니다.

유사어휘

doom (파멸에 이를)운명, 최후의 심판
fortune 운, 운명(주로 좋은 결과), 운명의 부침 **lot** 운

Unit D-12

destroy

distrɔ́i 디쓰트로이

[동] 파괴하다

→ [명] destruction 파괴
[형] destructive 파괴적인, 해로운

Point 부수어 쓸모 없게 하다

ruin

rú:in 루-인

[동] 파괴하다
[명] 파멸, 황폐

Point 특히 크게 피해를 입히고 못쓰게 만들다

destroy

- The plane was completely **destroyed** by fire.
  그 비행기는 화재로 완전히 전소되었다.
- If he's going to **destroy** himself, that's too bad.
  그가 자살하려고 한다면, 그건 너무 안 좋은데요.

ruin

- You've **ruined** my life! 네가 내 인생을 망쳐놓았어!
- Our public image is **ruined** if someone was murdered here. 여기서 누군가 살해당했다면 우리의 대중적인 이미지는 망가지는 겁니다.

Tip

destroy는 부수어 못쓰게 하는 행위를 묘사하는 가장 일반적인 말로써 유·무형의 대상에 전부 사용될 수 있습니다. 이에 비해, ruin은 폐허로 만드는 것, 즉 복구가 불가능할 정도로 파괴했다는 것을 강조하는 말입니다. 따라서 You've ruined my life!라고 한다면 정말 엄청나게 망가져서 희망이 잘 안 보이는 상태임을 보여주는 거죠.

[유사어휘] **damage** 손상시키다(가치를 저하시키는 것) **demolish** (완전히)부수다, 철거하다 **spoil** 손상시켜서 못쓰게 만들다 **wreck** 부수다, 엉망으로 만들다

Unit D-13

different
difərənt 띠풔륀트
형 다른, 서로 다른

→ 명 difference 차이, 다름
통 differ 다르다

Point 서로 같지 않은

various
vέəriəs 붸어뤼어ㅆ
형 각기 다른, 가지가지의

Point 다양한

different

- I'm different from my father. 난 아버지하고는 달라요.
- The debate is not new, but there is something different today. 그 토론은 식상해요, 하지만 오늘은 뭔가 다르군요.

various

- It is important to express various opinions.
  다양한 의견을 표출하는 것이 중요하죠.
- For centuries, we've sought various ways to heal the human body.
  수세기에 걸쳐, 우리는 인간의 몸을 치료할 다양한 방법들을 찾아왔습니다.

Tip

'남자와 여자는 달라'라고 할 때, 그것은 서로의 성격이 별개임을 표현하는 것이죠. 이처럼 서로 같지 않음을 표현할 때는 different를 사용합니다. 이에 비해, various는 다양성을 강조하는 말입니다. 다양한 의견^{various opinions}은 10가지 사건에 대한 10개의 의견이 있어서 다양하다는 의미가 아니라 어느 한 사건에 대하여 의견이 가지각색이라는 뜻입니다.

 distinct 서로 다른 diverse 다양한

dirty
də́ːrti 떠-r 티
형 더러운

Point 깨끗하지 못한

filthy
fílθi 필 th씨
형 더러운, 불결한

Point 역겨울 정도로 더러운

dirty

- Just toss your dirty clothes into a washing machine.
  더러운 옷은 그냥 세탁기에 던져 넣으면 돼.
- This is the classic dirty trick of the campaign.
  이건 선거전에서 예전부터 써오던 비열한 수법이죠.

filthy

- His room is filthy. 그의 방은 너무 더러워.
- It's full of filthy language. 이건 온통 외설이네.

> dirty는 더러운 상태를 묘사하는 가장 일반적인 말입니다. 흙이 묻어 더러운 것에서부터 비유적으로는 비열한 것에 이르기까지 표현하죠. 이에 비해, filthy는 널려 있는 썩은 음식쓰레기 더미를 연상시키는 말입니다. 더러운 것이 주는 불쾌감 뿐만 아니라, 구역질을 유발하는 역겨움까지 표현합니다.

foul (악취가나고 부패해서)더러운(filthy보다 강한 불쾌감) **messy** 어질러진, 더러운
nasty (결벽주의자의 기준에서)더러운, 불쾌한, (비유적으로)추잡한
soiled 더러운(무엇을 사용하다가 혹은 신체활동으로 인해 더러워진)
unclean 더럽혀진, 불결한

Unit D-15

disagree
dìsəgríː 디써어ㄱ뤼-

동 의견이 다르다

→ 형 disagreeable 마음에 들지 않는
명 disagreement 불일치

Point 상대와 다른 말을 하다

dissent
disént 디쎈트

동 의견을 달리하다

→ 명 dissenter 반대자

Point 다수의 의견과 다르다

disagree

- I **disagree** with the president's decision.
  난 대통령의 결정에 동의하지 않아요.
- I don't know whether he **disagrees** with me.
  그가 나와 의견을 달리하는지에 대해서는 잘 모르겠군요.

dissent

- It's undemocratic to simply demonize anyone who **dissents** from the popular.
  대중과 의견을 달리하는 사람들을 악마로 만드는 것은 민주적이지 못한 겁니다.
- I **dissented** from the majority's conclusion.
  대다수의 사람들이 내린 결론과 제 의견이 달랐죠.

Tip

disagree는 기본적으로 '사실과 일치하지 않는다'는 의미입니다. 그래서 '누구와 의견이 다르다, 동의하지 않는다'는 뜻으로도 사용되죠. 이에 비해, dissent는 다른 사람과 의견을 달리한다, 반대한다는 뜻인데, 특히 소수 의견을 내는 판사들의 경우와 같이 다수의 생각과 다를 경우를 강조하는 말입니다.

 differ 다르다 object 반대하다

Unit D-16

disappear
disəpíər 디ㅆ어피어r
동 사라지다

→ 명 disappearance 소멸, 소실

Point 시야에서 사라지다

vanish
vǽniʃ 봬니쉬
동 사라지다

Point 갑자기 사라지다

disappear
- Middle class is disappearing. 중산층이 사라지고 있습니다.
- See how much Arctic sea ice has disappeared.
  얼마나 많은 북극의 얼음이 사라지고 있는지 보세요.

vanish
- The land where his house stood has vanished into the ocean. 그의 집이 있던 땅은 바다 속으로 자취를 감추었습니다.
- She's gone, vanished into thin air.
  그녀는 사라졌어요, 흔적도 없이.

Tip

disappear는 늘 보이던 것이 시야에서 사라지는 것을 묘사하는 일반적인 말입니다. 사람의 실종에서부터 동·식물의 멸종까지 포괄합니다. 이에 비해, vanish는 갑자기 사라지는 것 또는 흔적도 없이 자취를 감추었다는 것을 강조하는 말입니다.

 fade 희미해지다(서서히 사라짐) go away 떠나다

Unit D-17

disaster
dizǽstər 디z**재**ㅆ터r
명 재난, 재해

Point 매우 큰 피해를 안겨준 재해

catastrophe
kətǽstrəfi 커**태**ㅆ트뤄퓌
명 큰 재해, 파국

Point 비참한 결과

disaster

- This is going to be a disaster. 이건 재앙이 될 거야.
- He talks about why Wall Street fails to anticipate disaster. 그가 월 스트리트가 재난을 예측하지 못한 이유에 대해 이야기하고 있다.

catastrophe

- It is a catastrophe beyond measure.
  이건 너무나 엄청난 재해입니다.
- Do you think that was a catastrophe?
  그것은 돌이킬 수 없는 재앙이었다고 생각하나요?

Tip

disaster는 어원적으로는 '불운, 불행'의 의미를 지니는데, 지진이나 태풍 같은 자연재해나 열차나 항공기의 사고, 기업의 파산 같은 인간이 만들어 낸 참사를 표현하는 말입니다. catastrophe도 참사, 재난 등을 의미하지만 그 재난이 disaster에 비해 더 비참한 것임을 나타냅니다. 비극적 종말, 돌이킬 수 없는 파국을 강조하는 말이죠.

 calamity (특히 사람에게 피해를 크게 준)재난 misfortune (운이 나빠 일어난)재난, 불행

Unit D-18

discover
diskÁvər 디쓰꺼붜r
통 발견하다

→ 명 discovery 발견

Point 새로운 지식을 얻는 발견

find
fáind 퐈인드
통 발견하다, 찾아내다
명 발견

→ 명 finding 발견, 발견물

Point 눈에 띄는 것을 발견하다

discover

- Scientists at NASA have discovered a nearly invisible ring around Saturn.
  나사의 과학자들은 토성을 두르고 있는 거의 보이지 않는 띠 하나를 발견했다.
- They've discovered a plot to bomb New York subway. 그들은 뉴욕 지하철을 폭파하려는 음모를 알아냈다.

find

- Where can I find angel investors?
  엔젤 투자자를 어디서 찾을 수 있나요?
- What did you find out about this? 이것에 대해 무엇을 알아냈나요?

Tip

discover는 이미 존재하고 있었지만 발견자에게는 처음인 경우라서 새로운 지식을 얻게 되는 경우를 나타냅니다. 탐험가, 과학자들이 처음으로 무엇을 발견하는 경우에 딱 어울리는 말입니다. 이에 비해, find는 사람이나 물건을 찾는 것을 나타내는 가장 일반적인 말입니다. find out하면 무엇의 진상을 조사해서 알아낸다는 뉘앙스가 있습니다.

detect (대개 좋지 않은 것을) 찾아내다
identify (신원, 용도를) 알아내다, 확인하다 **unearth** 파내다, 발견하다

Unit D-19

display
displéi 디쓰플레이
- 통 나타내다, 진열하다
- 명 진열, 전시

Point 진열에 초점

exhibit
igzíbit 이ㄱz지빝
- 통 나타내다, 전시하다

→ 명 exhibition 전람, 전시

Point 눈에 띄게 전시하는 것에 초점

display

- The British Museum plans to display a statue of supermodel Kate Moss.
  대영박물관은 슈퍼모델 케이트 모스의 동상을 전시할 계획이다.
- Just enter an address or zip code, and it will display a map. 주소나 우편번호를 입력하기만 하면 지도가 나올 겁니다.

exhibit

- Her original designs were widely exhibited in American museum exhibitions.
  그녀의 독창적인 디자인은 미국의 박물관 전시회를 통해 널리 공개되었다.
- He will exhibit his paintings to the public.
  그는 자신의 그림을 일반에게 공개할 것입니다.

Tip

display는 흔히 가게에서 물건을 창 밖으로 잘 보이게 하듯이, 어떤 것을 사람 눈에 잘 보이게 두는 것을 의미합니다. 이에 비해, exhibit은 공개적인 전람회 등을 통해 사람 눈에 잘 띄도록 전시한다는 데에 초점이 있습니다.

유사어휘 expose (숨긴 것을)드러내 보이다 present 보여주다, 발표하다
show 보이다, 모아두다

Unit D-20

divide

divάid 디바이드

[동] 나누다, 분할하다

→ [명] division 분할, 분배

Point 분배를 위하여 쪼개다

separate

sépərèit 쎄퍼뤠이트

[동] 분리하다, 떼어놓다

→ [형] separate 갈라진, 분리된
[명] separation 분리, 이별

Point 하나였던 것을 떼어놓다

divide

- Let's **divide** it into two elements. 그것을 두 부분으로 분할합시다.
- **Divide** 10 by 2, and you get 5. 10나누기 2는 5.
  (= 10 divided by 2 is 5.)

separate

- We must **separate** church and state.
  우리는 종교와 정치를 반드시 분리해야 합니다.
- They were **separated** when they were only 14 months old.
  그들은 태어난 지 14개월 밖에 안 되었을 때, 헤어지게 되었죠.

Tip

divide는 '나누다'는 뜻의 일반적인 말로써, 분배를 목적으로 '가르다, 쪼개다'는 뜻입니다. 분할에 초점을 둔 것이죠. 이에 비해, separate는 붙어 있던 것을 떼어 놓는 것에 초점이 있는 말입니다.

[유사어휘] part (밀접한 관계에 있는 것을 완전히 분리시켜)나누다, 가르다
sever 절단하다(단절을 강조) split (여러 조각으로)분리하다

Unit D-21

doubt
dáut 다우트

- 동 의심하다
- 명 의심, 의혹

→ 형 doubtful 의심하는
  부 doubtless 의심할 바 없이

Point ~이 아닐지도 모른다

suspect
səspékt 써스펙트

- 동 의심하다
- 명 혐의자, 용의자

→ 형 suspicion 혐의, 의심

Point ~일 것이다(추정)

doubt

- We don't doubt anything. 우리는 어떤 것도 의심하지 않아요.
- There's no doubt about it! 틀림 없어!

suspect

- Did you ever suspect him of stealing anything from your home? 그 사람이 당신 집에서 뭔가를 훔쳤다고 의심했나요?
- I suspect you're not going to tell us about that.
  당신은 우리에게 그것에 대해 말을 안 해줄 거 같아요.

Tip

doubt는 확신이 없어서 의심하는 것을 표현합니다. '~는 아닐 거야'라고 하는 거죠. 이에 비해, suspect는 '~일 거야'라고 표현할 수 있습니다. 대개 좋지 않은 쪽으로 의심하는 것입니다. 가짜 일거야, 범인 일거야…
그래서 suspect는 명사로 범죄의 '용의자'라는 의미로 사용된답니다.

 distrust 불신하다　dubious 수상한, 의심스러운

Unit D-22

duty
djúːti 듀-티
몡 의무

→ 휑 dutiful 의무를 다하는

Point 양심, 정의감

obligation
àbləgéiʃən 아블러게이션
몡 의무, 책임

→ 통 oblige 강요하다, 의무를 지우다

Point 법률, 관습상의 의무

duty

- I'm doing this out of a sense of duty.
  난 이것을 의무감에서 하고 있어요.
- It's my duty as a citizen to do this.
  이 일을 하는 것은 시민으로서의 의무죠.

obligation

- I will fulfill my obligation. 나의 의무를 다할 것입니다.
- The government has an obligation to control its sovereign territory.
  정부에게는 자신의 주권지역을 통제할 책임이 있다.

Tip

duty는 대개 양심상, 윤리상 해야만 하는 일을 의미하며, 나아가 '직무, 임무'의 뜻으로도 사용됩니다. 'on duty'는 근무 중이라는 의미죠. 'She is on duty today.(그녀는 오늘 근무야.)' 이에 비해, obligation은 주로 법률상, 계약상, 도덕상, 관습상의 의무와 책임을 강조하는 말입니다.

assignment (할당된)임무, 과제 responsibility 책임, 책무
task (자신이 맡아서 완수해야 할)일

eager
íːgər 이-거r
형 열망하는, 갈망하는

→ 명 eagerness 열심, 열의

Point 간절하게 바라는

enthusiastic
enθúːziǽstik 인th쓔-z지애쓰틱
형 열광적인

→ 명 enthusiasm 열광, 감격

Point 열렬한

eager

- I'm eager to buy a new house. 새집을 사고 싶은 마음이 굴뚝같아요.
- Not everyone in Washington is eager for change.
  워싱턴의 모든 사람들이 변화를 갈망하는 건 아니에요.

enthusiastic

- Europeans are largely enthusiastic for an Obama presidency. 대부분의 유럽인들은 오바마의 당선에 열광했다.
- He received an enthusiastic welcome.
  그는 열렬한 환영을 받았습니다.

Tip

선물을 받을 수 있는 그 날이 오기를 손꼽아 기다리는 아이의 마음을 eager로 나타낼 수 있습니다. 간절하게 바라는 상태, 마음을 조이며 바짝 긴장하는 상태를 표현하는 말이죠. 이에 비해, enthusiastic은 환희의 감정이 외부로 드러난 상태, 즉 감격과 열광을 나타냅니다.

 anxious 열망하는(불안감이 들어 있음) avid 몹시 탐내는 keen (몹시 강한 욕망)열렬한

Unit E-02

eat
íːt 이-트
⑤ 먹다

Point '먹다'는 뜻의 일반적인 말

feed
fíːd 퓌-드
⑤ 먹이를 주다
⑨ 먹이, 사료

Point 무엇을 먹이로 삼다

- What kind of food do you want to eat? 무슨 음식을 먹고 싶니?
- Eat as much as you can. 양껏 많이 드세요.

- Don't feed birds near swimming areas.
  수영장 근처에 있는 새들에게 모이를 주지 마라.
- Don't bite the hand that feeds you. 은혜를 원수로 갚지 마라.

Tip

feed는 먹이를 주다, 무엇을 먹이로 삼다는 뜻입니다. 대개 짐승에게 먹이를 주는 것, 어린아이에게 젖을 먹이는 것이죠. 그래서 '기르다, 부양하다'의 의미가 있습니다. 더 나아가 기계에 연료를 공급하거나 복사기에 종이를 넣듯이 원가를 먹게 하는 것을 표현하기도 합니다.

 consume 다 먹어 치우다 devour 게걸스럽게 먹다 gorge 포식하다 have 먹다

edge
édʒ 에쥐
- 명 끝머리, 테두리
- 동 ~에 테를 달다
  날을 갈다

Point 무엇의 끝

border
bɔ́ːrdər 보-r더r
- 명 테두리, 경계
- 동 ~에 접하다

Point 경계선

edge
- Be careful about a keen **edge** of razor.
  면도칼의 날카로운 날을 조심해라.
- Chrysler bankruptcy puts a town on **edge**.
  크라이슬러의 파산은 한 마을을 초조하게 만들고 있습니다.

border
- China and Vietnam have settled a lengthy **border** dispute nearly 30 years.
  중국과 베트남은 거의 30년간에 걸쳐 지속된 국경분쟁을 해결했다.
- **Border** guards have thermal camera to check body temperatures.
  국경수비대는 신체온도를 측정할 수 있는 열화상 카메라를 가지고 있다.

Tip
edge는 칼이나 상자처럼 두 면이 만나서 생기는 날카로운 테두리, 끝을 의미합니다. 그래서 누구를 끝에 on edge 둔다는 것은 초조하고 불안하게 만든다는 뜻이 됩니다. 이에 비해, border는 끝이 선처럼 이어져 있는 것, 즉 경계선이나 경계지역을 말합니다.

유사어휘 **boundary** 지리상의 경계 **brim** (잔, 호수 등의)가장자리, 언저리
brink (낭떠러지의)가장자리 **fringe** 언저리, 주변
margin (일정한 넓이를 가진)가장자리, 변두리 **rim** (바퀴 같은 원형의)가장자리

effort
éfərt 에퍼r트
명 노력, 수고

→ 형 effortless 노력하지 않은

목적을 이루기 위한 노력

labor
léibər 러레이버r
명 노력, 애씀, 노동
동 일하다, 노동하다

→ laborer 노동자
형 laborious[ləbɔ́ːriəs] 힘이 드는

주로 육체적인 노력

effort
- I'll make an effort to help you. 널 돕기 위해 노력할 게.
- Nothing can be obtained without effort.
  노력하지 않으면 아무 것도 얻을 수 없어요.

labor
- They endured extreme hardships of forced labor and beatings. 그들은 극도로 힘든 강제노역과 구타를 견디었습니다.
- She gave birth to her daughter after a 20-hour-long labor. 그녀는 20시간이나 진통을 한 후에 딸을 낳았다.

Tip

성적을 올리기 위해서 열심히 공부한다거나 올림픽에서 금메달을 따기 위해 땀 흘리며 훈련하는 것을 effort로 표현할 수 있습니다. 어떤 목적을 달성하기 위해서 육체적으로 또는 정신적으로 수고하는 것이죠. 이에 비해 labor는 주로 육체적인 노동이나 힘든 일을 표현합니다. 그래서 출산을 위한 진통도 labor로 표현하죠.

 endeavor (장기간에 걸친 지속적인)노력
exertion (목적과 상관없이 하는 지속적인)노력, 분발 work 일, 노력

Unit E-05

element
éləmənt 엘러먼트

- 명 요소, 원소

→ 형 elemental 요소의, 원소의
  형 elementary 기본의, 초보의

🔑 본질적인 요소

component
kəmpóunənt 컴포우넌트

- 명 성분, 구성요소
- 형 구성하고 있는, 성분을 이루는

🔑 분리 가능한 요소, 성분

element

- Love is an essential **element** of drama.
  사랑은 드라마의 필수적인 요소이다.
- Each of these monuments symbolizes one of the four **elements** : water, air, earth and fire.
  이들 기념비는 각각 4대 원소, 즉 물, 공기, 땅, 불을 상징하고 있습니다.

component

- This mineral is an essential **component** of many enzymes. 이 미네랄은 많은 효소들의 필수적인 성분이다.
- Methane is the main **component** of natural gas on Earth. 메탄은 천연가스의 주요한 구성성분이다.

Tip

element는 화학에서 말하는 '원소'의 뜻으로도 사용되는 데에서 알 수 있듯이 무엇을 구성하는 본질적인 요소로써 더 이상 나누어지지 않는다는 뉘앙스가 있습니다. 이에 비해 component는 스테레오 컴포넌트처럼 다른 부분과 합쳐서 기능을 하지만 분리 가능한 성분을 의미합니다.

 constituent 요소, 성분, 선거권자
factor (무엇의 성질을 결정하는)요인, 인자 **ingredient** 성분, 원료

emotion
imóuʃən 이모우션
명 감정, 감동

→ 형 emotional 감정의, 감정적인 (감정에 빠지기 쉬운)
형 emotive 감정을 불러일으키는

감격과 흥분

feeling
fí:liŋ 퓌-울링
명 느낌, 감정

→ 동 feel 만지다, 느끼다

자극에 대한 반응

 emotion
- Crying is the expression of an emotion. 울음은 감정의 표현이죠.
- Being able to manage and master emotion is absolutely essential. 감정을 다스릴 줄 하는 것이 절대적으로 필요합니다.

- How are you feeling? 몸은 좀 어때?
- What's your feeling about this? 이것에 대해 어떻게 생각해요?

Tip

너무 슬퍼서 울거나 흥분해서 날뛰면 주위에서 사람들이 감정을 가라앉히라고 말하죠. 이때 말하는 감정이 emotion입니다. 이에 비해, feeling은 자극에 대한 반응, 예컨대 사랑하는 사람의 손을 만질 때 느껴지는 느낌, 감정입니다. 동사인 feel이 '손으로 만지다'는 뜻이 있음을 생각하면 이해가 쉽겠죠?

 passion (강하고 격렬한 emotion)열정, 격정 sentiment 감정, 감정적인 생각

Unit E-07

empty
émpti 엠프티

- 형 빈, 비어 있는
- 동 비우다

Point '비어있다'는 뜻의 일반적인 표현

vacant
véikənt 붸이컨트

- 형 빈, 아무 것도 없는

→ 동 vacate 비게 하다, 물러나게 하다

Point 사람이 없는

empty

- The house is empty. 그 집은 비어있어요.
- Empty vessels make the most sound. 빈 수레가 요란한 법이다.

vacant

- The house is vacant. 그 집은 비어있어요.
- There are also two vacant seats, left open following recent lawmaker deaths.
  최근에 의원들의 사망으로 두 자리가 공석이 되었습니다.

Tip

두 단어의 차이는 empty house가구도 사람도 없는 집와 vacant house일시적으로 사람이 외출한 빈집를 보면 잘 드러납니다. empty는 그야말로 아무것도 없는 거죠. 반면에 딴 생각으로 머리가 멍한 것은 vacant 입니다.
(왜냐하면 당연히 있어야 할 정신이 외출했기 때문이죠!)

 bare 텅 빈, ~이 없는 blank 글자가 없는
unoccupied (사람이 살지 않아)비어 있는 void 공허한

Unit E-08

encourage

enkə́:ridʒ 엔커-뤼쥐

[동] 용기를 돋우다

→ [명] encouragement 격려, 장려

Point 용기를 주어 무엇을 하도록 하다

inspire

inspáiər 인ㅆ파이어r

[동] 고무시키다

→ [명] inspiration 영감, 고취, 고무

Point 감정을 불어 넣어 고무시키다

encourage

- He **encouraged** me to believe in myself.
  그는 내가 나 자신을 믿을 수 있도록 용기를 주었어요.
- He said investors were **encouraged** by comments from EU officials.
  그에 의하면 유럽연합 관리들의 발언 때문에 투자자들이 고무되었다고 한다.

inspire

- The traditional song has **inspired** us.
  전통 음악이 우리를 고무시켰다.
- They **inspired** me to work harder.
  그들은 나를 고무시켜 더 열심히 일하도록 했다.

Tip

영화나 드라마를 보면 실의에 빠져 있던 주인공에게 누군가 나타나 자신감을 회복시키는 장면들이 종종 나옵니다. 이제 주인공은 인생의 흐름을 역전시키게 되죠. 이렇게 희망과 자신감을 일깨워서 힘을 주는 것이 encourage입니다. 이에 비해, inspire는 사상이나 영감을 불어 넣어 주는 것입니다.

유사어휘 promote 조장하다, 촉진시키다 stimulate 자극을 주어 활동하게 만들다 support 기운을 북돋아 주다, 후원하다

end
énd 엔드
- 동 끝내다, 끝나다
- 명 끝, 결말, 목적

Point 무엇이 종료되다

close
klóuz 클로우z
- 동 닫다, 끝내다

→ 형 closed 닫힌

Point 막을 내리다, 마감하다

end
- Has the recession finally ended? 마침내 경기침체는 끝났는가?
- The recession began in December 2007. Did it end sometime this spring?
침체는 2007년 12월에 시작되었다. 올 봄에 그것이 끝났을까?

close
- It's crazy to close a door before you even know what's open in front of you.
당신 앞에 무엇이 놓여있는지 알기도 전에 문을 닫는다면 미친 짓이죠.
- Close your eyes and take a deep breath through your nose. 눈을 감고 코로 깊게 숨을 들이 쉬세요.

Tip
세상의 모든 일이 그러하듯이 시간적으로 시작이 beginning 있으면 끝이 ending 있습니다. 길이 시작되고 막다른 골목에 이르면 dead end라고 하죠. 공간상으로도 끝을 표현할 때 end가 사용됩니다. 이에 비해, close는 무대의 막을 내리거나, 가게 문을 닫거나, 눈을 감거나 하는 것, 즉 open의 반대말입니다.

유사어휘
conclude 끝내다, 결말짓다   complete 완성하다, 완결하다(전체 목적을 달성)
finalize 마무리하다, 완성시키다(complete, conclude)
finish 완성하다(마지막 목표지점을 통과하다)   terminate 종료하다(end), 기한이 다 되다

enemy
énəmi 에너미
⑲ 적, 원수

'적'을 뜻하는 일반적인 말

opponent
əpóunənt 어포우넌트
⑲ 적, 상대

토론이나 게임에서의 상대편

enemy
- Idleness is an **enemy** to success. 게으름은 성공의 적이다.
- I am not an **enemy** of the United States. 난 미국의 적이 아니에요.

opponent
- Who was Bush's political **opponent**? 누가 부시의 정적이었는가?
- The **opponent** players are using up time.
  상대편 선수들이 시간을 끌고 있어요.

Tip

enemy는 단순히 자기를 반대하는 사람부터 적의를 가진 원수에 이르기까지 광범위하게 사용되는 말입니다. 이에 비해, opponent 토론, 경기, 선거 등에서 반대편에 있는 사람을 가리키는 말로써 상대방에 대한 적의의 감정은 들어있지 않습니다.

 adversary (공식적인 용어. 싸우고 있는)적, 상대 **antagonist** 적대자, 경쟁자
foe 적(강한 적대자) **rival** 경쟁자

Unit E-11

entertain
èntərtéin 엔타r테인
동 즐겁게 하다, 환대하다

→ 명 entertainment 오락, 연예, 환대
명 entertainer 연예인

한마디 오락거리를 제공하다

amuse
əmjúːz 어뮤-z
동 즐겁게 하다

→ 명 amusement

한마디 웃겨서 기분을 풀어지게 하다

entertain

- They will entertain you with your soulful songs.
  그들이 감동적인 노래로 널 즐겁게 해줄 거야.
- Kung Fu Panda surprised and entertained me.
  쿵후 팬더는 나에게 놀라움과 즐거움을 선사했지요.

amuse

- How did you amuse yourself yesterday?
  어제 뭐하고 놀았니?
- Little things amuse little minds.
  소인배는 하찮은 일에 즐거워한다.

Tip

우리가 흔히 말하는 연예인을 영어로는 entertainer라고 합니다. 거기서 알 수 있듯이 entertain은 무대에서 공연을 통해 관중을 즐겁게 해주고 환대하는 것을 표현하는 말입니다. 이에 비해, amuse는 재미있게 해주고 웃게 해주는 행위를 강조하는 말입니다.

delight 매우 기쁘게 하다 **divert** (다른 데로 주의를 돌려)기분을 풀어주다
recreate 기분 전환을 시키다

entire
entáiər 엔타이어r
형 전체의, 전부의

→ **부** entirely 완전히

빠진 것이 없는 전체의

complete
kəmplíːt 컴플리-트
형 완전한, 완비된

완전하게 갖추어져 있는

entire
- Barack Obama will have nearly named his entire Cabinet by Christmas.
  버락 오바마는 크리스마스 때까지 전체 내각을 구성할 수 있을 것이다.
- This entire area will be moving slowly to the west.
  이 지역 전체가 서서히 서쪽으로 이동할 거예요.

complete
- We will never accept anything less than complete victory. 우리는 완전한 승리가 아니면 받아들이지 않을 겁니다.
- They were kept in complete isolation.
  그들은 완전히 고립되어 갇혀있었다.

Tip
야구경기에서 9회 말에 역전 홈런이 터지거나 축구에서 종료 몇 초를 남기고 역전 골을 성공시키는 경우 온통 흥분의 도가니가 됩니다. 사람들이 완전히entirely 한 덩어리가 됩니다. entire는 이처럼 전체를 강조하고, 이에 비해 complete는 흠 잡을 데 없음을 강조하는 말입니다.

유사어휘 full 꽉 차 있는 total 완전한, 전적인, 전체의 whole 전부의, 통째의

138

Unit E-13

envious
énviəs 엔뷔어ㅆ
형 부러워하는

→ 명 envy 부러움, 선망, 질투

타인의 소유물이나 성공을 부러워하는

jealous
dʒéləs 젤러ㅆ
형 질투심이 많은

→ 명 jealousy 질투, 투기

시기하는

envious
- I'm envious of people who can travel the world.
  세계를 여행하는 사람들이 부러워요.
- He was looking at my car with envious eyes.
  그는 부러워하는 눈으로 내 차를 바라보고 있었죠.

jealous
- She's very jealous. 그녀는 질투심이 많아요.
- I began to feel more and more jealous of him.
  나는 그에게 점점 더 질투를 느끼기 시작했다.

Tip

어떨 때 다른 사람이 부러운가요? 내차는 ○○○인데 저 사람 차는 ○○일 때? 이렇듯 샘하고 때로는 뺏고 싶은 욕망을 암시하는 말이 envious입니다. 반면, 애인이 다른 여자나 남자에게 마음을 뺏기는 것을 볼 때, 혹은 자기보다 우월한 자에 대해 증오나 시기하는 마음이 생길 때 jealous한 상태에 있다고 합니다.

 enviable 부러워 할만한, 부러운   greedy 몹시 탐내는, 탐욕스러운

error
érər 에뤄r
명 실수, 잘못

무의식 중에 저지르는 실수, 판단 착오, 스포츠의 실책, 도덕상의 잘못

mistake
mistéik 미ㅆ떼익
명 잘못, 틀림

부주의나 오해로 생긴 실수

error
- I committed an error in judgment. 판단에 실수가 있었어요.
- They are making an error. 그들은 실수를 하고 있어요.

mistake
- I dialed your number by mistake. 전화를 잘 못 걸었습니다.
- Don't make a mistake. 실수하지 마라.

Tip
살다 보면 누구나 실수를 하기 마련이죠. 얼떨결에 혹은 도덕규범을 지키지 않아서 비난 받을 만한 잘못을 저지르는 경우가 있는데 그것이 error 입니다. error는 mistake와 바꿔 사용되기도 하지만, 무지나 판단의 착오, 오해 등으로 일상 생활에서 생기는 실수는 주로 mistake를 사용하죠.
(식당에서 다른 사람의 신발을 신고 나온다든가, 전화번호를 엉뚱하게 누르는 것)

blunder (어리석은)큰 실수 fault 과실, 결점 slip (사소한)잘못

Unit E-15

escape
iskéip 이쓰께잎
통 달아나다, 탈출하다

point 위험을 피해 도망가다

flee
flí: f플리-
통 달아나다, 도망하다

point 내빼는 동작을 강조

escape
- They narrowly **escaped** death. 그들은 구사일생으로 살아남았다.
- Police said they also took some weapons when they **escaped** from prison.
  경찰에 의하면 그들이 탈옥할 때 무기를 일부 탈취했다고 한다.

flee
- He **fled** the country before sentencing.
  그는 선고 전에 망명했다.
- He **fled** from the fire and ran an eighth of a mile to a neighbor's house for help.
  그는 화재현장을 빠져 나와 200m 정도를 달려 이웃집에 도움을 요청했다.

Tip
위험한 상황에서 escape하는 것은 영화의 단골 소재입니다. 손에 땀을 쥐게 하는 재미와 흥분을 주기 때문이죠. 둘 다 달아나는 동작을 표현하지만 flee는 빠르게 도망가는 동작을 강조하는 말입니다.

유사어휘 elude (교묘하게)피하다 evade (보다 적극적인 수단을 동원하여, 재치 있게)회피하다
get away 달아나다 run away 달아나다(재빨리 달아나는 동작을 강조)

especially
ispéʃəli 이쓰뻬셜리
🔸 특히, 각별히

→ 🔹especial 특별한, 각별한

Point (강조하여)특히, 몹시

specially
spéʃəli 쓰뻬셜리
🔸 특히, 특별히

→ 🔹special 특별한, 특수한

Point 오로지 그것 때문에, 일부러

especially

- Young brains especially susceptible to alcohol.
  젊은이의 두뇌는 유달리 알코올에 민감하게 반응합니다.

- Governors, especially, are trying to keep their states from collapsing under the weight of the recession.
  주지사들은 경기침체의 영향으로 자신들의 주가 무너지는 것을 막기 위해 각별히 노력하고 있다.

specially

- See how specially trained dogs take part in rescue efforts after an earthquake.
  특별히 훈련 받은 개들이 지진 구조활동을 어떻게 수행하고 있는지 보세요.

- It is specially designed for the disabled.
  이것은 장애인들을 위해 특별히 디자인된 거에요.

Tip

especially와 specially는 영어로도 비슷해서 헷갈리지만 우리말로도 헷갈리기 쉬운 단어입니다. especially는 ordinary하지 않다는 의미입니다. '각별한' 친구라 할 때 느껴지는 뉘앙스죠.(보통의 것이 아닌, 뛰어난, 각별한) 이에 비해, specially는 특별한 용도와 목적으로 '특수하게, 특별히' 라는 의미입니다.

 particularly 특히, 각별히(여러 가지 중에서 특정한 것을 선택해서)

Unit E-17

everlasting
èvərlǽstiŋ 에붜ㄹ래ㅆ팅
- 형 영원히 지속되는
- 명 영구, 영원

→ 부 everlastingly 영구히

Point 지속성을 강조

eternal
itə́ːrnəl 이떠–r널
- 형 영원한, 영원히 변치 않는

→ 명 eternity 영원, 무궁
 부 eternally 영원히

Point 시작도 끝도 없이 존재하고 있는

everlasting

- He made an everlasting impression with people.
  그는 사람들에게 영원히 기억될 인상을 남겼어요.
- Is there such a thing as everlasting love?
  영원히 지속되는 사랑 같은 게 있을까요?

eternal

- My ultimate goal is to give humanity eternal life through cloning.
  나의 궁극적인 목표는 복제를 통해 인간에게 영원한 생명을 주는 것입니다.
- Eternal truth does not change. 영원한 진리는 변하지 않습니다.

Tip

흔히 불후의 명성everlasting fame을 얻었다고 하면 영원히 없어지지 않을 명성을 얻었다는 의미죠. 이렇게 지속성을 강조하는 말이 everlasting입니다. 반면, eternal은 시작도 끝도 없는 존재의 영원성을 강조해서 엄숙하고 종교적인 뉘앙스를 풍기죠.

 enduring 지속하는, 영속적인, 내구성이 있는 endless 끝도 없는
lasting 영원한, 오래가는 permanent 불변하는, 항구적인
perpetual 영구의, 영속하는, 끊임없는(방해를 받지 않고 지속되는 것에 초점)
timeless (좋은 것이)영원한

example
igzǽmpəl 이그z잼플
명 예, 보기, 견본

Point 전형적인 예

instance
ínstəns 인쓰턴쓰
명 실례, 사례

Point 특별한 예

example
- Let me give an **example**. 제가 예를 들어보겠습니다.
- It's a perfect **example** of a win-win solution.
  그것이 바로 윈-윈 해결책의 좋은 예입니다.

instance
- The wreckage in this **instance** was limited to a small area. 이번 경우에는 파편이 좁은 지역에 몰려있었습니다.
- In most **instances**, a victim never meets the criminal.
  대개의 경우, 희생자는 범죄자를 만나지 않으려 하지요.

Tip
이순신 장군은 명장의 좋은 예입니다. 경복궁은 조선시대 건축양식의 좋은 예입니다. 이렇게 어떤 원리나 법칙 등의 전형적인 예를 나타내는 말이 example입니다.(사람과 사물에 전부 사용) 이에 비해, instance는 설명을 위한 구체적이고 특별한 예를 나타내며, 사물에게만 적용됩니다.(그 사건은 그의 질투심을 보여주는 실례야.)

case 사건, 어떤 것의 구체적인 예 **precedence** 전례
sample (구체적인 물건을 가리켜)견본, 샘플 **specimen** 표본, (검사와 연구를 위한)시료

exercise
éksərsàiz 엑써-r싸이z
동 훈련하다, 단련하다
명 훈련, 연습, 운동

Point 주로 힘을 기르기 위한 육체활동

practice
præktis 프랙티ㅆ
동 연습하다, 훈련하다
명 연습, 실습, 실행

Point 반복하여 연습하다

exercise

- I also started to exercise everyday.
  나도 또한 매일 운동을 시작했지요.
- Walking is the best exercise to start with for those who want to lose weight.
  걷기는 살을 빼려고 하는 사람들에게 가장 좋은 운동이죠.

practice

- You must practice every day. 날마다 연습해야 돼.
- Practice makes perfect. 연습을 하면 잘하게 된다.

Tip

이른 아침 동네 약수터에 가면 사람들이 나와서 달리기부터 철봉에 이르기까지 다양한 운동기구를 가지고 exercise를 합니다. 군인들도 exercise를 자주 하죠. 공부할 때 연습문제 푸는 것도 exercise로 표현할 수 있습니다. 그러나 영어를 잘 하려면 날마다 practice해야 합니다.

유사어휘 discipline (자제심을 기르는)훈련, 훈육 drill (구멍을 뚫듯이 되풀이하여)훈련하다, 반복연습
training (육체적 정신적 체계적인)훈련, 직업훈련

expensive
ikspénsiv 익쓰 뻰씨v
형 값비싼

→ 명 expense 비용, 지출

한마디 같은 종류의 것 중에서 고급인

costly
kɔ́ːstli 코-ㅆ틀리
형 값비싼

→ 명 동 cost 가격, 비용, ~의 비용이 들다

한마디 원래 비싸서 값이 많이 나가는

expensive
- It's too expensive. 너무 비싸요.
- Everyone knows buying a home is expensive these days.
  요즈음 집 값이 비싸다는 건 누구나 알고 있어요.

costly
- Lung cancer is costly to treat.
  폐암은 치료하는 데에 비용이 많이 듭니다.
- Electrolysis is costly and uncomfortable, but it does yield results. 전기분해 요법은 비싸고 불편하지만 성과는 있어요.

Tip

어떤 물건을 보고 '저건 비싸네'라고 할 때 크게 두 가지 경우가 있습니다. 품질에 비해 비싸게 생각되거나 자신의 주머니 사정이 허락하지 않는 경우 그렇게 말할 수 있죠. 이 경우 expensive로 표현합니다. 하지만 원래 그 속성상 비싼 게 있죠. 진귀한 보석, 호화주택, 피카소 그림… 이런 것은 costly로 나타냅니다.

dear (엄청나게 혹은 부당하게)값이 비싼
high-priced (가격이 높게 책정되어)비싼   valuable 가치가 높은

Unit E-21

expert
ékspə:rt 엘쓰퍼-rㅌ
- 명 전문가
- 형 숙달된

Point 어떤 일에 능숙한 사람

master
mǽstər 매쓰터r
- 명 명인, 대가, 스승
- 동 ~에 정통하다, 지배하다

Point 어떤 분야에 탁월한 사람

expert
- I'm an expert at this issue. 이 문제에 대해서는 제가 전문가죠.
- She is an expert in economics. 그녀는 경제 전문가에요.

master
- I am a Zen master. 난 선을 지도하고 있어요.
- You have to master these skills. 넌 이들 기술을 숙달해야 돼.

Tip

어느 한 분야에서 달인이 된 사람을 '명장'이라고 부릅니다. 요즘에는 마이스터 고교가 생겨서 어려서부터 전문분야로 진출하는 것을 제도적으로 돕고 있는데, 이들이 나중에 master가 됩니다. 한 나라의 진정한 힘은 이들의 손 끝에서 나온다고 해도 과언은 아닐 겁니다. 어떤 분야의 대가, 정복자라는 의미에서 석사학위도 master로 표현합니다.
Master of Arts 문학석사   Master of Science 이학석사

 ace 제 1인자(특히 스포츠 분야에서) guru 권위자, 전문가
wizard 귀재, 비상한 재주를 가진 자

extend
ikténd 익쓰뗀드
동 뻗다, 확장하다

→ 명 extension 연장, 늘임, 확대

기간을 연장하다

prolong
prouló:ŋ 프뤄을로-옹
동 늘이다, 오래 끌다

주로 시간을 오래 끌다

extend

- The Taliban have extended the deadline for another 24 hours. 탈레반은 최종 기한을 다시 24시간 연장했다.
- He is now attempting to extend his influence.
  그는 이제 자신의 영향력을 확대하려고 노력하고 있어요.

prolong

- In short, science can prolong the dying process.
  간단히 말해서, 과학은 죽음의 과정을 오래 끌 수 있죠.
- The prosecutor has petitioned to prolong their detention. 검사는 그들의 구치기간을 늘리기 위해서 법원에 신청서를 제출했다.

Tip

다음의 모습을 상상해보세요. 손을 쭉 내밉니다. 길이가 길어졌죠?
기간을 연장합니다. 시간이 늘어났죠? 태풍이 세력을 확장합니다.
영향력이 커졌죠? 이처럼 확장되고 멀리 퍼져나가는 모습이 extend입니다.

draw out (시간을 질질)끌다
lengthen (시간, 공간을)길게 하다, 늘이다(비유적으로 사용되지 않음)
stretch (몸을)펴다, 잡아당기다

Unit F-01

fair
fέər 풰어r
형 공평한, 올바른

→ 閉 fairly 공평하게

어느 한편에 치우치지 않는

just
dʒʌ́st 쩌쓰트
형 올바른, 공정한

정의롭고 진실한

fair
- Give and take is **fair** play. 주고 받는 것이 공평합니다.
- Do you believe this was a **fair** decision?
  이것이 올바른 결정이었다고 생각해요?

just
- God is a **just** Judge. 신은 공정한 심판관이다.
- I have always tried to be **just** and fair to everyone.
  난 누구에게나 공정하고 공평하려고 노력해왔어요.

Tip
세상이 항상 공정하고 공평하다면 얼마나 좋을까요? 유전무죄 무전유죄 논란은 우리가 아직 fair한 사회가 아님을 보여주는 사례입니다. 미국의 금융위기 때 구제금융을 받은 금융회사의 임직원들이 just하지 못하게 거액의 보너스를 챙기려다 오바마 대통령의 분노를 일으킨 적도 있지요.

impartial 공평한(fair)   neutral 중립적인, 불편부당한
rightful 올바른, 정의로운   unbiased 편견이 없는

fall
fɔːl 「포-을
동 떨어지다

Point 아래로 떨어지다

drop
drάp ㄷ랖
동 떨어지다, 떨어뜨리다

Point 주로 높은 곳에서 거의 수직으로 떨어지다

fall

- Leaves fall from the tree. 낙엽이 나무에서 떨어진다.
- Do you really think she's going to fall for that?
  그녀가 정말로 넘어갈 것 같니?

drop

- Drop your weapon! 무기를 버려라!
- Please drop your voice. 목소리를 낮추세요.

Tip

가을하면 낙엽이 생각납니다. 낙엽이 나무에 떨어지는 모습을 머릿속에 그려보세요. 그것이 fall입니다. 그래서 명사로 fall은 가을을 뜻하기도 하지요. 이에 비해, drop은 물방울이 뚝뚝 떨어지는 모습, 경찰에 포위된 범인이 총을 바닥에 팍 내려놓는 모습을 연상하면 쉽습니다.

decline (가격이)하락하다, 감소하다, 쇠퇴하다, 기울다
decrease (양이나 수를)줄이다, 감소하다
descend 내려오다(단계적인 하강, 혈통의 이어짐) sink (물 속으로)가라앉다

familiar
fəmíljər 풔밀리어r
⊚ 친한, 친숙한

→ ⊚ familiarity 친밀, 친숙
　⊚ familiarize 익숙하게 하다

자주 만나서 잘 알고 있는

intimate
íntəmit 인터밑
⊚ 친밀한, 친한

→ ⊚ intimacy 친밀함

애정과 관심이 들어 있는 친한

familiar
- I'm not familiar with that. 그것에 대해 잘 몰라요.
- Your name is familiar to me. 당신 이름이 낯설지 않군요.

intimate
- I guess you must be intimate with him.
  내 생각에 너하고 그 사람하고 친밀한 관계 같아.
- Use your bed and bedroom only for sleeping or intimate relations.
  침대와 침실은 잠자는 용도로만 사용하던가 아니면 친밀한 관계를 형성하는 곳으로만 사용하세요.

Tip
가족이나 친구처럼 자주 만나고 오랫동안 지내와서 잘 아는 사이면 familiar로 표현합니다. intimate도 familiar처럼 친숙한 것을 표현하기는 합니다만 애정이 들어간 친밀감이라는 뉘앙스가 강하죠. 그래서 남녀간에 intimate한 관계이면 흔히 말하는 '우리는 그저 친구예요' 가 통하지 않는 깊은 관계임을 암시합니다.

 confidential 은밀한, (속 사정을 털어놓을 정도로)친한　friendly (친구 같이)우호적인, 친한

famous
féiməs 풰이머ㅆ
형 유명한

🐟 사람들에게 잘 알려진

celebrated
séləbrèitid 쎌러ㅂ뤠이티드
형 유명한

→ 동 celebrate 세상에 알리다, 축하하다
  명 celebration 축하

🐟 업적이 뛰어나서 유명한

famous

- Warren Buffett is famous for his rules of investing.
  워렌 버핏은 그의 투자원칙으로 유명하다.
- "Cradle to the grave" is the famous expression for welfare policy. "요람에서 무덤까지"는 복지정책을 표현한 유명한 말이죠.

celebrated

- He is a celebrated writer in Korea.
  그는 한국의 유명한 작가입니다.
- Suanbo is celebrated for its hot springs.
  수안보는 온천으로 유명하다.

Tip

뉴스에 계속 등장하는 사람들이 있습니다. 대개는 좋은 일을 했거나, 커다란 업적을 이룬 경우이지만 종종 대형 사건을 일으킨 범죄자들도 있지요. famous는 사람들에게 좋은 평판을 들어서 유명한 경우에 사용되고(나쁜 의미로 잘 알려진 경우는 notorious) celebrated는 famous에 비해 격식을 차린 말인데, 재능이나 공적을 강조하는 말입니다.

 notable (업적이)주목할 만한, 유명한 **notorious** (안 좋은 것으로)유명한, 악명이 높은
prominent 저명한(존경 받는) **renowned** 명성 있는

fantasy
fǽntəsi 팬터씨

명 환상, 공상

→ 형 fantastic 환상적인

현실과 괴리된 기이한 상상

fancy
fǽnsi 팬씨

명 공상, (근거 없는)상상
통 공상하다, 상상하다

자유롭고 변덕스러운 상상

fantasy
- You can very easily create a fantasy world.
  당신은 환상의 세계를 매우 쉽게 만들어낼 수 있습니다.
- You're living in a fantasy. 넌 환상 속에서 살고 있구나.

fancy
- These gods were creatures of fancy.
  이 신들은 상상으로 만들어진 존재입니다.
- His pictures were largely products of fancy.
  그의 그림들은 대개 공상의 산물입니다.

Tip
간혹 문구점에 가면 fancy한 학용품, 아이디어 상품들을 보게 됩니다. 앙증맞고 기발한 제품들이 많죠. 또 재미있는 코믹만화도 fancy로 표현할 수 있습니다. 뭔가 자유롭고 재미있다는 뉘앙스가 들어 있는 말이 fancy입니다. 이에 비해, fantasy는 괴이하고 제멋대로이고 어처구니가 없다는 느낌이 강합니다.

 delusion 망상(잘못된 생각) illusion 환영, 환상(착각으로 인한)
phantasy = fantasy imagination (예술작품으로 나타나는 창조적인)상상, 상상력
mirage 신기루, 망상

Unit F-06

far
fáːr 파-r
- 형 먼
- 부 멀리

(뉘앙스) 막연하게 먼

distant
dístənt 디쓰턴트
- 형 먼, 멀리 떨어진

→ 명 distance 거리, 먼 거리
  부 distantly 멀리

(뉘앙스) (얼마 만큼)떨어져 있는

- How far is it from here to his house?
  여기서 그의 집까지 얼마나 먼가요?
- Perhaps in the far future nuclear power may be a good alternative.
  어쩌면 먼 미래에는 원자력이 좋은 대안이 될지도 모르겠군요.

- They are now probably seven miles distant.
  지금은 그들이 7마일 정도 떨어져 있을 것 같군요.
- The Voyager 1 spacecraft became the most distant man-made object in space.
  보이저 1호는 지구 밖으로 가장 멀리 날아간 인공물체가 되었다.

Tip

시·공간적으로 멀리 떨어진 상태는 far로 표현하는데 대개는 막연하게 멀다는 의미로 사용됩니다. 따라서 거리를 나타내는 구체적인 숫자는 far와 함께 사용되지 않고 대신 distant와 같이 사용됩니다. 물론 distant도 far처럼 숫자 없이 쓰일 수 있는데, 이때는 상당히 멀어서 접근할 수 없다는 의미가 있습니다.

 faraway 멀리 떨어진 remote (외딴 곳에)떨어져 있는, 먼

Unit F-07

fast
fǽst 패ㅆㅌ
- 형 빠른
- 부 빨리

Point 빠른 속도가 지속되는 것

quick
kwík ㅋ윜
- 형 빠른, 즉석의

→ 동 quicken 빠르게 하다
부 quickly 빠르게

Point 동작이 빠른

fast

- He throws good fast ball and change-up.
  그는 빠른 공과 변화구를 잘 던져요.
- Don't drive too fast. 차를 너무 빠르게 몰지마.

quick

- If you're short on time, ask the waiter what on the menu is quick to get.
  시간이 없다면 웨이터에게 어떤 메뉴가 빨리 나올 수 있는지 물어 봐라.
- I have a very quick temper. 전 성질이 무척 급한 사람이에요.

Tip

세상이 온통 빠른 것들 투성입니다. fast food, fast train, fast work… 또 투수는 뭐니뭐니해도 fast ball을 잘 던져야 합니다. 이에 비해, quick은 한국인들이 좋아하는 순간적인 민첩함을 표현합니다. 그래서 정치인들 같이 머리가 순간적으로 잘 돌아가는 사람들이 잘하는게 즉답^{quick answer}이죠.

유사 어휘
hasty (조급하다는 의미에서)성급한, 급한
rapid 재빠른(움직이는 주체보다 움직임 자체를 묘사하는 말)
speedy (속도와 행동이)빠른 swift (너무 빨라 잡을 수 없는)날랜

fault
fɔ́ːlt f포-을ㅌ
명 결점, 허물

f대ramy 도덕적 결함, 불완전

defect
difékt 디펙ㅌ
명 결점, 결함

→ 형 defective 결함 있는

f대ramy 기계의 결함이나 사람의 약점

fault
- It's my fault. 제 잘못입니다.
- Don't try to find fault with others.
  다른 사람의 흠을 잡으려고 하지 마라.

defect
- This is a serious defect that can jeopardize a driver's security. 이건 운전자의 안전을 위협할 수 있는 심각한 결함입니다.
- Do genes cause mental defect? 유전자가 정신병을 일으킵니까?

Tip
사람에게 결점이 있다고 하면 크게 두 가지 뜻이 있습니다. 몸과 마음에 이상이 있는 경우와 행동이 도덕적으로 문제가 있는 경우죠. 신체의 결함, 정신적인 결함은 defect로 표현할 수 있습니다. 마치 기계에 결함이 있는 것처럼 말이죠. 반면, 도덕적인 결점은 fault로 표현합니다.

유사어휘
bug (프로그램의)오류, 결함 flaw (물건에 금이 간 것 같은 구조상의)흠, 결점, 하자
imperfection (완전함에 흠을 낸 사소한)결함, 불완전

fear
fiər 퓌어r
명 두려움, 공포

→ 형 fearful 무서운, 두려워 하는
형 fearless 두려움을 모르는

두려움을 뜻하는 가장 일반적인 말

panic
pǽnik 패닉
명 돌연한 공포, 패닉
형 당황케 하는
동 (공포로)당황하게 하다

원인이 불분명한 공포

fear
- Do you have a fear of censorship? 검열이 무서운 가요?
- True peace is not just freedom from fear, but freedom from want.
  진정한 평화는 공포로부터의 자유가 아니라 결핍으로부터의 자유이다.

panic
- Don't be shocked or panic. 충격을 받거나 너무 놀라지 마세요.
- Don't panic! 당황하지마!

Tip
미국 드라마나 영화에서 간혹 큰 저택 내에 있는 panic room을 보여주는 경우가 있습니다. 아마도 panic의 상황에서 안전하게 피할 수 있게 만들어진 공간이라는 의미로 그런 말을 사용한 것 같은데, panic이 그만큼 견디기 어려운 공포라는 의미도 되겠죠.

유사어휘 alarm 놀람 dread 큰 공포, 불안 fright (갑작스러운)공포, 경악
horror (혐오스러운, 소름 끼치는)공포, 전율 terror 엄청난 공포

final
fáinəl 퐈이널
- 형 마지막의, 최종의
- 명 결승전, 최종의 것

→ 명 finality 최종적인 것

Point 최종적이고 결정적인

last
lǽst 래ㅆ트
- 형 맨 마지막의, 끝에 오는
- 부 최후로, 마지막으로
- 명 최후의 물건(사람), 최후

Point 순서에서 맨 마지막으로 오는 것

- The final decision will be made in one week.
  최종 결정은 일 주일 후에 나올 것이다.
- The final destination for the weapons was still not clear. 그 무기의 최종 목적지는 아직까지도 밝혀지지 않았다.

- It seems warmer than it was last week.
  날씨가 지난주 보다 따듯해 졌군.
- Do your best to the last. 마지막까지 최선을 다해라.

'최후의 결단, 최후의 시도, 궁극적인 목표'처럼 결정적으로 최후의 결말을 시도하는 것을 나타낼 때에는 final을 사용합니다. 그래서 학교에서 학기가 끝날 때에 치르는 시험을 final exam이라고 하지요. 이에 비해, last는 순서에서 마지막, 맨 나중을 뜻합니다. 그래서 last night가 지난 밤, last year는 작년이 되는 거죠.

 concluding 최종적인(결론을 내리는)   ultimate 최후의, 궁극의

Unit F-11

firm
fə́:rm 풔-ㄹㅁ
형 굳은, 단단한

Point 변하지 않는 강인함을 강조

hard
há:rd 하-ㄹㄷ
형 굳은, 단단한

Point 딱딱한, 다루기 힘든

firm
- I don't really have any **firm** idea at all.
  아직 확고하게 생각이 정해지지 않았어.
- They have no **firm** evidence.
  그들은 확고한 증거를 가지고 있지 않아요.

hard
- These are the **hard** facts that we know.
  이런 것들은 우리가 알고 있는 움직일 수 없는 사실이에요.
- It's going to be a **hard** task; we never expected otherwise.
  어려운 일이 되고 있어요. 우리가 달리 예측하지 못했건 거죠.

Tip
굳은 결심, 변치 않는 우정, 확실한 증거… 이처럼 쉽게 움직이지 않는 성질을 강조할 때 firm이 어울립니다. 발음도 확고한 느낌을 주는 것 같죠? 이에 비해, hard는 딱딱해서 다루기 힘들다는 뉘앙스도 있습니다. 그래서 '곤란한, 어려운' 등의 의미로도 많이 사용됩니다.

유사어휘 steady 고정된, 안정된 solid 고체의, 단단한 tight (꽉 조여서)단단한, 팽팽한, 꽉 쥔

Unit F-12

fit
fit 핏

- 형 꼭 맞는, 적당한
- 동 ~에 맞다, ~에 맞게 하다

→ 명 fitness 적당, 적절

Point 꼭 맞아서 어울리는

appropriate
əpróuprièit 어프로우프뤼엍

- 형 적절한, 알맞은
- 동 (어떤 목적에) 충당하다

→ 부 appropriately 적절하게

Point 특정한 목적에 맞는

fit
- It's a perfect fit. 딱 안성맞춤이에요.
- This chicken is fit for a king. 이 닭고기는 임금님이 드실 만한 거네요.

appropriate
- We took the appropriate actions. 우리는 적절한 행동을 취했어요.
- They agree the U.N. Security Council should take necessary and appropriate measures.
  그들은 유엔 안보리가 필요하고도 적절한 조치를 취하야 한다는 데에 의견을 같이 하고 있다.

Tip

헬스 클럽을 휘트니스 클럽Fitness club이라고도 부르죠. 운동을 열심히 하면 몸이 '적당하고 적합한' 상태로 된다는 의미입니다. 너무 찌지도 않고 마르지도 않고 제격인 거죠. 반면, appropriate는 어떤 목적에 알맞다는 의미입니다. 그래서 동사로는 의회에서 법안의 실행을 위해 예산의 지출을 승인하는 행위를 표현하는 데 많이 사용됩니다.

 proper 적당한, 타당한(본래 합당한)   suitable (요구, 조건, 시기 등에) 알맞은

Unit F-13

flower
fláuər 플라우어r
명 꽃

Point 특히 화초

blossom
blásəm 블라썸
명 꽃

Point 특히 과일나무의 꽃

flower
- South Korea's first satellite named after national **flower** Mugunghwa.
  한국 최초의 통신위성은 국화의 이름을 따라 무궁화로 명명되었다.
- I'm interested in growing **flowers**. 난 원예에 관심이 있어.

blossom
- The National Cherry **Blossom** Festival kicked off on March 28 and runs through April 12.
  벚꽃 축제가 3월 28일부터 시작되어 4월 12일까지 계속 된다.
- **Blossoms** drop from the branch. 꽃들이 가지에서 떨어진다.

> **Tip**
> 일반적으로 '꽃'은 flower로 나타낼 수 있는데, 특히 관상용 식물의 꽃을 뜻합니다. 이에 비해, blossom은 주로 벚 꽃, 복숭아 꽃 등 과수의 꽃을 표현하는 데 사용합니다.

유사어휘 bloom (관상식물의) 꽃, 꽃의 만발 bud 싹, 눈

follow
fálou 팔로우
동 따르다, 뒤쫓다

→ 명 follower 수행원
형 following 다음의, 그 뒤에 오는

Point 뒤를 따라가다

chase
tʃéis 췌이쓰
동 쫓다, 추적하다
명 추적, 추격

Point 잡기 위해 뒤쫓아 가다

follow
- Would you please follow me? 저를 따라와 주시겠어요?
- Follow your heart. 마음 가는 대로 따라가세요.

chase
- He chased after me with a hammer.
  그가 해머를 들고 나를 쫓아왔어요.
- Don't chase after another. 한 우물만 파라.

Tip
설명을 하다가 '그것은 다음과 같습니다'라고 할 때 'It's as follows.'라고 할 수 있습니다. 구체적인 내용이 '뒤따라서' 나온다는 말이죠.
이에 비해, chase는 경찰이 도둑놈을 쫓아갈 때처럼 무엇을 잡기위해 추적하는 모습을 표현합니다.

 pursue (잡기 위해)따라가다, 추격하다, 추구하다 trail (발자취를)따라가다, 뒤를 밟다

Unit F-15

foolish
fúːliʃ 프-을리쉬
형 어리석은, 바보 같은

→ 명 fool 바보, 우롱하다

Point 판단력이 없는

stupid
stjúːpid 쓰뜌-피드
형 어리석은, 바보 같은

Point 머리가 나쁜

foolish
- I think it's a foolish idea. 그건 바보 같은 생각이야.
- The plan is penny wise and pound foolish.
  그 계획은 소탐대실이에요.

stupid
- Now, I realize how stupid I was.
  제가 얼마나 어리석었는지 이제는 알겠어요.
- Nobody is so stupid as to believe that.
  그걸 믿을 정도로 바보 같은 사람은 없어.

Tip
지나고 나서 보면 후회되는 행동들이 있습니다. 그 때는 왜 그렇게 바보 같았는지… 원래 바보라서 그런 게 아니고 상황 때문에 판단을 제대로 못해서 일어난 일이죠. 그런 걸 foolish하다고 합니다. 이에 비해, stupid는 자신의 무지를 표현하는 경우와 '영구'처럼 선천적으로 우둔한 경우에도 사용됩니다.

absurd (우스꽝스러울 정도로)명청한, 터무니 없는 dull 우둔한
silly 어리석은, 바보 같은(낮은 지능, 판단력 부족)

force
f<i>ɔ</i>ːrs f포-r쓰
- 통 억지로 ~하게 하다
- 명 힘, 세력

→ 형 forceful 힘이 있는

Point 특히 하기 싫은 것을 시키다

compel
kəmpél 컴펠
- 통 억지로 ~시키다, 강제하다

Point 법, 제도, 조건을 이용하는 경우도 포함

force

- Nobody forces you to get married.
  너한테 결혼하라고 강요하는 사람은 없어.
- I didn't want to do it but he forced me to go.
  난 그렇게 하고 싶지 않았지만 그가 나를 밀어냈죠.

compel

- She was compelled to take action.
  그녀는 행동을 취할 수 밖에 없었어요.
- He explains what compelled him to write it.
  그가 무엇 때문에 그것을 쓸 수밖에 없었는지 설명하고 있습니다.

Tip

force하면 '힘'이 떠오르지요? 그래서 힘으로 강제하는 것을 묘사하는 데에 주로 사용됩니다. 영화에서 보면 '형님'이나 그를 잡으러 다니는 '형사'의 모습에서 자주 나타나죠. 이에 비해, compel은 사람뿐만 아니라 권위, 법, 제도, 조건 등을 이용하여 억지로 시키는 것을 뜻합니다.

make ~하게하다(누구에게 무엇을 시키는 것)
oblige ~하도록 강요하다(의무, 도덕, 법률상의 강제)

forgive
fərgív 풔r기v
동 용서하다

→ 명 forgiveness 용서

무거운 죄를 용서하다

pardon
páːrdn 파-r든
동 용서하다, 사면하다
명 용서, 특사

윗사람이 아랫사람의 죄를 용서해주다

forgive

- Please forgive me. 제발 용서해 주세요.
- I will forgive you. 당신을 용서할게요.

pardon

- He was pardoned by the country's president.
  그 나라의 대통령에 의해서 그는 사면되었다.
- Pardon me, do you know where the bank is?
  실례합니다만, 은행이 어디에 있는지 아세요?

Tip

광복절, 석가탄신일, 성탄절 등의 기념일에 주로 이루어지는 것이 '사면'입니다. 종종 재벌이나 정치인들 사면 때문에 시끄럽기도 하지요. 이렇게 대통령 같은 최고 통치자가 죄를 면해주는 행위는 pardon으로 표현합니다. 관대하게 봐준다는 의미에서 모르는 사람에게 말을 걸 대에도 사용하곤 하죠.

 condone (특히 간통을)용서하다 excuse (사소한 잘못을)용서하다, 너그러이 봐주다

form

f5:rm f포-ㄹㅁ

- 몡 모양, 외형, 형식
- 통 형성하다

→ formal 모양의, 형식의, 형식적인

P-point 모양과 형식을 뜻하는 일반적인 말

shape

ʃéip 쉬에잎

- 몡 모양, 형태
- 통 모양 짓다, 형태를 취하다

P-point 주로 내부가 차 있는 덩어리의 외곽선

form

- Penalties could take the form of sanctions.
  처벌은 제재의 형태로 이루어 질것이다.
- The second message was in the form of an e-mail by the kidnappers. 납치범들의 두 번 째 메시지는 이메일로 전해졌다.

shape

- The shape of the universe is a 4 dimensional sphere.
  우주의 모양은 4차원의 구체이다.
- How do you keep in shape? 몸매 관리는 어떻게 하세요?

Tip

form은 모양이나 형식을 뜻하는 가장 일반적인 말입니다. 자동차나 집 같은 유형물의 형태에서부터 추상적인 형태나 형식을 의미하기도 합니다. 나아가 형식을 갖춘 서식을 뜻하기도 하지요. 그래서 'Please fill out this form.'이라고 하면 '이 양식에 기입해 주세요.'라는 의미입니다.

 figure (사람의)모양, 모습 outline (대강의 형태)윤곽
pattern (반복되는 형태의)무늬, 양식

fortune

fɔːrtʃən f포-r천
명 운, 행운

→ 부 fortunately 다행히도
형 fortunate 운이 좋은

뉘앙스 신적인 존재에 의해 만나는 운

luck

lʌk ㄹ럭
명 운, 요행

→ 부 luckily 운 좋게
형 lucky 행운의

뉘앙스 구어에서 많이 사용됨

fortune

- Fortune has no reason. 행운은 이유가 없다.
- At the end of the meal, I opened my fortune cookie.
  식사를 마친 후, 나는 내 점괘 과자를 열어보았다.

luck

- There's luck in leisure. 기다리면 행운이 온다.
- Good luck to you! 행운을 빈다!

Tip

영어 단어를 보면 영어권 사람들의 잠재의식 속에 어떤 생각이 들어있는지 알게 되는 경우가 있는데, 그 중 하나가 fortune입니다. 그 뜻을 보면, '운, 행운, 큰 재산'이죠. 또한 행운의 여신을 뜻하는 단어가 Fortune입니다. 운명이란 행운이며 곧 많은 재산을 갖는 것이라는 사고방식의 반영이 아닌가 합니다. 여러분들에게도 fortune이 함께 하시길.

 fate (죽음처럼 피할 수 없는)숙명, 운명 lot (우연하게 다가온)운, 운명

friend
frénd ㅣㅍ뤤ㄷ
- 몡 친구

→ 혱 friendly 친한, 친구처럼

가장 일반적인 말

pal
pǽl 팰
- 몡 친한 친구, 단짝
- 동 친구로 사귀다

아주 친한 친구

 friend

- What are friends for? 친구 좋다는 게 뭐야?
- I didn't come here to make friends.
  친구 사귀려고 여기 온 게 아니었어요.

 pal

- Everybody has a pen pal at one time.
  누구나 한 번은 편지로 친구를 사귀지요.
- The coach doesn't pal around with his players.
  그 코치는 선수들과 친하게 지내질 않아.

 Tip

남녀가 친구처럼 지내다가 애인으로 발전하는 경우를 종종 볼 수 있습니다. 또 때로는 거꾸로 공식적인 '애인' 관계에서 '친구' 관계로 되기도 합니다. 특히 연예인 예비 커플들이, 혹은 부부가 되었다가 헤어질 때 늘 하는 말이 있죠. 'We'll stay friends.(친구로 지내기로 했어요.)'

 유사어휘 associate (직장의)동료, 조합원 buddy 친한 친구, 단짝 companion 동반자
comrade (뜻을 같이 하는)동료, 동지 mate 동료, 배우자

frighten
fráitn ㅍ프롸이트

동 깜짝 놀라게 하다

→ 형 frightened 깜짝 놀란
형 frightening 무서운, 놀라운

Point 갑작스럽게 공포를 자아내게 하다

scare
skέər ㅆ께어r

동 놀라게 하다, 위협하다

→ 형 scared 무서워하는

Point 위협하여 겁을 먹게 하다

frighten
- That really frightened me. 그것 때문에 정말 놀랬어요.
- She doesn't want to frighten the children.
  그녀는 어린이들이 놀라지 않기를 바래요.

scare
- Don't try to scare me. 날 위협하려고 하지마.
- You don't scare me! 너 겁 하나도 안 나!

Tip
극도로 혐오하는 바퀴벌레가 눈 앞에서 기어간다든가, 길을 가는데 미친 개가 으르렁거리며 쫓아올 때 우리는 공포를 느낍니다. 이렇게 짧은 시간 신체가 마비되는 듯한 공포를 불러일으키는 것을 frighten으로 표현할 수 있습니다. 반면, scare는 대개 위협하고 겁을 주어서 행동을 하지 못하게 하는 것을 나타냅니다.

 startle 깜짝 놀라게 하다, 화들짝 놀라다 terrify 겁나게 하다, 큰 공포를 느끼게 하다

gather
gǽðər 개 th더r
동 모으다, 모이다

→ 명 gathering 모임, 회합

Point 한 군데로 모으는 동작에 초점

collect
kəlékt 컬렉트
동 모으다, 수집하다

→ 명 collection 수집, 채집
동 collective 집단의, 공동의

Point 어떤 한 가지를 모으다

gather

- A rolling stone **gathers** no moss. 구르는 돌에는 이끼가 끼지 않는다.
- They **gather** together to decide on economic and environmental issues. 그들은 경제와 환경 문제들을 해결하기 위해 같이 모인다.

collect

- He **collects** stamps. 그는 우표를 수집한다.
- Take a moment to **collect** your thoughts.
  잠시 시간을 갖고 네 생각을 정리해봐.

Tip

안젤리나 졸리가 나온 '본 컬렉터 The Bone Collector' 라는 스릴러 영화가 있었습니다. 연쇄살인범 이야기를 다룬 영화였죠. 제목을 그대로 해석하자면 '뼈를 수집하는 사람' 입니다. collect는 이렇듯 목적의식적으로 무엇을 선택해서 모으는 것을 의미합니다. 그래서 생각을 gather하는 것은 그냥 이런 저런 생각을 한데 모으는 것이지만 collect하면 모으고 정리하는 것입니다.

accumulate 모으다, 쌓다
assemble (평소에 흩어져 있다가 한 장소로)모으다, 모이다, 조립하다

general
dʒénərəl 줴너뤨
형 일반의, 보통의

→ 부 generally 일반적으로
형 generous 관대한, 아량 있는

 거의 대부분의 사람들에게 해당하는

universal
jùːnəvə́ːrsəl 유-너붜-r썰
형 보편적인

→ 부 universally 보편적으로

 예외 없이 모든 사람들에게 해당하는

general

- Here are some **general** rules to keep in mind.
  명심해야 할 몇 가지 일반적인 규칙들이 여기 있어요.
- As a **general** rule, it's best to hold stocks from several different industries.
  일반적으로, 여러 가지 서로 다른 산업의 주식을 보유하는 것이 최상이다.

universal

- There is one **universal** truth about the universe.
  우주에 대한 하나의 보편적인 진리가 있습니다.
- There is no **universal** solution.
  보편적인 해결책은 존재하지 않아요.

Tip

우주는 universe 시작도 끝도 없는 무한 그 자체입니다. 그래서 universal 은 우주적인 것, 시간과 공간에 예외 없이 적용되는 보편적인 것을 나타내죠. 이에 비해, general은 대부분의 사람들에게 해당되는 일반적인 것을 표현하는 말입니다.

 accepted (일반에게)인정된, 받아들여진 common 공통의
public (모든 사람들을 위한)공공의

get
gét 겓
통 얻다, 획득하다

Point (물건, 상태, 상황을) 얻다

gain
géin 게인
통 얻다, 입수하다

Point 노력해서 얻다

get

- Can I **get** you anything? 뭐라고 갖다 줄까?
- What can I **get** you? 뭘 드릴까요?

gain

- What did you **gain** from the workshop?
  그 워크샵에서 무엇을 얻었나요?
- Nothing ventured, nothing **gained**.
  모험이 없으면 얻는 것도 없다.

Tip

혹시 get만 보면 머리가 아프신가요? 영어에서 약방의 감초에 해당되는 단어가 get이죠. 주어가 움직여서 물건을 얻는 것, 상태나 상황을 얻는 것, 주어에게 주어진 것을 다 표현할 수 있습니다. 피곤한 상태를 얻었을 때는 'I got tired.(난 피곤해)' 차를 도둑 맞은 상황을 얻었을 때는 'I got my car stolen.(차를 도둑맞았어)'으로 표현하죠.

 acquire (노력으로 얻기 힘든 것을)얻다, 획득하다 **earn** (노력해서)얻다, (생활비를)벌다
obtain (힘들게)얻다 **receive** (누군가가 주어서)얻다, 받다

give
gív 기v
통 주다

'주다'는 뜻의 가장 일반적인 말

grant
grǽnt 그 랜트
통 주다, 수여하다

요청한 것을 주다

give
- Can you **give** me a hand? 나 좀 도와 줄래?
- **Give** me a break. 저에게 기회를 주세요.

grant
- I was **granted** admission to Harvard Law School.
  난 하버드 로스쿨에 입학을 허가 받았다.
- Please **grant** my wish. 제발 소원을 들어주세요.

Tip

일반적으로 주는 행위는 give로 표현할 수 있습니다. 주는 행위 전에 요청이 있던 없던 상관이 없습니다. 그런데 grant는 먼저 요청이 있었다는 암시가 있습니다. 입학을 요청한다든가, 장학금을 요청하는 것이죠. 그래서 허가와 승낙을 표현하고 있어요.

유사어휘 award (상을)주다 bestow (칭호를)주다, 수여하다 present (공식적으로)주다, 선사하다

173

grade
gréid 그뤠이드
- 명 등급, 계급
- 동 등급을 매기다

학업의 성적, 품질, 가치 등의 단계

degree
digríː 디그뤼-
- 명 등급, 정도, 단계

중요성의 정도, 각도

grade
- My grades in English went up. 내 영어 성적이 올라갔어.
- What grade are you in? 몇 학년이냐?

degree
- He was charged with first-degree murder of the baby. 그는 그 아기에 대한 일급살인 혐의로 기소되었다.
- They can actually drop the temperature by degrees. 그들은 실제로 온도를 조금씩 떨어뜨릴 수 있어요.

Tip
보통 사람들은 학교에 들어가면서부터 grade와 같이 살게 됩니다. 학년도 grade요, 성적도 grade에 따라 희비가 엇갈립니다. 회사에 들어가서는 인사고과로 또 grade를 당하게 되지요.
어느 정도는 to some degree 징그러운 단어라고 할 수 있죠.

 rank (신분상의)지위, 등급

group
grúːp 그루-ㅍ

명 떼, 단체, 그룹

🔑 무리를 뜻하는 가장 일반적인 말

gang
gǽŋ 갱

명 일단, 한 때

🔑 자주 만나는 사람들, 갱단, 패거리

 group

- Are you traveling in a group? 단체여행 인가요?
- Who's the leader of the group? 그 그룹의 지도자가 누구죠?

 gang

- We tracked down a gang of hackers who had used computers in different countries.
  우리는 다른 나라의 컴퓨터를 통해 침입한 일단의 해커들을 추적했어요.
- They are a gang of criminals. 그 놈들은 범죄 집단이에요.

 Tip

요즈음은 가수들이 대개 떼를 지어 나와서 '그룹' 하면 가수가 생각날 정도가 되었습니다. gang도 그룹처럼 일단의 사람들을 가리키는 데, group에 비해 똘똘 뭉쳐져 있다는 느낌을 줍니다. 그래서 갱단의 의미로도 쓰이는데 폭력단은 gang보다는 gangster를 사용하는 게 좋습니다.

band 떼, 그룹(company보다 결집력이 있는 모임)
company 떼, 일단의 사람들(교제, 협력을 위해 모인 사람들)
crowd (무질서한)군중
party (공통의 목적을 위해 모인)한 무리 troop 무리, 떼(움직이는 집단)

Unit G-07

grow

gróu ㄱ로우

[동] 성장하다, 기르다

[Point] 식물, 농작물, 수염 등을 기르다

raise

réiz 뤠이z

[동] 기르다, 사육하다

[Point] 동물이나 아이를 기르다

grow

- They are trying to **grow** apples in the orange field.
  그들은 오렌지를 키우던 곳에 사과를 키우려고 시도하고 있다.
- Where did you **grow** up? 어디에서 자랐나요?

raise

- What kinds of animals do you **raise** on your farms?
  당신 농장에서는 어떤 동물을 키우나요?
- It's the best way to **raise** children.
  그것이 아이를 키우는 최선의 방법이에요.

Tip

생명이 있는 것은 태어나면 커지는 것이 이치입니다. 자연적으로 발생하고 성장하는 거죠. 한편으로는 성장시키는 것, 즉 기르는 행위도 있어야 합니다. 그런데 이런 말이 있습니다. 'Money doesn't grow on trees.(돈은 거저 생기는 게 아니야.)' 아마도 동물을 raise하듯이 열심히 수고해야 한다는 뜻일 겁니다.

[유사어휘] **breed** 낳아서 키우다 **cultivate** 재배하다 **develop** 성장하다(발전하고 완전해짐) **rear** 기르다, 육성하다(훌륭하게 키우다)

guard
gá:rd 가ːㄷ

동 지키다, 보호하다

→ 명 guardian 보호자, 감시인

보호를 위해 주의 깊게 살피다

defend
difénd 디펜드

동 지키다, 방어하다

→ 명 defense 수비, 방위
   명 defendant 피고

현존하는 위험으로부터 지키다

guard

- These facilities are guarded by heavily armed men.
  이 시설물은 중무장한 사람들에 의해 보호되고 있다.
- I'm not as guarded as you would think.
  난 여러분들이 생각하는 것처럼 보호받고 있지 못합니다.

defend

- The soldiers were doing their best to defend the people against mortal danger.
  군인들은 치명적인 위험으로부터 사람들을 보호하기 위해 최선을 다하고 있었다.
- The best way to defend is to attack. 최선의 방어는 공격입니다.

Tip

TV나 영화를 보면 유명인을 지키는 보디가드bodyguard들을 볼 수 있습니다. 그 경호원들은 만일에 있을지도 모르는 위험에 대비하기 위해 한시도 눈을 떼지 않죠. 조금이라도 이상한 움직임이 있는지 철저하게 감시합니다. 이에 비해, defend는 적의 공격으로부터 방어한다는 의미인데 법정에서 방어하는 뜻으로도 사용됩니다.

 protect 보호하다(일반적인 의미)   shield 감싸다, 보호하다

Unit G-09

guide

gáid 가이드

[동] 안내하다, 인도하다

Point 관광안내와 같이 목적지까지 같이 동행

lead

lí:d 리-드

[동] 이끌다, 인도하다

→[명] leader 지도자
[명] leadership 지도력, 통솔력

Point 앞서서 이끌다

guide

- He **guided** us through very dangerous and turbulent times. 그는 우리와 함께 매우 위험한 격동기를 헤쳐왔습니다.
- He always **guided** me in the right direction. 그는 항상 나를 올바른 방향으로 인도했어요.

lead

- Please **lead** the way. 먼저 앞장서세요.
- This has nothing to do with his ability to **lead** the country. 이것은 나라를 이끌어갈 지도자로서의 그의 능력하고는 관계가 없어요.

Tip

여행을 갈 때 가이드를 잘 만나면 여행의 즐거움이 배가 됩니다. 목적지를 같이 동행하며 재미있는 설명을 해준다면 금상첨화겠죠. 그리고 멀리서 손님이 올 때에도 잘 guide 해준다면 오랫동안 여러분을 기억할 겁니다. 반면, lead는 앞장서서 이끌고 통솔한다는 뉘앙스가 있습니다.

[유사어휘] direct (실제로 자신은 같이 가지 않으면서 방향을)가리키다
steer (배를)나아가게 하다, 이끌다 show the way 안내하다

habit
hǽbit 해빝
명 습관

Point 개인적이고 무의식적인 버릇

custom
kʌ́stəm 커쓰텀
명 습관, 관습

Point 개인의 습관, 사회적인 습관

habit
- Old habits die hard. 오랜 습관을 잘 없어지지 않는다.
- Smoking is a bad habit. 흡연은 나쁜 습관이에요.

custom
- Custom varies from age to age. 관습은 시대에 따라 변한다.
- Marriage is an old custom. 결혼은 오래된 관습이다.

Tip
개인적인 나쁜 습관을 없애기는 쉽지 않죠. 더군다나 사회적인 관습이나 오래된 인습은 정말로 없애기가 쉽지 않습니다. 물론 오래된 관습이라고 모두 나쁜 건 아니죠.(결혼은 어떤가요?) 일단 자신이 가지고 있는 오래되고 나쁜 습관을 잡는 것부터 시작해보면 어떨까요?

유사어휘 convention 관행, 관습   manner 관습, 관례   practice 습관, 관례

handsome
hǽnsəm 핸썸
혱 잘생긴

<point> 주로 남성에게 사용

beautiful
bjúːtəfəl 뷰-티풜
혱 아름다운

<point> '아름다운'의 가장 일반적인 말

handsome

- He is a **handsome** boy. 그는 잘생긴 소년이죠.
- I'm **handsome** and smart. 전 잘 생겼고 똑똑해요.

beautiful

- She is really **beautiful**. 그녀는 정말 아름다워요.
- What a **beautiful** place this is! 이곳은 얼마나 아름다운가!

Tip

잘생기고 예쁘면 좋긴 하죠. 하지만 있는 그대로가 가장 예쁘고 아름답다는 말도 한번쯤은 상기하면 좋을 겁니다. handsome은 보기에 좋다는 거죠. 그래서 남성을 묘사할 때 뿐만 아니라 상당한 수입을 handsome income 나타낼 때도 사용합니다. 이런 속담도 있군요. 'Handsome is that handsome does.(하는 짓이 훌륭하면 외모도 아름답다.)'

 attractive 매력적인(외모와는 상관없음) **cute** (주로 아이, 물건)귀여운, 예쁜
good-looking 잘생긴, 미모의 **pretty** (어린이, 젊은 여성)귀여운

happen

hǽpən 해픈

[동] 일어나다, 발생하다

→ [명] happening 사건, 사고

Point 대개 우연히 일어나다

take place

téik pléis 테이ㅋ 플레이ㅆ

[동] 일어나다

Point 대개 계획한 것이 일어나다

happen

- How could that **happen**? 어떻게 그런 일이 일어날 수 있어?
- Do you know what **happened** to her?
  그녀에게 무슨 일이 있었는지 아니?

take place

- When did the attack **take place**? 그 공격이 언제 일어났죠?
- The 2010 UEFA Cup final will **take place** in Hamburg.
  2010년 UEFA컵 결승전은 함부르크에서 열릴 것이다.

Tip

우리가 흔히 쓰는 말 중에 '해프닝'이라는 것이 있습니다. '사건, 사고'라는 뜻이죠. 근데 이 happening은 우연히 일어난 사건, 가벼운 사건이라는 뉘앙스가 있습니다. 따라서 좀 중요한 것은 event를 사용하는 게 좋습니다.

[유사어휘] break out (갑자기)발생하다 chance 아주 우연히 일어나다
occur 일어나다(우연 혹은 계획)

happy
hǽpi 해피
형 기쁜, 행복한

→ **명** happiness 행복

기쁘고 만족한 상태를 나타내는 일반적인 말

glad
glǽd 글래드
형 기쁜, 즐거운

→ **명** gladness 기쁨

happy보다 강한 감정

happy
- Are you happy now? 이제 만족하니?
- I'm happy to hear that. 그걸 들으니 기분이 좋군요.

glad
- I'm glad to meet you. 만나서 반가워요.
- I will be glad to help you. 당신을 기꺼이 도울 거예요.

Tip
인간이 추구해야 할 것이 하나 있다면 그것은 행복 happiness 입니다.
그래서 현자들이 예부터 행복에 대해 이야기를 해왔는지도 모르지요.
'행복을 찾아서 The pursuit of happyness' 라는 영화도 있었죠.
일부러 'Happyness'라고 철자를 틀리게 했답니다. 행복은 대상('너 You')이 아닌 '나'에게 있기 때문이죠. 밖에서, 나중에… 그렇게 찾으면 행복은 없지요. 지금 나에게 있는 것이 행복입니다.

 cheerful 즐거운(기운이 넘쳐나는) joyful 즐거운, 기쁜

Unit H-05

hard
há:rd 하ーㄷ

형 어려운, 곤란한

→ **명** hardness 곤란

정신적, 육체적 노력을 요구하는

difficult
dífikʌ̀lt 디퓌컬ㅌ

형 어려운, 곤란한

→ **명** difficulty 곤란, 어려움

기술, 지식, 재능 등이 필요하다는 것이 강조됨

hard
- It's hard for me to talk about that.
  그것에 대해 이야기하는 건 나로서는 곤란한 일이에요.
- Security is an inherently hard problem.
  보안은 본래 어려운 문제에요.

difficult
- It's difficult for me to solve the problem.
  이 문제는 내가 풀기에는 어려워요.
- It's difficult to pinpoint precisely what went wrong.
  무엇이 잘못되었는지 지적하기란 어려운 일이에요.

Tip

경기가 침체되면 많은 사람들이 힘든 상황에 처하게 됩니다. 힘든 생활이 시작되는 거죠. 감당하기 벅찬 일을 맡게 되면 'That's a hard work.'라고 합니다. 반면, 어떤 것을 해결하기 위해 기술, 지혜, 용기 등이 요구될 때는 difficult를 사용하죠.

 demanding (너무 요구가 많아서)벅찬 laborious (몸이)힘든, 고된
tough (물리적으로 상대하기가)어려운
troublesome (골치가 아파서)다루기 힘든, 귀찮은

harm
háːrm 하-ㄹㅁ
- 명 해, 손해
- 동 해치다

Point 주로 고통, 고뇌를 동반하는 상처

damage
dǽmidʒ 때미쥐
- 명 손해, 피해
- 동 손해를 입히다, 손해를 입다

Point 대상의 가치나 기능이 손상되었음을 강조

harm
- Smoking will do **harm** to you. 흡연은 당신에게 해를 끼칠 거에요.
- There is no **harm** in trying. 시도해보는 것도 손해는 아니에요.

damage
- We have to do **damage** control. 우린 피해를 최소한으로 줄여야 해.
- My house was **damaged** by the flood.
  홍수로 우리 집이 피해를 입었어.

Tip
요즘 전 세계적으로 큰 지진이 많이 일어나고 있습니다. 사람과 마찬가지로 지구도 몸살이 든 게 아닌가 할 정도죠. 지진, 해일, 홍수 등이 휩쓸고 지나가면 그 damage가 너무나 크죠.(도로, 집, 자동차, 공장시설…) 반면, harm은 주로 고통, 고뇌를 동반하는 상처를 표현할 때 사용합니다.

hurt (몸과 마음에)상처를 주다, 다치게 하다
injure (사람의 몸, 마음, 명성, 성공 등을)해치다, 상처를 주다(hurt)
wound 상처를 입히다, (주로 칼, 총에 의한)상처

Unit H-07

hate
héit 헤이트

동 미워하다, 몹시 싫어하다

→ **명** hatred 증오, 원한
형 hateful 미운, 싫은

'몹시 싫어하다'는 뜻의 일반적인 말

dislike
disláik 디슬라익

동 싫어하다, 미워하다
명 싫음, 반감

hate 보다 싫어함의 강도가 약하다

hate

- I love you, but I hate your friends.
  당신은 사랑하지만 당신 친구는 싫어요.
- They know we hate bad news.
  그들은 우리가 안 좋은 소식을 싫어한다는 것을 알고 있어요.

dislike

- She seems to dislike being with other people.
  그녀는 다른 사람들과 있는 게 싫은 것 같아.
- What do you dislike most about your current hometown? 당신이 살고 있는 동네에서 가장 싫어하는 것은 무엇인가요?

Tip

누구나 싫어하는^{dislike} 사람이 한 명쯤은 있기 마련이죠. 그런데 특정한 사람의 이름만 나와도 욕설을 해대거나 증오의 감정을 표출하는 경우도 있습니다. 이런 경우는 dislike가 아니라 혐오와 적의를 보이는 단계입니다. 말하자면 hate하는 거죠.

 despise 경멸하다   detest 혐오하다, 증오하다   loathe 매우 싫어하다, 역겨워하다

Unit H-08

heal

híːl 히-을

[동] 고치다, 낫게 하다, 낫다

→ [명] healing 치료, 회복

[Point] 대개 육체의 상처를 낫게 하다

cure

kjúər 큐어r

[동] 치료하다

[명] 치료

[Point] 몸과 마음의 질병을 고치다

heal

- Time **heals** all wounds. 시간이 약이다.
- I **healed** my own heart with stem cells.
  줄기세포를 이용해서 제 심장을 고쳤습니다.

cure 치료하다, 치료

- Time **cures** everything. 시간이 약이다.
- Can allergies be **cured**? 알레르기는 치료될 수 있나요?

Tip

유달리 상처를 달고 사는 아이들이 있죠. 넘어지고 깨지고… 이러한 상처를 낫게 하는 것을 대개 heal로 표현합니다. 이에 비해, cure는 병으로부터 건강을 회복하는 것, 정신적인 측면에서의 치료도 포함합니다. 그래서 서로 간의 불신을 제거하는 것을 'cure mistrust' 라고 하죠.

[유사어휘] **mend** (부상을)치료하다 **recover** (건강, 의식을)회복하다
remedy (교정, 제거 등을 통하여)치료하다 **restore** (정상으로)회복시키다
treat 치료하다(일반적인 말)

help
hélp 헬프
- 통 돕다

→ 형 helpful 도움이 되는
  명 helping 도움

보다 돕는 것을 뜻하는 일반적인 말

aid
éid 에이드
- 통 돕다, 원조하다
- 명 원조, 도움

보다 적극적으로 돕는 것

help
- Can I **help** you? 도와드릴까요?
- I couldn't **help** myself. 나도 어쩔 수 없었어.

aid
- Hollywood rushes to **aid** Haiti.
  영화배우들이 아이티를 원조하기 위해 적극 나서고 있다.
- Give him first **aid**. 그에게 응급조치를 취하세요.

Tip

전지구적인 자연재해나 식량위기를 맞이한 사람들에게는 도움의 손길이 절실하게 필요합니다. 그래서 많은 사람들, 단체, 나라들이 보다 어렵고 힘든 사람이나 나라에게 적극적인 도움을 주고 있습니다. 구호활동, 의료지원, 식량지원… aid 중에서도 가장 중요한 것은 생명을 살리는 거죠. 그래서 응급조치는 first aid입니다.

유사어휘 **assist** (소극적인 도움)돕다, 원조하다 **support** 지원하다, 지지하다

Unit H-10

hide
háid 하이드
- 통 숨기다, 숨다

→ 명 hiding 숨김

Point 숨기려는 의도의 유무와 상관없이 일반적으로 사용

cover
kʌ́vər 커붜r
- 통 숨기다, 덮어 가리다
- 명 덮개, 숨는 곳

Point 고의적으로 은폐하다

hide
- Don't **hide** anything from me. 나에게 아무 것도 숨기지 마라.
- I will never **hide** the truth. 난 결코 진실을 감추지 않을 겁니다.

cover
- Tiger was very careful to **cover** his tracks.
  타이거는 매우 신중하게 자신의 흔적을 감추었다.
- Snow **covers** the road. 눈이 도로를 덮고 있다.

Tip

어렸을 적에 많이 해보았던 숨바꼭질을 영어로는 'hide-and-seek' 라고 합니다. 'Let's play hide-and-seek.' 하면 '숨바꼭질 하자'가 됩니다. '꽁꽁 숨어라'는 'Hide yourself good' 이죠. 반면, cover는 눈이 도로를 덮듯이 덮는 모습, 야적장에 화물을 커다란 비닐로 덮어 놓은 모습을 연상하면 이해가 쉽습니다.

유사어휘 conceal (의도적으로)숨기다 disguise 위장하다 mask 은폐하다
secrete (비밀로 하기 위해)숨기다

Unit H-11

hint
hínt 힌트

- 통 암시하다
- 명 힌트, 암시

Point 넌지시 비추다 (제안의 정도가 약함)

suggest
səgdʒést 써쮀ㅆㅌ

- 통 암시하다, 권하다

→ 명 suggestion 암시, 시사, 제안
형 suggestive 시사하는, 연상시키는

Point hint 보다 정도가 강한 제안

- His words **hint** at something more.
  그의 말은 뭔가 더 있다는 암시를 주고 있어요.
- Some guys **hinted** to me yesterday.
  몇몇 사람들이 어제 나에게 힌트를 주었어요.

- I **suggest** you take it. 네가 그렇게 하면 좋겠는데.
- May I **suggest** where to go? 갈 곳을 제가 이야기해도 되겠습니까?

Tip

넌지시 비추기만 해도 말귀를 바로 알아듣는 사람이 있는 반면 그렇지 못한 사람들도 있습니다. 몇 번 만나다가 이제 관계를 끊으려고 넌지시 '난 네가 싫어' 라는 hint를 주었는데도 반응이 없다면? suggest를 해야 겠죠.

imply 암시하다, (필연적으로 어떤 의미를)함축하다
insinuate (좋지 않은 것을)에둘러 말하다
intimate (특히 미래에 대한 일을)넌지시 비추다, 암시하다
mean ~의 뜻으로 말하다, 의미하다, 빗대어 말하다

hire
háiər 하이어r
- 동 고용하다, 빌려오다
- 명 고용, 임차

Point 단기간의 채용이나 임대

employ
emplɔ́i 임플로이
- 동 고용하다, ~에게 일을 주다

→ 명 employee 고용인
   명 employer 고용주, 사용자

Point 사람을 고용하여 사용하고 있다

hire

- The alternative, convenient but expensive, is to hire a car and chauffeur.
  편하기는 하지만 비용이 드는 다른 방법이 있는데 바로 차를 빌리고 운전수도 임시로 고용하는 거죠.
- Do I need to hire a lawyer to protect my intellectual property? 나의 지적 재산을 보호하기 위해서 변호사를 고용해야 할까요?

employ

- Have you ever been employed? 직장생활을 해본 적이 있어요?
- More than half the working population is employed in the public sector. 노동인구의 절반이상이 공공분야 고용되어 있습니다.

사람을 고용하거나 차량, 건물 등을 임시로 빌리는 것을 hire로 표합니다. 우리말로 '변호사를 산다'는 표현도 hire의 의미죠. 이에 비해, employ는 고정되고 안정된 고용이라는 뉘앙스를 줍니다.

 engage (주로 특정 일을 위해 일회성으로)고용하다 **enlist** (군인을)뽑다
recruit (신병, 신입회원을)보충하다, 모집하다

Unit H-13

hope
hóup 호우ㅍ
- 동 기대하다, 바라다
- 명 희망, 기대

→ 형 hopeful 희망에 찬, 희망이 넘치는
→ 형 hopeless 희망이 없는

Point 긍정적인 방향으로 생각하다

expect
ikspékt 익ㅆ뻭트
- 동 기대하다, 예상하다

→ 명 expectation 기대, 예상

Point 근거 있는 기대와 예상

hope
- I **hope** to see you again. 다시 뵙기를 바랍니다.
- I **hope** you will spend this winter with her.
  올 겨울을 그녀와 함께 보내기를 바래요.

expect
- Did you **expect** something else? 무슨 다른 일을 기대했었니?
- When do you **expect** him to be able to talk again?
  그가 언제 다시 이야기를 할 수 있을 것으로 예상하나요?

Tip
오랜만에 친구가 멀리서 왔는데 금방 떠나려고 합니다.
그러면 'I didn't expect to leave so early.(이렇게 일찍 떠날 줄 몰랐는데.)'
라고 할 수 있죠. 또 자신의 미래를 잘 준비해가는 사람은 스스로에게
'I expect to succeed.(난 성공할 것이다.)' 라고 말할 수 있습니다.

 유사어휘
anticipate (어떤 일의 발생에 대비하며)예상하다, 기대하다
look forward to (간절히)바라다, 학수고대하다 **wish** (불가능한 것을)기대하다, 바라다

huge
hjuːdʒ 휴-쥐
형 엄청 큰

→ 부 hugely 거대하게

Point 부피, 모양, 양이 엄청 큰

enormous
inɔ́ːrməs 이노-ㄹ머ㅆ
형 거대한, 매우 큰

→ 부 enormously 매우, 엄청나게

Point 일반적인 크기에 비해 상당히 큰

huge
- There's a huge number of people who can't go back home. 집으로 돌아갈 수 없는 사람들이 엄청 많이 있어요.
- European Union urges Greece to take steps to tackle huge budget deficit.
  유럽연합은 그리스에 거대한 예산 적자에 대한 조치를 취하라고 촉구했다.

enormous
- The Titanic collided with an enormous iceberg.
  타이타닉 호는 거대한 빙하와 충돌했다.
- It could make an enormous difference in people's lives. 그것은 사람들의 삶에 엄청난 차이를 가져다 줄 수 있죠.

Tip
영어에서 큰 것을 나타내는 일반적인 말은 big입니다. 이 big으로 다 표현할 수 없는 거대함은 여러 단어로 나타낼 수가 있는데, 이 중에서 huge는 더 이상 클 수 없는, 더 크면 큰일이 난다는 뉘앙스를 줍니다. 극도로 크다는 뜻이죠.

 유사어휘 immense 매우 큰, 끝 없는 gigantic 거인 같은, 거대한 massive 부피가 큰, 육중한 sizable 상당히 큰   vast 거대한

hurry
hə́ːri 허-뤼
- 명 서두름, 허둥지둥 함
- 통 재촉하다, 서두르다

Point 허둥대는 모습을 암시

haste
héist 헤이쓰트
- 명 급함, 서두름

→ 통 hasten 서두르다, 재촉하다

Point 신속, 조급

- Don't be in a hurry. 서두르지 마라.
- We need to hurry. 우리는 서둘러야 해.

- Make haste, or you will be late. 서둘러, 안 그러면 지각할 거야.
- Haste makes waste. 서두르면 망친다.

Tip
모든 일에는 순서가 있습니다. 아무리 약속시간에 늦어도 얼굴은 씻고 나 가야죠. 너무 마음만 앞서면 hurry한 상태로 됩니다. in a hurry하면 대개 제 시간에 못가죠. make haste하는 것도 비슷하긴 하지만, haste는 동작의 민첩함이나 조급함에 더 초점을 두는 말입니다.

quicken (속도를) 빠르게 하다, 재촉하다 rush 급하게 움직이다
speed 서두르게 하다, 급히 가다(속도에 초점)

Unit H-15

hurt

hə́ːrt 허-ㄹㅌ

[동] 상처를 주다, 다치게 하다

[Point] 몸 또는 마음에 상처를 입히다

injure

índʒər 인줘r

[동] 상처를 입히다, 손상시키다

→[명] injury 상해, 손상

[Point] 건강, 명예, 명성, 감정 등을 손상시키다

hurt

- Don't **hurt** me please. 제발 날 해치지 말아요.
- Nobody's going to **hurt** you. 아무도 널 해치지 않을 거야.

injure

- He was **injured** by a bomb in Afghanistan.
  그는 아프가니스탄에서 폭탄을 맞아 다쳤습니다.
- They embarrassed him and **injured** his reputation.
  그들은 그를 난처하게 만들었고 명성에 먹칠을 했습니다.

Tip

말 한마디 잘못해서 친구에게 마음의 상처를 주거나 혹은 다른 사람이 무심결에 뱉은 말에 마음에 상처를 받는 경우가 있습니다. 간혹 부끄러운 스캔들이 터져서 평생을 쌓아온 자신의 명성이 하루 아침에 산산조각이 나는 경우도 있죠. 이런 경우도 모두 hurt나 injure를 사용할 수 있습니다.

[유사어휘]
damage (가치, 기능, 효용 등을)손상시키다 harm (고통, 고뇌를 동반하는)해를 입히다
impair 손상시키다(damage) mar (외관을)훼손하다, 흠을 내다
spoil 망치다, 못쓰게 만들다

idea
aidí:ə 아이디어

명 생각, 관념, 착상, 아이디어

Point 관념, 생각을 뜻하는 일반적인 단어

concept
kánsept 칸쎞트

명 개념, 구상

Point 체계적으로 정리된 idea

idea
- That's a good idea. 그거 좋은 생각이네요.
- I have no idea. 모르겠어요.

concept
- Is the 'Avatar' concept really possible?
  영화 '아바타'의 발상은 실제로 가능한가요?
- The concept of white holes is totally theoretical and most people don't give it much credence.
  화이트 홀은 순전히 이론적인 개념이죠. 그래서 대부분의 사람들은 그것을 크게 믿지 않습니다.

Tip

대개 idea가 먼저 오고 나중에는 그것이 concept으로 발전합니다. 그리고 나중에는 현실화되죠. 그런 의미에서 영화 '써로게이트Surrogates' 나 '아바타Avatar' 가 보여준 기술이 머지 않은 미래에 현실화 될지도 모르겠습니다. 그날이 오면 다른 나라의 언어를 배울 필요가 없을지도 모르겠군요.

 conception 개념작용 notion (개인적인 믿음이 들어간)생각, 견해
thought (지적인 활동을 통해 얻어진)생각

illusion
ilúːʒn 일루-젼
명 환영, 환상, 착각

→ 형 illusory
착각을 일으키는 (illusive)

Point 오인하는 것

delusion
dilúːʒn 딜루-젼
명 망상(잘못된 생각)

→ 형 delusional 망상의
동 delude 속이다, 미혹시키다

Point 정신이상이나 광신으로 인한 것

illusion
- It's really just an optical illusion. 그건 그저 착시에 불과한 거예요.
- He's also interested in the art of illusion.
  그 사람도 또한 착시 예술에 관심을 가지고 있지요.

delusion
- He was suffering from a delusion. 그는 망상에 빠져 있었다.
- She fell into expansive delusion. 그녀는 과대망상에 빠졌다.

Tip
난무하는 음모이론 conspiracy theory을 보면 정상적인 추론인지 망상 delusion인지 착각 illusion인지 헷갈릴 때가 있습니다. 대개는 과대망상, 피해망상이 많이 작용하긴 하지만 나중에 사실로 밝혀지는 경우도 종종 있습니다.
delusion과 다르게 illusion은 때로 우리에게 즐거움을 선사하기도 하죠.

유사어휘 allusion 암시, 빗댐   hallucination 환각   mirage 신기루, 부질 없는 공상

Unit I-03

imitate
ímitèit 이미테이트

동 흉내 내다, 모방하다

→ **명** imitation 모방, 흉내

그대로 흉내 내다

copy
kápi 카피

동 베끼다, 표절하다
명 복사, 사본

→ **명** copier 복사기, 복사하는 사람

있는 그대로 똑같이 베끼다

imitate

- Parrots and humans both have the ability to imitate sounds that they hear.
  앵무새와 사람은 자기들이 듣는 소리를 흉내 낼 수 있는 능력이 있다.
- I think everybody's going to try to imitate this.
  누구나 이걸 모방하려고 할 것 같군요.

copy

- I will copy this file. 이 파일을 복사할 거에요.
- He had made a copy of the original. 그는 사본을 만들었다.

Tip

유명인들 성대모사는 언제 들어도 재미있습니다. 그래서 토크쇼에서 빠지지 않고 등장하는 메뉴이기도 하지요. 또한 사람들은 인기 있는 상품을 금방 imitate 해버리죠. 심지어 달걀도 가짜로 만들어내기까지 합니다. 하지만 imitate하는 것은 아무래도 진짜와 다르겠죠? 그래서 종종 경멸의 의미로도 사용된 답니다.

 mimic 흉내 내다, 조롱하다(약간의 해학, 비웃음)
simulate 흉내 내다, ~을 가장하다(겉 모양을 모방)

immediate
imíːdiːt 이미-디얼

형 즉시 일어나는, 즉시의

→ 부 immediately 바로, 곧, 즉시

꾸물거리지 않고 지금 곧

instant
ínstənt 인쓰턴트

형 즉각적인, 즉시의
명 순간, 찰나

→ 부 instantly 지체 없이, 당장에

행동의 결과가 즉석에서 나타나는

immediate

- We need immediate aid. 우리는 지금 당장 원조를 받아야 합니다.
- I got immediate reply from him. 그 사람으로부터 즉답을 받았어.

instant

- People want instant effect. 사람들은 즉각적인 효과를 원하죠.
- There is no doubt the going will be tough, no one should expect instant results.
  사태가 악화될 것은 의심의 여지가 없어요. 아무도 즉각적인 결과를 예상할 수 없어요.

###

지금은 뜸 하지만 예전에 즉석복권instant lottery이 크게 유행한 적이 있었습니다. 그 자리에서 복권을 사서 바로 긁어서 즉시에on the instant 결과를 알아보는 거였죠. 어제 꿈자리가 심상치 않았던 분이라면 지금 당장 즉각적인 행동immediate action을 취해보시든가…

 at once 곧(구어에서) direct 직접의 prompt 빠른, 제시간에

Unit I-05

important
impɔ́ːrtənt 임포-r턴트
형 중요한

→ 명 importance 중요성

Point 중요한 결과를 초래하는

significant
signífikənt 씨ㄱ니피컨트
형 중대한, 중요한

→ 명 significance 의의, 의미심장함

Point 중요한 의미가 있는

important

- It's very important to me. 나에게는 매우 중요한 것이에요.
- Mistakes are not only inevitable but important.
  실수는 불가피할 뿐만 아니라 중요한 것이다.

significant

- It would be a very significant change.
  그것은 매우 중대한 변화라고 할 수 있죠.
- That's a significant concern. 그것은 중요한 관심사입니다.

Tip

여러분들이 태어난 날, 결혼한 날 등은 중요한 날이죠. 의미 있고 뜻있는 날이기 때문에 significant day라고 할 수 있습니다. 반면, 중요한 자격시험이나 수능시험 같은 것을 보는 날이라면 important day가 어울릴 겁니다. 그 시험 결과에 따라 희비가 엇갈리게 될 것이기 때문이죠.

crucial 결정적으로 중요한, 어려운 grave 중대한, 심상치 않은
material (필수적이어서)중요한 serious 심각한, 중대한
vital (생사에)절대적으로 필요한, 아주 중요한

Unit I-06

include
inklú:d 인클루-드
동 포함하다

→ 전 including ~을 포함하여
형 inclusive 포함한, 포함하여

P㎝ 전체의 일부로서 포함하다

contain
kəntéin 컨테인
동 포함하다, 담고 있다

→ 명 container 그릇, 용기

P㎝ 내용물을 담고 있다

include
- Did you include this book on the list? 이 책을 목록에 포함시켰니?
- Does that include the tip? 팁까지 포함된 건가요?

contain
- This article contains valuable information.
  이 기사에는 귀중한 정보가 들어있어요.
- I found the box to contain nothing.
  박스를 열어보니 아무 것도 없었다.

Tip
수출입이 활발하게 이루어지는 항구의 모습을 찍은 사진들을 보면 컨테이너가 산처럼 쌓여있는 모습을 쉽게 볼 수 있습니다. 이처럼 내용물을 담고 있는 것을 contain으로 표현하는데, 수학에서 인수를 가지고 있다는 표현으로도 사용하죠. 6 contains 3 and 2.(6은 3과 2로 나누어 진다.)

 comprise 함유하다, 포함하다(~로 이루어져 있다) hold 담고 있다(얼마만큼 수용할 수 있다)
involve 감싸다, 연루시키다

increase
inkríːs 인크뤼-ㅆ

- 동 늘다, 증가하다, 늘리다
- 명 증가, 증대

숫자나 크기가 늘어나다

enlarge
inláːrdʒ 인ㄹ라-ㄹ쥐

- 동 크게 하다, 커지다

넓이를 확대시키다

increase

- Unemployment has increased for nine months straight. 실업률이 9개월 연속 증가했습니다.
- Neo-Nazi activity are on the increase in Germany. 신나치 활동이 독일에서 증가하고 있다.

enlarge

- I'll enlarge this logo. 이 로고를 확대할 겁니다.
- Can you enlarge the icons? 아이콘들을 크게 할 수 있니?

Tip

사진을 찍으면 그 중에서 잘나온 것은 대개 확대를 합니다. enlarged photograph라고 하죠. 인화를 많이 하면 공짜로도 해줍니다. 여러분들이 이 책을 사서 보는 이유는 'increase my vocabulary(단어 실력을 키우려는)' 하려는 것이죠. 풍부하게 한다는 의미에서 enrich도 가능하고 넓힌다는 의미에서 enlarge를 사용할 수도 있습니다.

 유사어휘

augment (유산처럼 외적인 요인으로)증가하다, 증가시키다
expand (크기와 양이)확장하다, 확대하다 multiply (수량을 배가로 늘리듯이)증가시키다
swell 팽창하다, 증가시키다

Unit I-08

inform

infɔ́ːrm 인f포-r ㅁ

[동] 알리다, 통지하다

→ [명] information 정보, 통지

[Point] 정보와 지식의 직접 전달을 강조

notify

nóutəfái 노우터퐈이

[동] 통지하다, 공시하다

→ [명] notification 통지, 통고

[Point] 공식적으로 알려주다

inform

- Please **inform** us of date and time.
  우리에게 날짜와 시간을 알려주세요.
- The next day, I was **informed** of his death.
  다음날, 나는 그가 죽었다는 소식을 들었다.

notify

- He did not **notify** the police. 그는 경찰에 신고하지 않았어요.
- The family has been **notified** that they will be resettled in the United States.
  그 가족은 다시 미국에 정착할 것이라는 통지를 받았습니다.

Tip

어떤 소식을 알린다, 말해준다는 뜻으로는 tell이 광범위하게 쓰이는데 좀 격식을 차려서 표현하고자 하면 inform을 사용하면 됩니다. 이 중에서 notify가 가장 딱딱한 표현인데 정부 기관에서 공식적인 발표를 하거나 정식으로 통지를 할 때 사용할 수 있는 말입니다.

[유사어휘]
narrate (자세하게 일어난 순서대로, 마치 소설이 전개되는 것처럼)이야기하다
recount (사건의 전후 순서대로)자세하게 말하다, 열거하다
relate (자기가 직접 경험한 것이나 들은 것을 조리 있게)말하다, 이야기하다
report (조사한 것, 들은 것, 본 것을)말하다, 보고하다
tell 말하다, 알리다(가장 일반적인 말)

inside
insáid 인싸이드

⑱ 안쪽의, 내밀한
⑲ 안쪽, 내부

👉 '안쪽의' 라는 뜻의 일반적인 말

inner
ínər 이너

⑱ 안의, 내부의

👉 물질이나 추상적인 것의 내부

inside
- I don't know the inside story. 전 그 내막을 잘 몰라요.
- You can get inside information on everything flowing through a company. 당신은 회사에 떠도는 온갖 내부정보를 얻을 수 있어요.

inner
- We've gone to inner Mongolia. 우리는 내몽고로 떠났다.
- That happens by developing a deep inner life.
  그것은 영적인 생활이 깊어지면서 나타나는 거죠.

Tip
정신세계, 잠재의식의 세계를 inner space로 표현합니다. 그러니까 inner는 물리적으로 안쪽을 뜻하기도 하지만 정신적이고 영적인 것을 표현하는 말이죠. 사회가 복잡해질수록 그 속도에 치이기 쉽죠. 이럴 때 일수록 자신의 내면을 들여다 봐야 합니다.

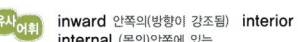
inward 안쪽의(방향이 강조됨) interior (건물 등의)안쪽의, 내부의
internal (몸의)안쪽에 있는

insist
insíst 인씨ㅆㅌ
- 동 주장하다, 고집하다

→ 형 insistent 주장하는

반대나 의심에 맞서 강력하게 주장하다

claim
kléim 클레임
- 동 주장하다, 요구하다
- 명 요구, 청구

사실이라고 주장하다

insist
- All right if you insist, I'll go there.
  좋아요, 그렇게 고집하시니 제가 거기 가지요.
- That's why I insist on rule of the majority.
  그런 이유로 나는 다수결을 주장하는 겁니다.

claim
- He claims to have discovered another star.
  그는 또 다른 별을 발견했다고 주장하고 있다.
- I claimed personal bankruptcy. 난 개인 파산을 신청했어요.

Tip
거래에서 계약을 위반하면 클레임을 당합니다. (위반을 당한 상대방은 그럴 권리를 가지고 있기 때문이죠) 본래 claim은 어떤 사물에 대해 자기가 가지고 있는 당연한 권리를 요구하고 주장한다는 말입니다. 즉, '자신의 생각'을 주장하는 것이라기보다는 '어떤 사실'을 주장하고 요구하는 것이죠. 따라서 자기의 주장에 대하여 승인하고 인정하라는 요구가 담겨 있죠.

 assert 강력하게 주장하다, 단언하다 urge (촉구하는 뜻에서)주장하다

intend
inténd 인텐드

통 ~할 작정이다, 의도하다

→ 형 intended 의도된, 계획된

마음속으로 계획하고 예정하다

mean
míːn 미-ㄴ

통 의도하다, 꾀하다

진짜로 그렇게 하려고 했다는 점을 강조

intend

- I didn't **intend** to hurt you. 당신을 다치게 할 생각은 추호도 없었어요.
- What do you **intend** to do here? 여기서 뭘 하려고 하는 거죠?

mean

- I **mean** it. 진심이야. (그것을 확신해)
- I didn't **mean** to hurt you. 당신을 다치게 할 생각은 없었어요.

Tip

본의 아니게 실수를 해서 상대에게 미안한 맘이 들 때가 있습니다. 그럴 때는 'I'm sorry. I didn't mean to.'라고 할 수 있죠. 본심은 그게 아니었다는 말입니다. 이에 비해 intend는 계획성, 의도성에 초점이 있는 말이죠.

aim 마음먹다, ~할 작정이다(목표 설정을 강조) **design** 의도하다, 예정하다(계획을 만들어 내다)
plan 계획하다, 예정하다(사전 계획을 강조) **purpose** 의도하다(의도를 강조)

invent
invént 인붼트
동 발명하다

→ 명 invention 발명

처음으로 만들어 내다

devise
diváiz 디봐이z
동 발명하다, 궁리하다

궁리 끝에 뭔가를 만들어내다

invent

- The silicon chip was invented in 1961.
  실리콘 칩은 1961년에 발명되었다.
- Scientists in Tokyo have invented what may be the world's tiniest robot.
  일본 과학자들이 세상에서 가장 작은 로봇을 발명했습니다.

devise

- They devised a plan to gather more information.
  그들은 정보를 더 모을 방법을 강구했다.
- We must devise new strategy.
  우리는 새로운 전략을 세워야 합니다.

Tip

필요는 발명의 어머니 Necessity is the mother of invention라는 말이 있습니다. 지금까지 없었던 것을 처음으로 만들어 내는 것이 발명입니다. 그런 의미에서 인간의 역사는 인간이 자신에게 필요한 것을 발명해 온 역사라고 해도 과언이 아니죠. 이렇게 좋은 말이 invent이지만 뭔가를 만들어낸다는 뜻에서 '날조하다, 조작하다'는 의미로도 사용됩니다.

유사어휘 contrive 고안하다, 발명하다(뭔가를 꾀하여 연구하고 만들어내다)
create 창조하다 originate 생기다, 일어나다

irregular
irégjələr 이뤠귤러r
⑱ 불규칙한, 비정상의

→ ⑲ irregularity 불규칙성
  ⑲ irregularly 불규칙하게

Point 규칙을 따르지 않고 고르지 않음을 강조

abnormal
æbnɔ́:rm|əl| 애브노-r멀
⑱ 보통과 다른, 비정상의

→ ⑲ abnormally 비정상적으로
  ⑲ abnormality 이상, 변칙

Point 정상이 아닌, 변태의

irregular
- I think his heartbeat is irregular. 그의 심장박동이 불규칙한 것 같아.
- The rail strike is already causing delays and irregular service on Seoul's subway system.
  철도 파업으로 인해 이미 서울 지하철은 파행적으로 운행되고 있습니다.

abnormal
- Not all abnormal behavior is bad or dangerous.
  모든 이상 행동이 나쁘거나 위험한 것은 아닙니다.
- Your blood pressure is abnormal. 당신의 혈압은 비정상입니다.

Tip
행동이 이상한 사람을 보고 대개 '변태'라고 부르죠. 뭔가 정상이 아니라는 뜻인데 영어로는 abnormal입니다. 좋지 않은 방향으로 벗어나 있다는 뉘앙스가 강하고 어느 정도는 비난의 의미도 들어있는 말이죠. 이에 비해, irregular는 비난의 뜻은 없고 그냥 규칙적이지 않다는 말입니다.

 exceptional (특별히 뛰어나거나 드물다는 의미에서)예외적인
unnatural 이상한, 자연스럽지 않은

job
dʒáb 잡
명 일, 직업

Point 임금을 받으며 하는 일

task
tǽsk 때ㅅㅋ
명 일, 임무

Point 의무와 노력이 수반되는 일

job

- What's your job? 당신의 직업은 뭔가요?
- I'm just doing my job. 그저 할 일을 한 것이에요.

task

- This is a very difficult task. 이건 매우 어려운 일이에요.
- My task here today is simple.
  오늘 이곳에서의 제 임무는 간단한 겁니다.

Tip

요즘 청년실업이 큰 사회문제로 대두되고 있습니다. 어딜 가나 일자리가 문제이지요. 우리가 보통 말하는 직업, 일자리는 job으로 표현할 수 있습니다. 고용계약 여부와 상관없이 임금을 받으며 하는 일이면 job으로 나타낼 수 있죠. 또 회사에서 자신의 업무로써 하는 하나 하나의 일을 job이라고 합니다.

 chore 잡일 errand (심부름의)일, 용건 work (노동을 수반하는)일

Unit J-02

join
dʒɔin 죠인
- 동 결합하다, 연결하다, 연결되다

→ 명 joint 접합, 연결, 공동의

Point 외면적으로 하나가 된 것으로써 나중에는 분리가능

link
línk 르링ㅋ
- 동 잇다, 이어지다
- 명 연결된 것, 고리

Point 외적인 결합뿐만 아니라 내적으로도 강한 결합

join
- When did you join our group? 우리 그룹에 언제 합류했지?
- Will you join me for a drink? 나랑 한 잔 할래?

link
- A regular ferry service links the island to the mainland. 정기 연락선이 그 섬과 본토를 연결하고 있다.
- Crime and poverty are closely linked.
  범죄와 빈곤은 밀접하게 연관되어 있습니다.

Tip
어떤 모임이나 단체에 가입하거나 군대에 가는 것 또 결혼 하는 것… 강줄기가 하나로 합쳐지는 것… 이런 결합이 join입니다. 이렇게 join은 결합의 정도와는 별개로 직접적인 접촉을 강조하는 반면, link는 밀접한 연관성에 초점이 있습니다.

combine 결합하다(재료를 섞는 경우)   connect (매개물을 통하여 두 개를)연결하다
unite (두 개를 하나의 통합체로)결합하다

journey
dʒə́ːrni 줘-r 니
명 여행

Point 대개 육지에서의 긴 여행

trip
tríp 트륍
명 여행, 출장, 소풍

Point 짧은 여행

journey

- Nobody really goes on a journey in this film.
  실제로 이 영화에서는 아무도 여행을 떠나지 않습니다.
- Success is a lone journey to one's destination.
  성공은 목적지를 향한 고독한 여행이다.

trip

- He is on a business trip to Los Angeles.
  그는 L.A로 출장 중입니다.
- I can't afford to take a trip right now.
  지금 여행을 떠날 여유가 없어.

Tip

흔히들 인생은 나그네 길이라고 말합니다. 인생을 여행에 비유한 표현이기도 하죠. 말하자면 인생은 긴 여행 a long journey인 셈입니다.
그래서 journey는 trip보다는 길고 고달픈 여행이며 또한 반드시 돌아온다는 의미가 들어있지 않는 말입니다.

 tour 관광여행 voyage (배나 비행기를 이용하는 긴)여행

Unit J-04

jump

dʒʌ́mp 점프

[형] 뛰어오르다, 도약하다

Point 지상에서 공중으로 뛰어오르다

hop

hάp 핲

[동] 뛰다, 뛰어넘다

Point 깡충 뛰다, (담을) 뛰어 넘다

jump

- I **jumped** for joy. 난 좋아서 깡총깡총 뛰었지.
- Gas prices **jumped** overnight.
  휘발유 가격이 하루 사이에 폭등했습니다.

hop

- **Hop** in! I'll give you a ride. 차에 올라 타! 태워줄 게.
- He would **hop** a train illegally. 그는 불법적으로 열차에 올라타곤 했다.

Tip

점프는 농구선수들처럼 위로 올라가는 것도 있지만 낙하산 점프처럼 밑으로 향하는 것도 있습니다. 또한 물리적인 이동이 아니라 논리적인 도약도 jump로 표현할 수 있죠. 이에 비해, hop은 토끼나 캥거루가 뛰어 오르는 모습을 연상시킵니다. 밤 아저씨들이 담을 넘어가듯이hop a fence 말이죠.

[유사어휘] bound (공이)튀다 leap 뛰다, 뛰어 오르다(jump)
skip 뛰다, 깡충깡충 뛰다(일련의 동작에 초점) spring (용수철처럼 갑자기)튀어 오르다

A B C D E F G H I J K L M

keen
kíːn 키-ㄴ
형 날카로운, 예리한

긴 날이 날카로운

sharp
ʃáːrp 쉬아-r ㅍ
형 날카로운, 예리한

베는 날이나 끝이 날카로운

 keen
- His sword is **keen** and strong. 그의 칼은 날카롭고 강하다.
- Clinton has combined a **keen** intellect with his driving ambition. 클린턴은 예리한 지성과 그의 타오르는 야망을 결합시켰습니다.

 sharp
- There was a **sharp** knife in the room.
  방 안에 예리한 칼이 있었어요.
- She is a **sharp** dresser. 그녀는 옷을 아주 잘입어.

살인 사건을 다루는 드라마를 보면 아주 예리한 주인공이 등장합니다. 관찰력이 남 다른 거죠. 예리한 지성a keen intellect를 가지고 있다는 말입니다. 이에 비해, sharp가 사람에게 사용될 때에는 빈틈없고 나아가 지나치게 영리하다는 뉘앙스를 줍니다. 그래서 교활하다는 뜻으로 사용되기도 하죠. 또 옷을 유행에 맞추어 세련되게 입는 사람을 sharp dresser라고 합니다.

 acute (끝이 뾰족하여)날카로운, 예민한, 격렬한

keep
kíːp 키-ㅍ
동 유지하다, 계속 ~하다

계속 가지고 있다, 어떤 동작을 계속하다

hold
hóuld 호울드
동 유지하다, 가지고 있다

무엇을 담고 있다, 붙들고 있다

keep
- I will **keep** my word. 전 약속을 지킬 겁니다.
- Can you **keep** a secret? 비밀을 지킬 수 있겠니?

hold
- Are you **holding** them in your hand? 그것들을 손에 쥐고 있니?
- Don't **hold** your breath. 기다리지 마라.

Tip
공원의 잔디밭에 같은 곳에는 KEEP OUT이라는 표지판을 세워둡니다. 밖에서^{out} 그대로 있어라^{keep}라는 뜻이죠. 전에는 좌측통행이었다가 요즘에는 Keep to the Right^{우측통행}으로 바뀌었습니다. 길을 물어올 때 '앞으로 계속 가세요.' 라고 하고 싶다면, 'Keep straight on.' 하면 됩니다.

유사어휘
- **detain** (현재 상태로)붙들어 두다, 그대로 두다(억류하다)
- **preserve** (손상을 막기 위해)보존하다, 유지하다
- **reserve** (어떤 목적을 위하여)남겨두다, 비축하다, 예약하다
- **retain** (기억, 지위와 같이 없어지거나 빼앗길 것을)유지하다

kill
kíl 킬
- 동 죽이다, 살해하다

→ 명 killer 죽이는 것, 죽이는 사람
  형/명 killing 죽이는, 살인, 살해

뜻차이 사람이나 동.식물을 죽이다

murder
məˊːrdər 머-더r
- 동 살해하다
- 명 살인

→ 명 murderer 살인자, 살인범

뜻차이 계획적으로 사람을 죽이다

kill

- Her father **killed** himself in prison.
  그녀의 아버지는 감옥에서 자살했습니다.
- They are trying to **kill** time by reading and playing games. 그들은 독서와 게임으로 시간을 죽이고 있어요.

murder

- Somebody **murdered** him with the tripod.
  누군가가 삼각대로 그를 살해했어요.
- This is a clear case of **murder**. 이건 명백한 살인 사건입니다.

Tip

죽음은 인생에서 한 번 밖에 없는 사건이지만 일상생활에서는 많이 사용하는 말입니다. 우리는 심심할 때 시간을 죽일kill time 궁리를 하고, 너무 힘들면 죽겠다고 하죠. 'This job is killing me.(이 일 때문에 죽겠어요.)' 또 심지어는 죽이게 잘 입었네dressed to kill이라고 하죠.

assassinate (정치적인 동기로 죽이는 것)암살하다
execute (법률에 의해 죽이는 것)사형을 집행하다
massacre (대량으로 죽이는 것)몰살시키다, 대량학살
slay (전쟁터에서)죽이다, (잔인하게)살해하다

knock
nák 낙
동 치다, 두드리다

문을 두드리다, 노크하다

tap
tǽp 탭
동 가볍게 두드리다

톡톡 치다

knock
- Who is knocking at the door? 누가 문을 두드리고 있는 거지?
- Do not knock. 노크 하지 마세요.

tap
- He's tapping me on the shoulder. 그가 내 어깨를 톡톡 치고 있어.
- They were tapping lightly on the window.
  그들은 창문을 가볍게 두드리고 있었다.

Tip
권투에서 상대방을 때려 눕히는 것을 녹다운knockdown 이라고 부릅니다. 말 그대로 때려서 down된 상태로 만들었다는 뜻이죠. 즉, knock은 주먹으로 때리는 모습을 연상시킵니다. 그래서 문을 쾅쾅 두드리면 knock으로, 가볍게 똑똑하고 두드리면 tap으로 표현할 수 있습니다.

유사어휘 blow 강타, 구타   punch 주먹으로 치다   rap (연속적으로)톡톡 두드리다

know
nóu 노우
동 알다, 알고 있다

→ **명** knowledge 앎, 지식
형 knowing 알고 있는, 학식이 풍부한

사실에 대해 분명하게 이해하고 있다

aware
əwέər 어웨어r
형 알고 있는, 의식하고 있는

감각으로 알아차리다

 know

- She doesn't know the time of the day.
  그녀는 아무 것도 몰라. (세상물정을 몰라)
- What's there to know? 뻔하잖아?

aware

- His wife was aware of the relationship.
  그의 부인은 그 관계를 알고 있었죠.
- I was fully aware of the situation.
  난 그 상황을 완전히 알고 있었어요.

Tip

어린이들은 종종 옷에다 실례를 합니다. 그 냄새 때문에 엄마는 금방 알게 되죠. 또 학생이 담배 피는 것을 숨기려 해도 그 냄새 때문에 아버지나 선생님에게 들키기도 하지요. 이런 것이 aware한 상태입니다. 혹 타이거 우즈의 부인도 여자 특유의 감각으로 그의 행실에 대해 aware하고 있었는지도 모르죠.

 comprehend (완전히)이해하다 comprehension 이해, 터득
grasp 이해하다, (의미를)파악하다 perceive 감지하다, 이해하다

Unit L-01

lack
læk 으랙
- 명 부족, 결핍
- 동 모자라다

→ 형 lacking 부족한, 부족하여

당연히 있어야 할 것이 없는 것

absence
ǽbsəns 앱쓴ㅆ
- 명 결여, 부재

→ 형 absent 부재의

자리를 비우거나 결석하는 경우

lack

- They died for lack of food and water.
  그들은 음식과 물의 부족하여 죽었다.
- The lack of sunshine in winter makes it harder for the body to produce vitamin D.
  햇빛이 부족한 겨울에는 몸에서 비타민 D를 제대로 만들어내지 못한다.

 absence

- Absence makes the heart grow fonder.
  떠나고 없으면 더 그리워지는 법이다.
- He had a long absence in December following the death of his father.
  그는 12월에 아버지가 돌아가신 후부터 오랫동안 결석했었다.

Tip

자연재해가 휩쓸고 지나간 지역이나 아프리카의 기근 지역을 보면 지옥이 따로 없습니다. 역시 음식과 물 부족이 가장 큰 문제죠. 그래서 lack은 참으로 우리를 고통스럽게 합니다. 이에 비해, absence는 자리를 비우거나 결석 등으로 존재하지 않는 것을 표현하죠.

 need (꼭 필요한 것이 없어서 그것을 절실히 필요로 함)결핍, 필요
shortage (특히 돈이나 식량 등이)모자람, 부족

law
lɔ: ㄹ로-
명 법률, 법

→ 형 lawful 합법의

Point 법률을 뜻하는 가장 일반적인 말

bill
bíl 빌
명 법안

Point 의회에 제출된 법안

law

- Is it against the law? 법에 위배됩니까?
- Everybody is equal before the law.
  모든 사람은 법 앞에 평등하다.

bill

- He plans to introduce a bill in the state Assembly to legalize same-sex marriage.
  그는 동성간 결혼을 인정하는 법안을 주 하원에 제출할 계획입니다.
- The state Senate rejected a bill to legalize gay marriage in New York.
  뉴욕 주 상원은 동성간 결혼을 합법화한 법안을 부결했다.

Tip

우리나라에서 정기국회가 끝나갈 쯤에는 항상 나오는 뉴스 기사가 있죠. 국회에서 잠자는 '민생 법안'이 어쩌고 저쩌고… 이렇게 국회에 제출되어 통과를 앞두고 있는 것을 bill이라고 합니다.

유사어휘 code 법전, 규약(규칙의 전체) commandment 율법, 계율
ordinance (지방자치정부의)조례
regulation 규칙, 규정(법에 의해 반드시 강제되는 것은 아님)
statute (의회에서 제정한 성문법)법령

legend
léd ʒ ənd 레줜드
명 전설

→ 형 legendary 전설의, 전설적인

Point 과거로부터 전해오는 이야기

myth
míθ 미th쓰
명 신화

→ 형 mythic 신화의, 가공의

Point 역사이전의 신과 영웅 그리고 인간들의 이야기

 legend

- This essay will examine the legend of King Arthur.
  이 에세이는 아서왕의 전설을 살펴볼 것이다.
- Michael Jackson became a legend.
  마이클 잭슨은 전설이 되었다.

 myth

- Who wrote the Greek myths? 누가 그리스 신화를 썼는가?
- Myths will be dispelled in Thursday hearing.
  근거 없는 미신은 목요일 청문회 때에 전부 일소될 것입니다.

 Tip

어느 분야에서건 뛰어난 업적을 이루면 살아 있는 legend가 됩니다. 전설처럼 뭇 사람들의 뇌리에 박히고 두고두고 화제가 되는 거죠. 이에 비해, myth는 '허구'가 강조되는 말입니다. 그래서 잘못된 사회적 통념이나 미신도 myth로 표현합니다.

 유사어휘 anecdote 일화(대개 유명인과 관련된 짧은 이야기) fable 우화, 교훈적인 이야기
tale 이야기, 설화(즐거움을 주거나 속이기 위해서 만들어낸 가공의 이야기)

let
lét ㄹ렡
동 ~하게 하다, 허용하다

Point 허용하다, 허락하다

make
méik 메잌
동 ~하게 하다

Point 강제의 의미도 있다

let

- Don't **let** me down. 날 실망시키지마.
- **Let** me do that again. 그것을 다시 하게 해주세요.

make

- I'll **make** him do it. 그 녀석에게 그 일을 하게 할 거야.
- I don't understand what **makes** you tick.
  너의 행동이 이해가 안 가.

Tip

make는 상대방에게 시키는 것이고 let은 상대방의 뜻대로 하게 허용하는 것에 초점이 있습니다. 비틀즈가 부른 불후의 명곡 Let It Be는 만사를 있는 그대로 허용하라, 순리에 맡기라는 뜻이죠. 'Let bygones be bygones.(지나간 것은 지나간 것으로 두어라.)' 도 그런 맥락입니다.

allow (주로 법규와 관련하여)허가하다, ~하게 놔두다
compel 억지로 ~시키다(압력을 가하여 무리하게 ~하게 하는 것)
force ~에게 강제하다, 억지로 ~시키다(물리적인 강한 강제)
have ~하게 하다, 시키다(권유. make보다 강도가 약함)

like
láik 라익

형 ~와 같은, 비슷한

Point 명사 앞에 나온다

alike
əláik 얼라익

형 비슷한, 서로 같은
부 마찬가지로

Point 주로 동사 뒤에 와서 닮은 것을 강조

- I can't say something like that. 그와 같은 말은 할 수 없어요.
- You drink like a fish. 너 술 진짜 잘 마신다.

- They are very alike in appearance. 그들은 많이 닮았어.
- Why so many minds think alike?
  왜 그렇게 많은 사람들이 비슷한 생각을 하는 걸까?

Tip
사춘기가 되면 어른처럼 like a grownup 보이게 하려고 치장을 하기도 하죠. 사내아이들은 남자답게 like a man 보이려고 힘 자랑을 하기도 합니다. 유유상종 Like draws to like. Like attracts like 이라고 끼리끼리 몰려다니기도 하죠. 여기서 like는 명사로 쓰여서 '비슷한 사람(것)'이라는 의미입니다.

 akin 같은 종류의, 유사한, 동족의 similar 유사한, 비슷한(전부 똑같지 않음을 강조)

likely
láikli ㄹ라이클리
형 ~할 것 같은

어떤 일이 일어날 가능성에 초점

apt
ǽpt 앺ㅌ
형 ~하기 쉬운, ~하는 경향이 있는

현재와 과거의 습관적인 경향을 보여준다

likely
- It's likely to be a tough meeting. 힘든 만남이 될 것 같아요.
- That's not likely to happen. 그건 일어날 것 같지 않아요.

apt
- Glass is apt to break. 유리는 깨지기 쉬어.
- Of course, if demand goes up but supply doesn't, prices are apt to go through the roof.
  물론 수요는 느는 데 공급이 따라가지 못하면 가격은 천정부지로 치솟는 경향이 있습니다.

Tip

밖에 나가려고 하는 데 하늘이 심상치 않으면 'It's likely to rain today.(오늘은 비가 올 것 같아요.)'라고 말하죠. 상황을 보니 비가 올 것 같을 때 사용할 수 있습니다. 이에 비해, 주로 apt는 일반적인 경향을 나타냅니다. 그래서 사람이나 사물의 성질을 표현할 수 있죠. 'We are apt to think so.(우리는 그렇게 생각하지 쉽지.)'

liable 자칫하면 ~하기 쉬운(우연성에 초점)
prone ~하기 쉬운(대개 안 좋은 방향으로 ~하는 성질이 있는)

Unit L-07

limit
límit ㄹ리밑
- 통 제한하다, 한정하다
- 명 한계, 한도

Point 주로 수량의 제한

confine
kənfáin 컨파인
- 통 제한하다

→ 명 confinement 제한, 감금

Point 활동범위를 제한하다

limit
- Why don't you limit your spending? 씀씀이를 줄이지 그래?
- The sky is the limit. 한도가 없다. (얼마든지 걸겠다.)

confine
- Please confine your remarks to the facts.
  제발 사실만 말씀해주세요.
- Confine your tongue, lest it confine you.
  혀를 묶어두지 않으면 혀가 너를 묶을 것이다. (침묵은 금)

Tip
사회적인 이슈가 되는 문제가 생겼을 때 TV에서 토론회를 개최합니다. 토론자들 사이에서 서로 공방이 뜨거워지면 간혹 주제가 옆으로 새기도 하고 사실이 아닌 내용으로 혹세무민하기도 합니다. 그럴 때 그 사람들의 혀와 양심을 confine하고 싶어지죠. 어떨 때에는 말 수를 limit하고 싶어지기도 합니다.

 bound (범위를)제한하다, 한정하다   restrict (규칙으로)제한하다

live
lív 리v
통 살다

→ 형 live 살아 있는
형 lively 활기 넘치는

'살다'라는 뜻의 가장 일반적인 말

reside
ri:sáid 뤼z자이ㄷ
통 살다, 거주하다

→ 명 residence 거주, 주거, 저택
명 resident 거주하는, 체류중인

장기간에 걸쳐 거주하고 있음을 강조

live

- How many people live in Seoul?
  서울에 얼마나 많은 사람들이 살고 있나요?
- Where do you live? 어디서 살고 있나요?

reside

- The president resides in the Blue House.
  대통령은 청와대에 거주합니다.
- His eldest daughter currently resides in Jordan.
  그의 맏딸은 현재 요르단에 거주하고 있어요.

Tip

영화나 드라마를 보면 좀 있어 보이는 저택들이 많이 나옵니다. 그렇게 뽐낼 만한 곳에서 살고 있을 때 reside한다고 하죠. 그래서 청와대, 백악관 같은 곳에서 살고 있다는 것을 표현할 때에는 live보다는 reside를 사용합니다. 또한 사물의 성질, 법률상의 권한 등이 어디에 있다고 표현할 때도 reside를 씁니다.

유사어휘
dwell 살다, 거주하다(시적이고 문학적인 표현에 사용)
inhabit 살다, 서식하다   settle (~에 자리를 잡고)살게 하다, 자리잡다, 정착하다
stay 일시적으로 머물다

Unit L-09

lively
láivli ㄹ라이v블리
⑱ 생기가 넘치는, 활기찬

Point 동작에 에너지가 넘치는

active
ǽktiv 액티v
⑱ 적극적인

Point 활동적이고 적극적인

lively

- He is **lively** and friendly. 그는 생기가 넘치고 다정한 사람이에요.
- Well, we are out of time, you guys, I really appreciate the **lively** discussion.
  자, 이제 시간이 다 되었습니다. 활발한 토론을 벌인 여러분들께 진심으로 감사 드립니다.

active

- The Swiss outlaw **active** euthanasia.
  스위스는 적극적인 안락사를 법으로 금하고 있다.
- We encourage **active** diplomacy in the region.
  우리는 그 지역에서 적극적인 외교활동을 하도록 권장하고 있습니다.

Tip

항구에 있는 어시장에 가면 사람들 뿐만 아니라 고기들까지 활발하게 움직입니다. 사람이나 고기나 lively한 상태인 거죠. active도 비슷한 의미를 전달하는데 lively와 다르게 적극적인 면을 표현합니다. 영어공부도 의욕적인active 자세로 해야 합니다.

 유사 어휘
animated (주로 사람의 행위를 묘사할 때)활기찬, 활발한
energetic (active보다 강한 활동적인)정력적인, 에너지가 넘쳐나는
vignrous 원기 왕성한(힘이 넘쳐나는)

Unit L-10

look
lúk 르룩
동 보다, 바라보다

Point 시선을 강조

gaze
géiz 게이z
동 응시하다

Point 무엇을 오랫동안 눈 여겨 보다

- **Look** at the beautiful children walking around.
  저기 춤추고 있는 예쁜 아이들을 보라.
- What are you **looking** for? 뭘 찾고 있니?

- I **gazed** at the tiny white cottage.
  작고 하얀 오두막을 눈 여겨 보았죠.
- He **gazed** into her eyes. 그는 그녀의 눈을 응시했다.

Tip

대도시를 벗어나 공기 좋은 곳으로 가거든 새벽에 하늘을 한 번 보십시오. 지금까지 보지 못했던 새로운 하늘이 눈 앞에 펼쳐질 것입니다. 하늘을 수놓은 별들을 눈 여겨 보세요. gaze up at the stars 별이 사랑과 평화를 여러분에게 선사할지도 모릅니다.

glare (증오, 반항의 눈빛으로)노려보다 **peer** 자세히 들여다보다
see 보다, 보이다(시선보다 이성작용에 초점 → 이해하다)
stare (눈을 크게 뜨고)빤히 보다, 응시하다 **watch** 지켜보다, 경계하다

main
méin 메인
- 형 주요한, 주된
- 명 본관, 주요부분

크기나 중요성 면에서 우월한

principal
prínsəpəl 프린써쁠
- 형 주요한, 첫 번째로 중요한
- 명 우두머리, 주역, 원금

역할, 영향력 등이 첫째가는

main

- He introduced the main speaker at a conference.
  그는 회의의 주요 발표자를 소개했습니다.
- Students attempted to take over the school's main building, but failed. 학생들은 학교본관을 접수하려고 시도했으나 실패했다.

principal

- What was the principal cause of this disaster?
  이번 참사의 주된 원인은 무엇이었나?
- Who do you think was the principal actor in this event? 이번 사건의 주인공은 누구였다고 생각하니?

Tip

중심가main street는 번잡합니다. 많은 회사들의 본사the main office도 중심가에 몰려있죠. 한 회사가 여러 건물을 사용할 때는 본관the main building과 별관을 두기도 합니다. 또 회사에는 제일 높은 사람이the principal 있어서 조직을 총괄합니다.

유사어휘
capital 가장 중요한, 수도의 central (가장 중요한 위치를 차지해서)주요한, 중심적인
chief (제일 높은 지위의 혹은 제일 중요한)주요한, 최고의
foremost (제일 앞서 있다는 의미에서)으뜸의, 맨 앞의
primary (중요성이 최고여서)주요한, 제 1의

make
méik 메익

형 (뛰어난)능력이 있는, 할 수 있는

→ 명 maker 제작자, 제조업자
  명 making 제조(과정)

Point 제작, 건설, 창조

produce
prədjúːs 프러듀-ㅆ

동 만들어내다, 생산하다

Point 무엇을 산출하다

make

- What makes good music? 무엇이 좋은 음악을 만드나요?
- I'd like to make a suggestion. 한가지 제안을 하고 싶습니다.

produce

- An onion will not produce a rose.
  콩 심은 데 콩 나고 팥 심은 데 팥 난다.
- Toyota produces the Camry, Sequoia, Corolla, and other vehicles in North America
  토요타는 북미에서 캠리, 세쿼이아, 코롤라를 비롯한 여러 차량을 생산하고 있다.

'Many drops make shower.(티끌 모아 태산이라는 말이 있습니다.)' 한 방울씩 떨어지는 물이 결국에는 바위를 뚫는다는 의미와도 상통하죠. 영어 학습에서도 큰 열매를 produce하려면 열심히 그리고 꾸준하게 하는 것 외에는 방법이 없습니다. 'Practice makes perfect!(연습을 하면 잘하게 된다!)'

 fabricate 제조하다, 꾸며내다, 날조하다(인위적으로 만드는 것)
fashion 모양을 만들다, 형성하다(의도 및 형성과정에 초점)
form 모양을 만들어내다(형성하다, 구성하다, 조직하다
manufacture (판매를 위해 공장에서 만들어 내는 것)제조하다
shape 모양을 만들어내다(외형에 초점)

Unit M-03

many
méni 메니
- 형 많은, 다수의
- 명 많은 것, 많은 사람들

다수를 뜻하는 가장 일반적인 말

numerous
njúːmərəs 뉴-머뤄쓰
- 형 다수의, 수많은

→ 형 명 numeral 수의, 수를 나타내는, 숫자

상당히 많은

many
- **Many** buildings collapsed, and there were several fires. 많은 빌딩들이 붕괴되었고 여러 건의 화재도 있었다.
- How **many** stops from here? 여기서 몇 번째 역인가요?

numerous
- There are **numerous** islands in Italy.
  이태리에는 수많은 섬들이 있습니다.
- Trees, particularly in urban areas, provide **numerous** benefits. 나무, 특히 도심 지역의 나무들은 사람들에게 수 많은 이득을 주고 있습니다.

Tip

사람들을 보면 정말 각인각색 So many men, so many minds 입니다. 거리를 지나다니는 수많은 사람들 numerous individuals을 보세요. 저마다 생김새도 모두 다르고 성격도 하늘의 별 만큼이나 다양합니다. 이렇게 numerous는 많음을 강조하여 대단히 많다거나 붐빈다는 뉘앙스를 전달합니다.

유사어휘 a lot of (주로 긍정문에서 사용됨)많은 countless (너무 많아서)셀 수 없는
much 다량의 plenty (plentiful)많은, 충분한

match
mætʃ 매취
- 명 경기, 대전 상대
- 동 ~에 필적하다, 경쟁시키다

Point 개인이나 팀들끼리 경쟁하는 게임이나 스포츠

competition
kàmpətíʃən 컴퍼티션
- 명 경쟁, 겨루기, 경기

→ 동 compete 경쟁하다, 겨루다

Point 서로의 힘이나 기술을 겨루는 대회

match

- The **match** ended in a 2-2 draw. 그 시합은 2-2 무승부로 끝났다.
- This is the biggest tennis **match** in history.
  이건 역사상 가장 큰 테니스 시합이에요.

competition

- The swimming **competition** in Sydney begins Sept. 16.
  수영대회가 시드니에서 9월 16일부터 시작된다.
- There is keen **competition** in this field.
  이 분야는 경쟁이 치열합니다.

Tip

수영에서 박태환 선수가 올림픽 금메달을 따서 커다란 박수갈채를 받았습니다. 지금까지는 동양인의 체격조건으로 서양인과 competition해서 이길 것이라고는 생각지 못했었기 때문이죠. 그런데 이번에도 서양인 텃밭이었던 스피드 스케이팅에서 competition을 해서 이겼습니다. 그리고 김연아 선수까지…

유사어휘 contest (심사를 통해 상을 수여하는)경기, 콘테스트 meet (주로 육상)경기
tournament (연속적으로 이루어지는)경기

Unit M-05

meet
míːt 미-ㅌ
동 만나다

→ 명 meeting 만남, 모임

Point '마주치다'는 뜻의 가장 일반적인 말

encounter
inkáuntər 인카운터r
동 (우연히)만나다, 마주치다
명 (우연한)만남, 조우

Point 우연히 만나는 것에 초점

meet
- Have you **met** her before? 전에 그녀를 만나 본 적이 있나요?
- Nice to **meet** you. 만나서 반갑습니다.

encounter
- As a result, the element directly **encountered** the enemy. 그 결과 분대는 적과 직접적으로 마주치게 되었다.
- I was pleased to **encounter** an old friend.
  옛 친구를 만나서 기뻤어요.

Tip

'우리의 만남은 우연이 아니야…'라는 노래가사처럼 어쩌면 모든 만남은 우연이 아닌지도 모릅니다. 얼굴을 보는 것도 만남이지만 이렇게 책으로 만나는 방법도 있습니다. 이 책을 encounter한 여러분들에게 소기의 성과가 있기를 기원합니다.

  come across 뜻밖에 만나다   contact 접촉하다, 연락하다   see (용무가 있어서)만나다

meeting
mí:tiŋ 미-팅
® 만남, 모임, 집회

사적인 모임에서 공적인 모임까지 포괄하는 말

conference
kánfərəns 칸퍼뤈ㅅ
® 회담, 회의

보다 공적인 회합

meeting

- I'm on my way to a **meeting**. Catch you later.
  회의에 가는 길이야. 나중에 보자.
- How did the **meeting** go? 그 모임은 어땠어요?

conference

- What time does the **conference** begin? 회의는 언제 시작되나요?
- Are you going to the news **conference**? 그 기자회견에 가나요?

Tip

우리 일상어에서 '미팅'은 거의 우리말처럼 사용되고 있습니다. 남녀간의 1:1 만남에서부터 각종 모임이나 회의를 지칭할 때 흔히들 사용하죠. 이에 비해, conference는 기자회견, 국제회의, 정상회담 등 공적인 모임을 지칭할 때 사용합니다.

assembly (특별한 목적을 지닌 공적인 회합)집회, 모임
congress (대표자들의)회의, 회합 → 의회
convention (대표자)회의, (정당의)전국대회, (단체들의)연차총회
gathering 모임(gathering은 meeting과 달리 1:1 만남을 포함하지 않음)

Unit M-07

minor
máinər 마이너r
- 📘 보다 작은, 중요하지 않은
- 📘 미성년자

→ 📗 minority 소수파, 소수당

💡 다른 것에 비하여 작거나 중요하지 않은

trivial
trívial 트뤼뷔얼
- 📘 하찮은, 사소한

→ 📗 triviality 하찮음

💡 중요성이 거의 없는

minor
- What is a **minor** offense? 경범죄란 무엇인가?
- They found a new **minor** planet near Neptune.
  그들은 해왕성 근처에서 새로운 소행성을 발견했다.

trivial
- Don't waste time on **trivial** matters. 하찮은 문제로 시간낭비 하지마.
- Do you really think it is a **trivial** thing?
  이게 정말로 하찮은 것이라고 생각하니?

Tip

모 개그맨 별명이 '하찮은'이죠. 한 마디로 넌 '별 것 아닌 존재', 즉 가치가 0에 근접하는 사람이라는 의미입니다. 영어로 trivial이 되겠군요. 근데 실제로는 몸 값이 상당히 나가는 VIP죠. 결코 'minor' comedian이 아닙니다.

 유사어휘

marginal 별로 중요하지 않은, 약간의 **negligible** (무시해도 좋을 만큼)하찮은
peripheral 그다지 중요하지 않은, 지엽적인 **slight** 대단치 않은, 약간의

mix
míks 믹ㅅ
동 섞다, 섞이다

→ 형 mixed 섞인, 혼성의

Point 대개 두 가지 이상의 것을 섞는다

blend
blénd 블렌드
동 섞다, 섞이다

→ 형 blended 혼합된

Point 다시 분리되기 힘들게 완전히 섞는다

mix

- Don't mix alcohol and energy drinks. 술과 건강음료를 섞지 마라.
- Mix whisky and water and stir few times.
  위스키와 물을 섞은 다음 몇 번 저어라.

blend

- Blend milk with honey. 우유와 꿀을 섞어라.
- That makes it hard to blend into a crowd.
  그것은 군중과 함께 섞이는 것을 어렵게 해요.

Tip

비빔밥은 Bibimbap으로도 표기하지만 Rice Mixed with Vegetable and Beef라고도 합니다. 밥과 야채와 고기를 섞어 만들었다는 의미죠. 반면, blend는 향수와 향수를, 술과 술을 섞듯이 서로 같은 종류의 것을 완전히 섞어서 새로운 것을 만들어 낸다는 뉘앙스가 있습니다.

 merge (서서히 섞어서 하나로)뒤섞어 합치다 → 합병하다
mingle (둘 이상의 것을)섞다 (뒤섞여 어울리는 것)

modern
mάdərn 마더ㄹㄴ
형 현대의, 근대의

Tip: 역사를 시대로 나눌 때 현재를 포함하는 부분

contemporary
kəntémpərèri 컨템퍼뤄뤼
형 동시대의, 현대의

→ 형 contemporaneous
동시에 존재(발생)하는

Tip: 현재와의 관련성에 초점

modern
- I think that **modern** science is very complicated.
  현대 과학은 복잡한 것 같아요.
- Would you like to know about **modern** art?
  현대 미술에 대해 알고 싶니?

contemporary
- Do you like **contemporary** music? 현대음악을 좋아하니?
- **Contemporary** art is becoming an anarchic mix of media, techniques and ideas.
  현대 미술은 미디어, 기술, 아이디어가 제 멋대로 혼합된 형태로 변해가고 있습니다.

Tip
contemporary는 '동시에 발생하는, 동시에 존재하는'의 뜻을 가지고 있습니다. 그래서 지금 우리가 이 말을 사용하면 지금 우리가 살고 있는 시대를 의미하게 됩니다. 하지만 과거를 배경으로 'contemporary writers'라고 하면 '당시와 같은 시대의 작가들'이라는 뜻이 됩니다.

 유사어휘
current (지금 존재하고 있음을 강조하여)지금의, 현재의
recent 최근의, 근래의(contemporary 보다 좁은 범위의 기간)

moral
mɔ́(ː)rəl 모-럴
- 형 도덕상의, 윤리상의
- 명 도덕, 윤리

Point 주로 종교적이고 사적인 의미

ethical
éθikəl 에th씨컬
- 형 도덕상의, 윤리적인

→ 명 ethics 윤리학

Point 주로 법률적이고 공적인 의미

 moral

- He is a man of courage, honor and moral character.
  그는 용기와 신의 그리고 도덕적 품성을 갖춘 사람입니다.
- Didn't you think that you're using here a double moral standard?
  당신은 도덕적으로 이중적인 잣대를 들이대고 있다고는 생각하지 않았나요?

ethical

- Is gender selection ethical? 태아의 성별을 선택하는 것은 윤리적인가?
- There are many ethical dilemmas. 윤리적인 딜레마가 많이 있어요.

Tip
미국은 우리나라에 비해 훨씬 성적으로 자유로운 나라죠. 그래서 moral 하다는 의미도 성과 연관이 많이 되어 있습니다. 그래서 도덕적인 사람 a moral man이라고 하면 성적으로 방탕하지 않다는 뉘앙스가 강합니다.

 righteous (도덕적으로)바른, 공정한 upright 강직한, 정직한
virtuous (매우 도덕적으로 행동하여)고결한

motive
móutiv 모우티v

명 동기, 동인

→ **명** motivation 자극, 동기부여
동 motivate 자극하다, ~에게 동기를 주다

Point 어떤 목적을 달성하기 위한 행동을 유발시키는 것

incentive
inséntiv 인쎈티v

명 자극, 유인, 동기
형 자극적인, 고무적인

Point 노력에 대한 보상으로 주어지는 것

motive

- The **motive** of the attackers is not clear.
  공격자의 동기는 분명치 않아요.
- The identity and **motive** of those arrested were not immediately known.
  체포된 이들의 신원과 동기는 바로 알려지지는 않았습니다.

incentive

- They have no **incentive** to do anything about it.
  그것에 대해 뭔가를 할 동기가 그들에게는 없어요.
- Hyundai's **incentive** program began earlier this year.
  현대자동차의 보상프로그램은 올해 초에 시작되었다.

Tip

현대자동차가 미국에서 판매를 촉진하기 위해 incentive program을 시작했다는 뉴스를 본 적이 있습니다. 그 내용은 이른바 '실직자 보상 프로그램'으로 알려져 있습니다. 또 영업사원들의 실적을 끌어올리기 위해 특별히 배당금을 주는 경우도 있죠. 이 모두가 incentive입니다.

유사어휘 reason (행동의 정당성을 논리적으로 설명해주는)이유
spur 자극, 격려(incentive) stimulus 자극

move
mú:v 무-v
- 동 움직이다, 이동시키다

→ 명 movement 운동

한 장소에서 위치나 방향을 바꾸다

shift
ʃift 쉬프트
- 동 이동시키다, 이동하다
- 명 변천, 교체

이동, 교체, 변화를 강조

move

- Freeze. Don't move! 꼼짝 마. 움직이지 마!
- Could you move your box, please? 상자 좀 옮겨 주시겠어요?

shift

- Don't try to shift the blame. 책임을 전가시키려 하지 마라.
- Let me shift subjects. (이야기를 하다가)주제를 바꿔보죠.

Tip

업종에 따라서는 24시간 쉬지 않고 교대로 근무해야 하는 곳이 있습니다. 병원 응급실이나 주요시설 경비 등 한시도 사람의 시선을 놓을 수 없는 곳이죠. 8시간씩 3교대를 하면 three-shift system이라고 하고, 각각의 교대하는 팀들을 shift라고 합니다.

advance 앞으로 나아가다 convey 나르다, 수송하다, 전달하다
proceed 나아가다, 계속하다 progress 전진하다, 진보하다
transfer (직업에서 다른 직업으로, 탈것에서 다른 탈것으로)옮기다, 변경하다

238

Unit N-01

neat
níːt 니-ㅌ
형 단정한, 깨끗한

→ 부 neatly 산뜻하게, 깨끗이

 깔끔하고 산뜻하다

tidy
táidi 타이디
형 단정한, 말끔히 정돈된

 정돈에 초점

 neat
- It's looking unbelievably clean and **neat**.
  엄청 깨끗하고 단정해 보이네요.
- Make the computer room clean and **neat**.
  컴퓨터 실을 깨끗하고 산뜻하게 정리해라.

 tidy
- Here are tips to keep car clean and **tidy**.
  차를 깨끗하게 유지할 수 있는 비결입니다.
- She is neat and **tidy**. 그녀는 깔끔하고 단정해요.

 Tip

체질적으로 책상이나 자신이 사용하는 방을 깨끗하고 단정하게 꾸미는 사람들이 있습니다. 또 그와는 정반대로 잠시도 정돈된 상태를 참지 못하는 분들도 있지요. clean, neat, tidy같은 말과는 친숙해지는 게 좋습니다. tidy room 이나 tidy desk에서 일하고 공부하는 게 효율이 좋지 않을까요?

 clean 깨끗한(청결에 초점)　**orderly** 정돈된, 순서가 바른　**trim** 깔끔한(정돈된 외양에 초점)

239

Unit N-02

necessary
nésəsèri 네써쎄뤼
⑬ 필요한

→ ⑲ necessity 필요, 필요성

필수의, 없어서는 안 될 (필요성을 강조)

essential
isénʃəl 이쎈셜
⑬ 꼭 필요한, 본질적인

→ ⑭ essentially 본질적으로

무엇이 존재하려면 꼭 필요한 (본질적인)

necessary
- He calls bailout a necessary evil.
  그는 구제금융을 필요악이라고 부른다.
- If necessary, just do it. 필요하다면, 그냥 해라.

essential
- Water is essential to life. 물은 생명의 본질적인 요소이다.
- Creativity is essential to innovation.
  창의성은 혁신에 없어서는 안 될 것이다.

Tip
여러분의 삶에 necessary한 것은 무엇인가요? 성공? 돈? 사랑? 명예? 지혜? 봉사? 평화? 가족?… 그러면 essential한 것은 무엇일까요? 무엇을 여러분의 삶에 essential한 것이라고 할 수 있을까요?

indispensable 필수불가결한, 없어서는 안 될
inescapable 피할 수 없는, 불가피한 inherent 타고난, 본래의
requisite (조건의 충족을 위하여)요구되는, 필요한

neglect
niglékt 니글렉트

동 무시하다, 간과하다

→ 명 negligence 태만, 무관심
  형 negligent 소홀한, 부주의한

Point 당연히 해야 할 것을 하지 않고 그대로 두다

ignore
ignɔ́ːr 이그노-r

동 무시하다, 모른 체하다

→ 명 ignorance 무지, 무학
  형 ignorant 무지한, 무식한

Point 고의적으로 무시하다

neglect
- The children were **neglected** and abused.
  그 어린이들은 버려졌고 학대 받았다.
- He has totally **neglected** his duty.
  그는 자기의 의무를 완전히 저버렸다.

ignore
- Don't **ignore** warning signs. 경고 신호를 무시하지 마라.
- We **ignored** his invitation. 우리는 그의 초대를 무시해버렸어.

Tip
요즘 미국에서는 토요타 자동차의 안전문제로 시끌시끌합니다. 그 동안 안전에 이상이 있다는 경고를 무시해온 벌을 받는 거죠. 자기 귀에 거슬리는 소리를 듣기 싫다고 'Ignore it.(무시해버려.)'하면 언젠가는 대가를 치르게 됩니다.

disregard 무시하다, 경시하다(ignore와 달리 경멸이나 적의는 없음)
overlook (부주의하여)간과하다, (남의 잘못을)눈감아 주다 slight 무시하다, 깔보다, 얕보다

new
njú: 뉴-
형 새로운

P-point 새롭다는 뜻의 가장 일반적인 말

novel
nάvəl 나v블
형 새로운, 신기한

→ 명 novelty 새로움, 신기함

P-point 새로움에 더하여 신기하고 기발하다는 뉘앙스가 있다

 new

- What else is new? 뭐 새로운 거 없어?(그야 뻔한 거지.)
- What do you think of my new boyfriend?
  새 남자친구 네 생각엔 어떠니?

 novel

- He makes novel combinations. 그는 신기한 조합을 만든다.
- What a novel idea! 엄청 기발한 생각이네!

Tip

새롭다는 의미는 한편으로 생소하다는 뜻도 됩니다. 그래서 어디에 처음 갔을 때 생소하다는 의미로 'I'm new here.(여기 처음이야.)'라고 할 수 있습니다. 그런데 정말로 새로운 것이 있을까요? 혹자는 'There is nothing new under the sun.(태양 아래 새로운 것은 없다)'라고 합니다. 모든 것은 변하지만 사실 변하지 않은 것이다라는 주장이죠. 여러분은 어떻게 생각하세요?

 유사어휘

fresh 새로운, 갓 생긴, 싱싱한 original (처음이어서)새로운, 색다른, 독창적인
recent 새로운, 최근의 up-to-date 최신의, 최근의

Unit N-05

normal
nɔ́ːrməl 노-r멀
- 형 정상의, 보통의

기준에 맞는, 이상이 없는

standard
stǽndərd ㅆ땐더r드
- 형 표준의, 보통의
- 명 표준, 기준

사람들이 일반적으로 기준으로 받아들이는 것

normal
- This is a **normal** size. 이건 정상 사이즈에요.
- How much is the **normal** price of this?
  이것의 정상 가격은 얼마인가요?

standard
- **Standard** rooms with two double beds are $150 per night. 2인용 침대가 2개 구비된 일반실은 하루 밤에 150불 입니다.
- Are you familiar with **standard** accounting procedure?
  표준 회계절차에 대해 잘 아니?

Tip
우리가 보통 '저 사람 정상이야.'라고 하면 몸과 정신에 이상이 없다는 말입니다. normal하다는 거죠. 하지만 '저 사람이 키는 보통이야.'라고 한다면 표준standard이라는 의미죠. 너무 작거나 너무 크지도 않다는 말입니다. 대한민국 남자들의 경우 normal하고 standard해야 군대에 갑니다.

- **ordinary** 보통의(일반적인 기준에 부합하는)
- **regular** (어떤 규칙, 계획, 방법 등에 부합하는)보통의, 일상의, 정규의
- **typical** 전형적인, 표본이 되는

notice
nóutis 노우티쓰

- 통 알아채다, 인지하다
- 명 주의, 주목

→ 통 통지하다
  명 통지, 통고

눈에 띄어서 알게 되다

note
nóut 노우트

- 통 주목하다, 알아차리다
- 명 주목, 주의

→ 통 적어두다, 써놓다
  명 메모, 짧은 기록

주의 깊게 살펴서 알게 되다

notice

- Did you notice her go out? 그녀가 외출 한 것을 알았니?
- They have begun to notice the aberrant behavior and mental health problems of computer addicts.
  그들은 컴퓨터 중독자들의 이상행동과 정신건강의 문제를 주목하기 시작했다.

note

- Note that this is very important.
  이것은 매우 중요하다는 사실을 유념해라.
- We noted that there was no additional information about the subjects.
  우리는 그 주제에 대해 추가적인 정보가 없다는 사실을 알아차렸다.

Tip

동계올림픽 쇼트트랙에서 안톤오노 선수가 이른바 헐리우드 액션으로 금메달을 딴 적이 있었죠. 심판이 notice하지 못하면 그런 황당한 결과가 나옵니다. 심판이 개입하는 경기에서 그런 일은 비일비재하죠. 물론 notice를 하고도 무시하는ignore하는 경우도 있는 것 같기는 하지만…

유사어휘 discern 인식하다, 분별하다 observe 관찰하다
perceive (격식을 차린 말, 감각으로)알아채다, 이해하다 (똑똑하게 인지하다)

Unit N-07

number
number 넘버r
⑲ 수, 숫자, 번호

Point '수'를 뜻하는 가장 일반적인 말

figure
fígjər 퓌격r
⑲ 숫자, 숫자의 자리, 값
⑲ 숫자로 나타내다, 계산하다

Point 아라비아 숫자, 수치

number
- 2 is an even number. 2는 짝수이다.
- You have the wrong number. 전화를 잘 못 걸었습니다.

figure
- Nobody is giving out any exact figures.
  그 어느 누구도 정확한 수치를 말하고 있지 않아요.
- Prices start at around $800 and can run into the high four figures. 가격이 800불에서 시작했는데 천 단위까지(4자리 숫자) 갈 수 있다.

Tip

축구나 야구에서 유명한 스포츠 스타가 은퇴하는 경우 그의 등 번호 a uniform number를 영구 결번시키는 경우를 보았을 겁니다. 번호는 그 사람의 상징이었으므로 일종의 영예를 선사는 하는 것이죠. 그런 선수들의 연봉은 그 자리수가 엄청나죠. 여섯 자리six figures는 기본이고 여덟 자리eight figures까지도 갑니다.

 digit 한 자리 숫자(0~9까지의 정수. 0은 포함하지 않는 경우도 있음)
numeral (수를 표시하는 기호로서의)숫자

obey
oubéi 오우베이

동 복종하다, 따르다

→ 명 obedience 복종

Point 권위 있는 사람의 명령이나 지시에 따르다

observe
əbzə́ːrv 어브z저-r v

동 따르다, 준수하다, 지키다

→ 명 observance 준수, 지킴
명 observation 관찰, 주목

Point 법률, 규정, 풍습 등 지켜야 할 것을 준수하다

obey

- Do not **obey** orders to use weapons of mass destruction. 대량 살상무기를 사용하라는 명령에 복종하지 마라.
- Children should **obey** their parents.
  어린이들은 부모님의 말씀을 따라야 한다.

observe

- Policemen are trained to **observe** the law.
  경찰은 법을 준수하도록 훈련 받는다.
- Koreans **observe** Chuseok on the 15 of August by the lunar calendar. 한국인들은 음력으로 8월 15일에 추석을 지낸다.

Tip

법을 지키는 것 뿐만 아니라 설날과 추석 같은 명절을 지키는 것도 observe로 표현합니다. 그런데 무엇을 따라서 지키려면 잘 관찰을 해야 겠죠? 그래서 observe에는 '관찰하다, 주의를 기울이다' 는 뜻이 있습니다. 또한 천체를 관찰한다는 의미도 있지요.

carry out 수행하다, (계획, 명령 등을)실행하다
comply 따르다, 동의하다(법률, 규칙 등을 준수하다) **follow** 따르다(복종하다, 뒤를 따르다)

occupation
àkjəpéiʃən 아커페이션

명 직업

💡 생계를 위해 하는 일, 직업

profession
prəféʃən 프뤄풰션

명 직업

💡 주로 전문직

occupation
- What is your occupation? 당신의 직업은 무엇입니까?
- Would you let me know your occupation? 직업을 알려주시겠습니까?

profession
- She is a lawyer by profession. 그녀의 직업은 변호사입니다.
- I'm a writer by profession. 전 직업이 작가입니다.

Tip
예전에는 교육을 받을 수 있는 사람들이 매우 제한되어 있었기 때문에 전문 지식을 가진 전문가들이 지금보다 훨씬 더 귀했습니다. 그래서 신학, 법학, 의학을 다른 직업과 구분하기 위해서 profession이라고 했는데, 요즘은 육체노동이 아니면 거의 profession으로 부르는 경향이 있습니다.

유사어휘 employment (고용관계의 측면에서 본)일, 직업, 고용 job 일자리, 직업
vocation (헌신과 전념을 강조)천직, 직업 work (돈을 벌기 위한)일

offer
ɔ(ː)fər 오(ː)풔r
- 동 제의하다, 제안하다, 제출하다
- 명 제언, 제안, 제의

Point 안을 제출하다

propose
prəpóuz 프뤄포우z
- 동 제안하다, 신청하다

Point 채택해주도록 제안하다

offer
- He **offered** me a job. 그는 나에게 일자리를 제안했다.
- Can you **offer** some guidelines? 지침을 좀 주시겠어요?

propose
- I'd like to **propose** a toast. 건배 합시다.
- How did you **propose** to her? 그녀에게 어떻게 청혼했어요?

Tip
청혼은 하는 사람이나 받는 사람 모두에게 커다란 추억거리를 제공하는 이벤트라고 할 수 있습니다. 청혼은 '당신과 같이 살고 싶은 내 생각을 받아주세요'라고 제안하는 행위죠. 그래서 propose로 표현합니다. propose는 많이 하지 않는 것이 좋기 때문에 한 번 할 때 신중에 신중을…

 bid (입찰 가격을)제안하다, (값을)매기다
present (서류, 명함 등을)제출하다, 제안하다 → 주다, 제공하다 **suggest** (넌지시)제안하다

old
óuld 오울ㄷ
형 나이 많은, 늙은, 오래된

point 사람과 사물에 두루 사용

aged
éidʒd 에이쥐드
형 늙은, 나이 든

→ 형 [éidʒid] ~살의

point 나이가 많다는 것에 초점

old
- How old are your kids now? 당신 아이들은 지금 몇 살이죠?
- Old soldiers never die; they only fade away.
  노병은 죽지 않는다. 다만 사라질 뿐이다.

aged
- This aged man is a man of great wisdom.
  저 노인은 참으로 지혜로운 사람입니다.
- The four passengers were all aged between 28 and 31.
  4명의 승객들은 모두 28살에서 31살 사이였다. (aged ~살의)

Tip
사람이 중년이 middle-aged 되면 자기 살아온 삶을 되돌아보게 됩니다. 그래서 인생은 40부터라는 말이 있었죠. 그런데 요즘은 60부터라고 합니다. 전에는 old man이요 aged man이라고 불렸을 텐데, 청년이라고 해도 될 만큼 인간의 수명이 늘어났기 때문입니다. 인생은 길고 할 일은 많습니다.

ancient 오랜, 옛날의, 고대의 elderly 나이가 지긋한(중년을 지난)
dated (사물에 사용되어)오래된, 유행이 지난

Unit O-05

only
óunli 오운ㄹ리
- 부 단지 ~일뿐, 다만
- 형 유일한, ~뿐인

Point 오로지 하나 임을 강조

merely
míərli 미어ㄹ리
- 부 단지, 그저
- 형 ~에 불과한

Point 중요하지 않은 것임을 강조

- **Only** time will tell. 시간 만이 알고 있어.
- Cash **Only**. 현금만 받습니다.

- Geniuses do not **merely** solve existing problems; they identify new ones.
  천재는 단지 존재하는 문제들을 푸는 것이 아니라 새로운 문제들을 찾아낸다.
- That was **merely** a precaution. 그것은 단지 예방책이었어요.

Tip

서양인들의 사고 구조에는 God가 항상 자리를 잡고 있습니다. 그래서 모든 것을 아는 완전한 신과 불완전한 인간이 항상 대비를 이루고 있습니다. 그래서 '아무도 몰라요'라는 의미로 'Only God knows.'라고 말하죠. 누구도 모른다는 의미는 곧 God만 알고 있다는 말과 같다고 보기 때문입니다.

 barely 겨우, 가까스로 **just** 단지, 다만

Unit O-07

operate
ɑ́pərèit 아퍼뤠잍
- 통 작동하다, 움직이다
- → 통 다루다, 수술하다
- 명 operation 가동, 작용, (약의)효력, 수술

Point 뭔가를 다루어 작동시키다

function
fʌ́ŋkʃən 풩크션
- 통 작용하다, 움직이다
- 명 기능, 작용

Point 제 구실을 하다, 역할을 다하다

operate
- Do you know how to **operate** a fire extinguisher?
  소화기 작동법을 알고 있니?
- Are you able to **operate** a personal computer?
  개인용 컴퓨터를 다룰 줄 아니?

function
- Because of the inflammation, the cell doesn't **function** correctly. 염증 때문에 그 세포가 제대로 기능하지 못하고 있다.
- Haiti's banking system was not **functioning**.
  아이티의 은행 시스템은 제구실을 못하고 있다.

Tip
기계, 조직, 회사, 사람, 군대 등을 움직이는 행위는 operate로 표현할 수 있습니다. 그래서 영향을 끼치는 것, 약이 효과를 나타내는 것, 사람을 수술하는 것, 군사행동을 취하는 것을 묘사합니다.
operative 작용하는, 수술의 **operable** 실시할 수 있는, 수술이 가능한

유사어휘
act 행하다 → 잘 작동하다, 움직이다   run (기계 등이)돌아가다, 움직이다
work (기계 등이)잘 작동하다, 효과가 있다

opinion
əpínjən 어피년
명 의견, 견해

Point 개인적인 혹은 전문적인 의견, 판결

view
vjúː 뷰−
명 견해, 의견

Point 한 개인이 사물을 보는 방식

- What's your opinion on this topic?
  이 주제에 대한 당신의 견해는 무엇인가요?
- Public opinion is very much against it.
  여론은 그것에 대해 상당히 부정적이다.

- What's your view on national security?
  국가 안보에 대한 당신의 생각은 어떤가요?
- We have an optimistic view of the ethanol business.
  우리는 에탄올 사업에 대해 긍정적입니다.

정치인은 여론에 public opinion 민감합니다. 그래서 너도 나도 여론조사를 해서 발표를 하곤 하죠. 또한 법원에서 판결이유나 의견, 전문가의 감정 등을 표현할 때에도 opinion을 사용합니다. 반면 view는 개인의 생각이라는 것을 강조하는 말이죠.

conviction 강한 믿음, 확신 estimate 평가, 판단, 의견
impression (막연한)느낌이나 생각, 인상 sentiments 소감(개인적인 감정에 초점)

origin
ɔ́ːrədʒin 오-뤄쥔

⑲ 기원, 원인

→ ⑲ originality 독창성

point 무엇이 처음으로 시작됨

source
sɔːrs 쏘-ㄹ쓰

⑲ 근원, 원천, 원인, 출처

point 무엇이 어떤 곳에서 나오는 것

origin

- The origin of the word English word "tip" is less clear. 영어 단어 tip의 기원은 분명치 않다.
- The origin of the universe remains one of the greatest questions in science.
  우주의 기원은 과학이 풀지 못한 가장 큰 의문 중의 하나이다.

source

- What is the source of inspiration, imagination, creativity? 영감, 상상력, 창의성의 원천은 무엇인가?
- This information was provided by an anonymous source. 이 정보는 익명의 제보자에 의해 제공된 것입니다.

Tip

간혹 신문지상에서 민감한 이슈를 다루면서 출처를 밝히지 않아서 논란을 일으키기도 합니다. 즉 정보가 어디서 나온 것이냐 하는 문제죠. 상대편에서는 그 정보의 source가 어디인지 찾으려 혈안이 되기도 합니다. 제보자가 자신의 신원을 밝히지 않으면 익명의 출처 anonymous source가 됩니다.

유사어휘 beginning 시작, 시초(시초의 부분에 초점) cause 원인 opening 개시, 개장
root ('뿌리'에서 비유적으로 사용)원인

original
ərídʒənl 어뤼줘늘
- 형 최초의, 독창적인, 색다른

무엇이 처음으로 만들어진

first
fə́ːrst 풔-ㄹ쓰ㅌ
- 형 최초의, 첫 번째의, 으뜸의
- 명 첫째의 사람(것), 수석

순서에서 처음임을 강조

original
- It should be interpreted according to its original meaning. 그것은 본래 의미대로 해석되어야 합니다.
- His book is full of original ideas.
  그의 책은 독창적인 생각들로 가득 차 있습니다.

first
- It's always said that the first impression is the most important. 항상 첫 인상이 가장 중요하다고들 하죠.
- Was it love at first sight? 첫 눈에 반한 건가요?

Tip

참신하고 기발한 생각을 original idea라고 합니다. 처음으로 나온 것이며 창의적이라는 뜻이죠. 번역에translation 앞서 나온 원래의 것이라는 의미에서 원전을 the original text라고 합니다. 단순히 순서를 강조한 first에 비해서 근원적인 속성을 강조하고 있는 말이죠.

 initial (순서 혹은 과정 중에서)처음의, 최초의

Unit O-11

outside
àutsáid 아웃싸이드
- 형 바깥쪽의, 외부의, 표면상의
- 명 바깥 쪽, 외부
- → 부 밖에, 밖으로 전 ~의 밖에

Point 고정된 물체의 바깥쪽

external
ikstə́ːrnəl 익쓰떠-r널
- 형 외면의, 표면의
- 명 바깥쪽, 외면

Point 외부와 관계 있는

outside
- How's it outside? 바깥 날씨 어때요?
- Please leave them outside. 그것들을 밖에 그대로 두세요.

external
- External beauty is just skin-deep.
  외면적인 아름다움은 피상적인 것이다.
- There is no indication of external damage.
  외상의 표시는 보이지 않는다.

Tip
다음과 같이 이야기하면 이해가 좀 더 쉬울 것 같습니다. 집이 한 채 있습니다. 문을 열고 나가면 집의 outside입니다. 밖에서 문을 열면 집의 inside를 볼 수 있죠. 전 내면의 세계를 internal world 고요하게 가져가려고 합니다. 그러나 바깥 세상 external world은 하루도 조용할 날이 없군요. 오늘도 아이가 넘어져서 외용약 external remedies를 발라주었습니다.

 유사어휘

exterior (↔ interior) 바깥 면에 있는, 외부, 외형 outdoor 집 밖의, 야외의
outer 바깥의, 밖의 (↔ inner) outward 밖으로 향한, 표면에 나타난

outstanding
àutstǽndiŋ 아웃ㅆ땐딩
형 눈에 띄는, 탁월한

Point 다른 것에 비해 매우 뛰어난

remarkable
rimάːrkəbəl 뤼마—r커블
형 주목할 만한, 현저한

Point 남달라서 주목할 만한

outstanding
- He has outstanding intelligence and memory.
  그는 탁월한 지능과 기억력을 소유하고 있다.
- She has outstanding ability to create product brands.
  그녀는 상품 브랜드를 만들어내는 탁월한 능력을 가지고 있다.

remarkable
- Michael demonstrated a remarkable ability.
  마이클은 남다른 능력을 보여주었다.
- He is a man of remarkable imagination.
  그는 상상력이 뛰어난 사람이야.

Tip
outstanding은 밖으로out 뭔가가 세워져 있는standing 모습이 떠오르죠? 당연히 눈에 잘 뜨일 겁니다. 그래서 '눈에 띄는, 탁월한' 등의 의미로 사용됩니다. 그런데 이렇게 나와 있다는 것은 다른 한편으로 깔끔하게 정리되지 않았다는 뜻이기도 합니다. 그래서 '미결정의, 미해결'이라는 의미로도 사용됩니다.

 distinguished (다른 동업자에 비해 한층)눈에 띄는, 출중한
notable (아주 중요해서)주목할 만한, 저명한 **prevailing** 우세한, 유력한, 효과적인
prominent 저명한(존경받는)

Unit P-01

package
pǽkidʒ 패키쥐
명 꾸러미, 포장, 소포

Point 함께 묶여서 포장된 물건, 상자

parcel
pá:rsəl 파-r쓸
명 꾸러미, 소포

Point 특히 소포우편

package

- What's in the package? 이 꾸러미 안에 뭐가 있죠?
- Could you send this package? 이 소포를 보내줄 수 있나요?

parcel

- Pack the parcel and label it clearly.
  소포를 포장하고 라벨을 잘 보이게 붙여라.
- I want to send it by parcel post. 소포 우편으로 보내고 싶어요.

Tip

패키지package는 우리 일상생활에서 많이 사용되는 말입니다. 대형 마트에 가면 패키지 상품이 많이 있습니다. 가격이 좀 싼 대신에 낱개가 아닌 꾸러미를 구매해야 합니다. 또 여행사에서 이런 저런 관광프로그램을 하나의 상품으로 묶어서 판매하는 단체 여행 상품을 '패키지 투어' 라고 하죠.

유사어휘

bunch (같은 종류의 것을 묶은 것)다발, 송이
bundle (많은 것을 운반 혹은 저장하기 위하여)묶은 것, 꾸러미
packet (비교적 작은 꾸러미)소포, 묶음, 다발

Unit P-02

pain
péin 페인
명 아픔, 고통, 괴로움

→ **형** painful 아픈, 괴로운

Point 아픔이나 고통을 뜻하는 일반적인 말

ache
éik 에잌
명 아픔

Point 대개 오랫동안 지속되는 아픔, 통증

 pain
- You're pain in the ass. 넌 골칫거리야.
- Time will ease your pain. 시간이 지나면 너의 괴로움도 가라앉을 거야.

 ache
- I have an ache in my right shoulder. 오른 쪽 어깨가 아파요.
- Will antibiotics help the ache? 항생제가 통증에 도움이 될까?

Tip

'No pain, no gain.'이라는 말이 있습니다. '수고가 없으면 얻는 것도 없다.'라는 말이죠. 특히 영어의 경우에 딱 들어맞는 말입니다. 괴로움을 참고 나아가면 결과가 있기 마련이죠. 공부의 고통(?)은 신체의 통증으로 다가오는 ache, 이를테면 두통 headache, 치통 toothache에 비하면 아무것도 아니죠.

 agony (장기간 지속되는 참기 힘든)고통, 고민 **stitch** (갑자기 오는 도려내는 듯한)통증
twinge (갑자기 오는 날카로운)아픔, 격통

part
pɑːrt 파ㅡrㅌ
명 부분, 일부

piece
piːs 피ㅡㅆ
명 일부, 조각

Point 전체의 일부분임을 강조

Point 전체에서 떨어진 일부분 (그 자체로 완전함)

part
- It's part of the evidence. 그건 증거의 일부입니다.
- That's just a small part of the country's cultural diplomacy. 그것은 그 나라 문화 외교의 일부에 불과한 겁니다.

piece
- A large piece of cloth will suffice. 큰 천 조각 하나면 충분해요.
- Don't underestimate the power and value of a piece of paper and a pen.
  종이 한 장과 펜 한자루가 가진 힘과 가치를 과소평가하지 마라.

Tip
'조각' 하면 케이크나 피자가 가장 먼저 떠오릅니다. 일부분이면서 그 조각 자체로 케이크와 피자라는 하나의 상품으로 판매할 수 있을 정도로 완벽하니까요. 떡 조각도 piece의 좋은 예입니다. 우리에게 '누워서 떡 먹기' 라는 말이 있듯이 'It was a piece of cake.(정말 쉬웠다.)' 라는 말이 있는 게 우연이 아니죠.

유사어휘 portion (음식이나 추상적인 것의)일부, 한 조각 section 구역, (조직의 한)부문
segment (자연적으로 구분된)조각, 부분

particular
pərtíkjələr 퍼**티**큘러r

- 형 특별한, 특정한
- 명 하나하나의 항목, 상세(pl)

→ 부 particularly 특히, 각별히

Point 그것 만의 특이한 성질을 강조

specific
spisífik 쓰피**씨**픽

- 형 독특한, 명확한
- 명 특성, 명세(pl)

→ 부 specifically 분명히, 명확히

Point 구체적으로 명확하게 규정된, 한정된

particular

- I didn't have any particular reason to leave.
  난 떠나야 할 특별한 이유가 없었어요.
- He's still the only suspect in this particular case.
  특히 이 사건은 지금까지도 그가 유일한 용의자입니다.

specific

- Do you have a specific question? 구체적으로 질문할 게 있나요?
- Can you be a little more specific and tell me some details? 좀더 구체적으로 세부사항을 말해줄 수 있나요?

Tip

어떤 일이 벌어졌는데 본인은 잘 알고 있지만 다른 사람에게 말하기 힘든 경우가 있습니다. 그 때 누가 물어보면, 'I can't give specifics.(난 자세하게 알려줄 수 없어.)'라고 말할 수 있죠. specific은 독특하고, 명확하고, 구체적인 어떤 것입니다. 그래서 복수형으로 자세한 내용, 명세 등의 의미로 사용됩니다.

 peculiar (고유한 성질로서)독특한, 달리 없는 special 특별한(특히 취급할 만한)
unique (하나밖에 없어서)독특한

passion
pǽʃən 패션

명 열정, 격정

→ **형** passionate 열렬한

매우 좋아해서 (맹목적으로) 열중하는 것, (이성에 대한) 정열

enthusiasm
enθúːziæzəm 인th쓔-z지애z즘

명 열의, 열광

→ **명** enthusiast 열성적인 사람
형 enthusiastic 열성적인, 열광적인

지적인 관심과 흥미를 가지고 열광하는 것

passion
- Find your passion. 당신의 열정을 발견하라.
- My passion for music started when I was 10 years old.
  음악을 향한 나의 열정은 10살 때 시작되었습니다.

enthusiasm
- He has a great enthusiasm for learning.
  그는 배움에 매우 열성적이다.
- I was impressed by your enthusiasm and professionalism.
  난 당신의 열의와 직업정신에 감명 받았습니다.

Tip
뭔가에 푹 빠져서 몰입해 본 적이 있을 겁니다. 그것이 과거의 일이 되었다면 다시 한 번 시도해 보세요. passion이 있어야 생명이 그 힘을 발산합니다. 그래야 미지근한 사랑이 아니고 passionate love열애를 하게 됩니다. 사랑이던 일이던 열정을 쏟는 것은 아름답습니다.

유사어휘 ardor (불타오르는 강한 감정)열의, 열정 fervor (불타오르는 강한 감정)열의, 열정
zeal (신념을 가지고 목표에 헌신하는)열중, 열의

patience
péiʃəns 페이션ㅆ
명 인내력, 참을성

→ 형 patient 참을성이 많은, 끈기 있는
  명 patient 환자

Point 대개 긍정적인 의미로 사용

endurance
indjúərəns 인듀어륀ㅆ
명 인내, 인내력

→ 동 endure 견디다, 인내하다

Point (정신적, 육체적 고통 등을)견디는 능력

patience

- Thank you for your patience. 기다려줘서 고맙습니다.
- Patience is bitter, but its fruit is sweet.
  인내는 쓰나 그 결과는 달다.

endurance

- It could be the ultimate test of human endurance.
  그것은 인간의 인내력을 극한까지 시험하게 될 것입니다.
- The second phase is the endurance test.
  두 번째 단계는 내구력 테스트입니다.

Tip

병원 환자를 patient라고 합니다. 의사 입장에서 봤을 때 치료를 위해 참아야 하는 사람이기 때문에 쓰인 말이겠죠. 다행히 긍정적인 의미의 인내이므로 완치에 대한 희망을 담은 말이라고도 할 수 있겠습니다. 'Patience is a virtue.(참는 것이 미덕이다.)'

forbearance (자제에 초점이 있음)인내, 자제
perseverance (어떤 목표를 성취하기 위해 어려움을 참아냄)인내, 참을성

Unit P-07

pay
péi 페이
- 명 급료, 임금
- 동 지불하다, 지급하다

Point 일의 대가로 받은 돈

salary
sǽləri 쌜러뤼
- 명 봉급, 급료

Point 매월 받는 급여

- The **pay** is good but the hours are insane.
  급료는 좋은 데 근무시간은 말도 못하게 길어.
- You have to **pay** in advance. 선불로 내셔야 합니다.

- Are you satisfied with your **salary**? 당신의 봉급에 만족해요?
- What's your annual **salary**? 당신의 연봉은 얼마인가요?

Tip

우리가 흔히 말하는 사무직 노동자는 정기적으로 salary를 받고, 육체노동자의 경우 wage를, 변호사와 같은 전문직은 fee를 받는다고 표현합니다. 그리고 pay는 이 모든 것을 통틀어 표현할 수 있으며, 특히 군인에게 주는 급료는 pay라고 합니다.

fare 운임 **fee** (전문직 종사자가 청구한)보수, 각종 요금
stipend (특히 목사의)급료, (학생, 교사에게 주는)연구비
wage (대개 육체노동자에게 주는) 임금, 급료(시간급, 일급, 주급)

Unit P-08

people
píːpl 삐-플
명 사람들(복수취급)

Point 사람들, 국민, 주민을 뜻하는 가장 일반적인 말

person
pə́ːrsən 퍼-r 슨
명 사람, 인간

→ 형 personal 개인의, 사적인
  명 personality 개성, 성격

Point 개인으로서의 사람

people
- What is the average life span of Korean people?
  한국 사람의 평균수명은 몇 살인가요?
- Most people realize only a small part of their potential.
  대부분의 사람은 자신이 가지고 있는 잠재력의 일부만을 깨닫는다.

person
- What kind of person was he? 그는 어떤 사람이었나요?
- I feel like a new person. 몸이 가뿐해.

Tip
이런 말 많이 들어보셨죠? '국민의, 국민에 의한, 국민을 위한 정치' 이걸 영어로는 다음과 같이 표현합니다. 'government of the people, by the people, for the people' 이런 정부는 아마도 플라톤의 이데아의 세계에나 있지 않을까 하는…

 human (인류의 구성원으로서의)인간 human being (동물이 아니라)인간
individual 개인(집단에 비하여 개체를 강조), 개체

perfect
pə́ːrfikt 퍼-r 퓝ㅌ
형 완전한, 완벽한

Point 더할 나위 없이 이상적인
(complete 하면서도 이상적인)

complete
kəmplíːt 컴플리-ㅌ
형 완전한, 완벽한

Point 필요한 조건이나 요소가 다 갖추어진

perfect
- It's a perfect fit. 정말 잘 어울려요.
- There is no perfect solution. 완벽한 해결책은 없어요.

complete
- This is the complete works of Shakespeare.
  이것은 셰익스피어 전집입니다.
- He would like to keep fighting until complete victory.
  그는 완전한 승리를 얻을 때까지 계속 싸우고자 합니다.

'Use makes perfect.' 라는 속담이 있습니다. 자꾸 사용해야 완벽해진다는 말이죠. 영어는 자꾸 입과 손에 익혀야 됩니다. 영어 공부에 필요한 온갖 교재를 다 갖추어도 complete 눈과 머리로만 해서는 진전이 없겠죠. 'My plan is complete.(내 계획은 완벽해)' 라고 한들 소용이 없답니다.

consummate 완성된, 더할 나위 없는 flawless (결점이 없는)완벽한
ideal (사람이 상상할 수 있는 가장 뛰어나고 완벽한 상태의)이상적인

Unit P-10

perform

pərfɔ́ːrm 퍼r f포-rㅁ

[동] 수행하다, 이행하다

→ [명] performance 실행, 수행, 성취

Point 어려움을 무릅쓰고 어떤 임무를 다 해내다

execute

éksikjùːt 엑씨큐-ㅌ

[동] 실행하다, 수행하다

→ [명] execution 실행, 집행

Point (계획을)실행하다, (명령을)수행하다

perform

- They want to know why they're being asked to **perform** a task.
  그들은 왜 자신들에게 임무를 수행하라는 명령이 내려졌는지 알고 싶어한다.
- Doctors **perform** surgery only if the inflammation has improved. 의사들은 염증이 더 악화될 경우에만 수술을 합니다.

execute

- They merely **executed** the plan.
  그들은 그저 그 계획을 실행했을 뿐이었다.
- Taliban **executed** young Afghan lovers.
  탈리반은 아프가니스탄의 젊은 연인들을 처형했다.

Tip

perform은 '완전히 해내다'는 의미가 있습니다. 그래서 임무를 수행하고, 약속을 이행하고, 수술을 하고, 무대에서 연극이나 연주를 하는 것을 표현합니다. 반면, execute는 프로그램을 실행하듯이 행동하는 것입니다. 그래서 법을 집행하고 처형하는 것도 표현하죠.

[유사어휘] accomplish (목적을)달성하다, 성취하다 achieve (목적을)성취하다, 완수하다 fulfill 완수하다, 성취하다

Unit P-11

period
píəriəd 피어뤼어드
명 기간, 시대

👉 일정 길이의 시간을 표현하는 일반적인 말

age
éidʒ 에이쥐
명 시대

👉 역사상 특정 시기를 표현

period

- This position will pay $50/hr during the contract **period**. 이 자리는 계약 기간 동안에는 시간당 50불씩 지급할 것입니다.
- Is it better to exercise hard for a short **period** of time?
  짧은 시간 동안 격렬하게 운동하는 것이 나은가요?

age

- The symbol of the digital **age** is the Web.
  디지털 시대의 상징은 웹이다.
- The end of World War II signaled the start of the Atomic **Age**. 세계 2차 대전의 끝은 원자력 시대의 시작을 알리는 신호였다.

Tip

지구 온난화 문제가 화두로 떠오르면서 빙하시대 the Ice Age가 다시 도래하느냐에 대해서 논란이 되고 있습니다. 이처럼 age는 그 시대의 특징이 되는 사람이나 사물과 같이 사용되어 역사상 특정 시기를 표현합니다.
(석기시대 the Stone Age, 청동기시대 the Bronze Age, 철기시대 the Iron Age)

유사어휘

cycle 주기 epoch (중요한 사건이 일어난)시대, 신기원
era (역사의 새로운 시대를 알리는 중요한 사건, 날짜로부터 시작되는)시대, 시기
generation (부모의 탄생 시점에서 자식의 탄생 시점에 이르는 기간, 대개 30년)세대

persist
pərsíst 퍼-r씨쓰ㅌ

동 지속하다, 존속하다

→ 형 persistent 고집하는, 완고한
명 persistence 끈기, 고집

Point 끝날 것으로 생각되는 시점을 넘어서까지 계속 존재하다

continue
kəntínju: 컨틴유-

동 계속하다, 계속되다

→ 형 continual (중단되었다가도 곧)계속되는, 되풀이되는
형 continuous (중단 없이)계속되는

Point 계속되는 상태에 초점

persist

- Honor killings persist in modern Turkey.
  명예살인이 현대의 터키에서도 지속되고 있다.
- These symptoms usually disappear within a few days, but the cough can persist for weeks.
  이러한 증상들은 대개 몇 일 내에 사라지지만, 기침은 몇 주간 지속될 수 있습니다.

continue

- Are you sure you want to continue the relationship??
  정말로 그 관계를 지속하고 싶어요?
- Search and rescue operations will continue through the weekend. 수색과 구조작업은 주말 내내 계속될 것이다.

Tip

'To be continued.(다음 편에 계속 이어집니다.)' 이런 문구 많이 보셨을 겁니다. 뭔가 아쉬움이 남는 문구죠. 이렇게 continue는 중단 없이 계속 되는 것뿐만 아니라 끝났다가도 다시 계속 이어지는 것을 표현합니다. 반면, persist는 없어져야 할 것이 계속되는 것을 나타냅니다.

 endure (곤란함 속에서도)지속하다　last (변하지 않고 그 상태로)지속되다

personal

pə́ːrsənəl 퍼-r써널

[형] 개인의, 개인에 관한

→ [명] personality 개성, 성격
[부] personally 몸소, 개인적으로

[Point] 자기 자신에게만 해당하는, 자기를 위한

private

práivit 프롸이뷑

[형] 개인에 속하는, 사적인

→ [명] privacy 사생활, 프라이버시, 비밀

[Point] 자기 혼자만의(비밀스러운)

personal

- Let me ask you a **personal** question. 개인적인 질문을 하겠습니다.
- Practice good **personal** hygiene. 개인 위생을 잘 지켜라.

private

- It was a **private** conversation between two people.
  두 사람 사이의 사적인 대화였어요.
- I respect your privacy and your **private** affairs.
  난 당신의 사생활과 사적인 일을 존중합니다.

Tip

private은 public의 반대말입니다. 그래서 자기 혼자만의 것, 비밀스러운 것이라는 의미가 들어있죠. 프라이버시privacy가 '사적인 자유, 비밀'을 의미하는 데에서도 알 수 있듯이 개인적인 내밀함을 표현하는 말입니다.

[유사어휘]
individual (독자성이 강조되어)개개의, 개인의
personnel (employees와 동의어로)인원, 전직원

N O P Q R S T U V W X Y Z

persuade
pəːrswéid 퍼-r쓰웨이드
동 설득하다, 납득시키다

→ 명 persuasion 설득, 설득력
형 persuasive 설득력 있는

Point 누구를 설득하여 자기가 원하는 행동을 하게 만드는 것이 목적

convince
kənvíns 컨뷘쓰
동 납득시키다, 확신시키다

→ 명 conviction 신념, 확신
형 convincing 설득력 있는

Point 상대방이 무엇을 확실하게 믿도록 하는 것이 목적

persuade

- How can you persuade him to change his mind?
  어떻게 그를 설득하여 마음을 바꾸게 할 거니?
- How do I persuade myself of this?
  어떻게 이것을 확신할 수 있을까요?

convince

- Can you convince him? 그를 납득시킬 수 있어요?
- It is difficult to convince him. 그를 납득시키는 것은 어려워요.

Tip

시중에 설득persuasion을 주제로 한 책들이 많이 나와있습니다. 다른 사람들이 자신의 생각을 인정해주고 따라 하기를 바라는 사람들이 많기 때문이죠. 영업사원들은 고객을 설득하여 물건을 팔아야 하고, 정치인들은 국민들을 설득하여 자신을 지지하게끔 해야 합니다.

  coax 감언으로 설득하다 induce 권유하다, 설득하다(persuade)
urge 설득하다, 열심히 권하다(재촉하는 의미)

Unit P-15

place
pléis 플레이쓰
- 명 장소, 곳
- 동 두다, 놓다

Point 어떤 곳을 표현하는 가장 일반적인 말

location
loukéiʃən 로우케이션
- 명 장소, 위치

→ 동 locate 위치하다, 위치를 정하다

Point 어떤 것이 위치한 장소, 어떤 일이 벌어진 장소

place

- There is no **place** like home. 집 만한 곳은 없어요.
- What attracted me to this **place** was the history.
  나를 이곳으로 이끈 것은 이곳의 역사였다.

location

- What's the **location** of that motel?
  그 모텔의 위치는 어디인가요?
- The exact **location** of the desert base is not being disclosed, for obvious reasons.
  사막기지의 정확한 위치는 밝혀지지 않았는데, 분명한 이유들이 있다.

Tip

장소를 뜻하는 place가 그 의미를 확장하여 '자리, 지위, 신분'의 뜻으로도 사용되고 있습니다. 그래서 아주 높은 지위에 올라서 성공했다는 의미로 go places를 사용합니다. 여러분도 지금의 place에서 이사, 사장, 회장까지 계속 place가 올라가기를…

유사어휘 **area** 지역, 지구 **site** 위치, (사건의)장소

plain
pléin 플레인

형 **분명한, 알기 쉬운, 평이한**

→ 부 plainly 명백히, 솔직히

Point 누구나 쉽게 알 수 있을 정도로 분명한

apparent
əpǽrənt 어패뤈트

형 **명백한**

→ 부 apparently 명백히, 겉으로 보기에는

Point 육안으로 또렷하게 보이는, 외관상 분명한

 **plain**

- Can you put that in plain English?
  쉬운 말로 해주시겠어요?
- Make it plain and simple. 그것을 알기 쉽고 간단하게 만들어라.

 apparent

- Soon, it became apparent that the threat was real.
  곧 그 위협은 진짜였음이 명백해졌다.
- It is apparent that they have earned more than they need.
  분명히, 그들은 자신들이 필요로 한 것보다 더 많이 벌었다.

Tip

분명하고 알기 쉽다는 의미는 무엇일까요? 그것은 말이 쉽다는 의미도 있지만 다른 한편으로는 꾸미지 않고 솔직하게 표현했기 때문이죠. 그래서 plain에는 '솔직한, 꾸밈없는'이라는 뜻도 있습니다. 또한 서민plain people에서 알수 있듯이 평범하다는 의미도 있죠.

 유사어휘 clear 분명한, 명백한 evident (증거나 상황으로 비추어 보아)분명한
obvious (의문의 여지가 없이)분명한 simple (간단해서)쉬운

plan
plǽn 플랜
- 명 계획
- 통 계획하다

 계획을 뜻하는 가장 일반적인 말

scheme
skíːm 쓰끼-ㅁ
- 명 계획, 책략

 은밀한 계획, 치밀하고 용의주도한 계획이라는 느낌

plan
- Cabinet approved 10th Five-Year Plan for economic growth. 내각은 제10차 경제개발 5개년 계획을 승인했다.
- What's your plan B? 다음 계획은 뭐니?

scheme
- The scheme is now well under way. 그 계획은 잘 진행되고 있다.
- This scheme is doomed to failure. 이 계획은 실패하게 되어 있어요.

Tip
사람들은 어떤 계기가 되면 계획을 세웁니다. 특히 새해가 시작되면… 그 plan은 대개 금연과 금주, 다이어트, 공부에 대한 것이 많죠. 체중 감량 계획을 plan for weight loss 하시는 분들은 '식사와 운동에 대한 계획 plan for eating and exercise'도 잊지 마세요.

 blueprint 청사진, 설계도 design (기획자의 의도에 초점)계획, 설계
project (규모가 큰 계획)프로젝트

pleasant
plézənt 플레z즌ㅌ
형 즐거운, 유쾌한

→ 부 pleasantly 즐겁게, 유쾌하게

Point 그것의 외양이나 성질 때문에 즐거운

pleasing
plíːziŋ 플리-z징
형 즐거운, 유쾌한

→ 부 pleasingly 즐겁게, 유쾌하게

Point 나에게 즐거운(주관적)

pleasant

- I'm sure it was not pleasant news for him.
  확신하건대, 그에게 유쾌한 뉴스는 아니었어요.
- It's a pleasant surprise to see your blog today.
  오늘 당신의 블로그를 보게 되어 뜻밖에 즐거움을 얻었습니다.

pleasing

- Do you pick it just by what is pleasing to your eye?
  눈으로 보기에 즐겁다는 이유만으로 그것을 선택하나요?
- It's a very pleasing kind of therapy, kids are happy.
  이건 매우 즐거운 치료법이에요. 애들도 행복해하죠.

Tip

이 두 단어는 의미에서 차이가 없는데, 'It is pleasing to the eye.(눈으로 보기에 즐거워요.)'의 예서 보이듯이 '나의 눈에' 즐겁다는 주관적인 표현이 강조되는 경우 pleasing을 사용합니다. 그리고 pleasant의 경우 이런 인사말로도 사용합니다. 'Have a pleasant day.(즐거운 하루 되세요.)'

유사어휘 **agreeable** (마음에 맞아서)기분 좋은, 유쾌한 **enjoyable** 즐길 수 있는, 즐거운
gratifying (만족하게 되어)즐거운, 만족시키는

Unit P-19

pleasure
pléʒər 플레줘r
명 기쁨, 즐거움

→ 통 please
기쁘게 하다, 만족시키다

Point 정신적인 또는 육체적인 만족을 표현하는 가장 일반적인 말

delight
diláit 딜라이트
명 기쁨, 즐거움

→ 형 delighted 아주 기뻐하는
형 delightful 매우 기쁜

Point 대개 잠깐 동안 느끼는 강한 기쁨

- It is pleasure to be with you again.
  당신과 다시 만나게 되어 기쁩니다.
- It's my pleasure. 저의 기쁨입니다.

delight

- They appear to take delight in the destruction.
  그들은 파괴를 즐기는 것처럼 보인다.
- Children hopped up and down with delight.
  어린이들은 기뻐서 폴짝폴짝 뛰었다.

Tip

What's your pleasure?라는 말은 상대방에게 어떻게 하면 좋겠는지 '의향'을 묻는 질문입니다. 내가 어떻게 하면 당신이 즐겁겠느냐?는 말과 같죠. 그래서 상점에서는 '무엇을 보여드릴까요?' 라는 의미가 되고, 술집에서 What's your pleasure?라고 하면 '뭘 마실래?' 혹은 '무엇을 마시겠습니까?' 정도의 의미가 되겠죠.

enjoyment 즐거움, 기쁨(음미하는 재미)
joy 기쁨, 환희(pleasure 보다 강하고 delight보다 길게 가는 기쁨, 깊은 행복감)

polite
pəláit 펄라이트

형 예의 바른, 공손한

→ **부** politely 공손히
명 politeness 공손, 예의 바름

Point 외부로 나타난 예의 바름

courteous
kə́ːrtiəs 커-r티어ㅆ

형 예의 바른

→ **명** courtesy 예의 바름, 정중함

Point 정중하고도 예의 바른

 polite

- They were very nice, very polite to me.
  그들은 매우 친절했고 나에게 매우 공손했어요.
- What a polite man he is! 그는 얼마나 공손한가!

courteous

- She was orderly and courteous. 그녀는 단정하고 예의가 있었다.
- Their service is courteous and friendly.
  그들의 서비스는 정중하고 친절해요.

Tip

예의 바른 사람 a polite man의 전형은 일본인일 겁니다. 겉으로 드러나는 공손함은 정말이지 보는 이로 하여금 몸둘 바를 모르게 합니다. 하지만 그 속마음은 알 수 없죠. 이에 비해, courteous는 상대를 따뜻하게 배려한다는 뉘앙스가 있습니다.

 civil 예의 바른(무례하지 않음에 초점)

Unit P-21

position
pəzíʃən 퍼z지션
명 지위, 신분

→ **형** positional 위치의, 지위의

Point 사회적인 지위를 뜻하는 일반적인 말

rank
ræŋk 랭ㅋ
명 계급, 신분, 지위
동 위치를 정하다, 정렬시키다

→ **명** ranking 순위, 서열

Point 대개 상하관계가 고정되어 있는 신분상의 지위, 등급

position
- You're in a position of responsibility.
  당신은 책임 있는 자리에 있어요.
- I am really angry here in Iran with the position of women. 이곳 이란에서 여성이 차지하는 지위를 생각할 때 정말이지 화가 난다.

rank
- He is the man next to me in rank.
  그는 서열에서 나 다음에 있는 사람이다.
- What is that soldier's rank? 저 군인의 계급은 뭐지?

Tip
군대에서 사병과 장교는 하늘과 땅만큼 차이가 있습니다. 그 존재가 다른 거죠. 그래서 ranks하면 장교를 제외한 군인들, 즉 사병과 하사관을 통칭하는 말입니다. 그래서 'rise from ranks'하면 사병에서 올라왔다는 의미로 '사병에서 장교가 되다, 출세하다'는 뜻으로 사용되지요.

유사어휘
standing (다른 사람들이 생각하는 사회적)지위, 신분
status (법적인)지위(상태), (사회적, 직업에서의)지위(상태)

possess
pəzés 퍼z제ㅆ

동 소유하다, 가지고 있다

→ 명 possession 소유, 소유물

누군가에게 속하고 있음에 초점 (성격, 성질)

own
óun 오운

동 소유하다, 소지하다

→ 명 owner 임자, 소유자

특히 법적으로 소유권을 가지고 있음에 초점

possess
- A president has to possess wisdom and integrity.
  대통령은 지혜와 고결함을 지니고 있어야 한다.
- He doesn't possess explosive speed.
  그에게는 폭발적인 스피드가 없어요.

own
- Who owns this building? 누가 이 빌딩을 소유하고 있지?
- He also owns the world's most expensive car, a 1931 Bugatti Royale.
  그는 또한 세계에서 가장 비싼 차인 1931년 나온 부가티 로열을 한 대 가지고 있어요.

Tip

인간의 소유욕은 끝이 없습니다만 그 중에서도 특히 소유욕이 강한 사람 a possessive man이 있습니다. 그 욕망이 긍정적으로 작용하면 기업의 owner 로서 큰 사업을 일으키기도 하지요. 또 어떤 이는 세계기록을 소유하기 위 하여 owns the world record 자신과의 힘든 싸움을 해나가기도 합니다.

have 소유를 나타내는 가장 일반적인 말
hold 소유하다, 갖다(have에 비해 소유하려는 의지가 강함)   keep 간직하다, 유지하다

Unit P-23

possible
pásəbəl 파써블
형 가능한, 일어날 수 있는

→ 명 possibility 가능성
→ 부 possibly 어쩌면, 아마

일어날 수도 있고 안 일어날 수도 있다

probable
prábəbl 프라버블
형 있음 직한, 예상되는

→ 명 probability 있음직함, 개연성
→ 부 probably 아마, 필시

증거나 상황을 고려해보건대 아마 틀림이 없을 것이다

possible

- How is that possible? 어떻게 그럴 수가 있지?
- I'll get back to you as soon as possible.
  가능하면 빨리 당신에게 답을 주겠어요.

probable

- Scientists say it is probable that Mars was very hot in the beginning.
  과학자들은 화상이 그 형성 초기에는 매우 뜨거웠을 것이라고 말한다.
- Probable cost: about $60 a day. 예상가격: 하루 약 60불.

Tip

인간은 태어날 때부터 무한한 가능성을 endless possibility 가지고 태어납니다. 그 말은 인생이라는 도화지에 어떤 것이라도 스스로 그릴 수 있다는 말이지요. 노력하면 할수록 성공은 possible한 상황에서 likely~할 것 같은 한 상황으로, 더 노력하면 probable한 상황으로 됩니다.

유사어휘
feasible 실행할 수 있는, 가능한(실현성이 있는)
likely ~할 것 같은, 있음 직한(probable 보다는 가능성의 강도가 약함)
potential 잠재적인(앞으로 일어날 가능성이 있는)
practicable (지금의 조건에서)실행할 수 있는

Unit P-24

postpone

poustpóun 포우ㅆㅌ포운

[동] 연기하다, 미루다

→ [명] postponement 연기, 유예

[Point] 다른 일이 일어나거나 완료될 때까지 무엇을 제쳐두다

delay

diléi 딜레이

[동] 미루다, 연기하다

[명] 지연, 연기

[Point] 무엇이 지체되었다는 느낌이 강하다

postpone

- Can we **postpone** this? I' m not ready.
  이것을 연기할 수 있을까요? 제가 준비가 덜 되었어요.
- Some people have decided to **postpone** their travel.
  일부 사람들은 그들의 여행을 연기하기로 결정했다.

delay

- How long will it be **delayed**? 얼마나 지연됩니까?
- His execution had been **delayed** for political rather than legal reasons.
  그의 처형은 연기되었는데 법적인 이유라기 보다는 정치적인 이유였다.

Tip

피치 못할 사정이 있어서 여러분이 세웠던 큰 계획을 잠시 postpone하는 것과 delay하는 것은 나중에 완전히 다른 결과를 가져옵니다. delay는 십중팔구 계속 뒤로 미루다가 결국에는 못하게 될 가능성이 크기 때문이죠.

[유사어휘]
adjourn (심의, 재판 등의 일정을)연기하다, 휴회(산회, 폐회)하다
defer (어떤 것을 처리하지 않거나 일부러)연기하다, 늦추다
pause 중단하다, 잠시 멈추다 suspend 일시 중지하다

Unit P-25

power
páuər 파워r

명 힘

→ 형 powerful 강력한
형 powerless 무력한, 무능한

Point '힘'을 뜻하는 가장 일반적인 말

force
fɔ́ːrs f포-r쓰

명 힘, 세력, 영향력
→ 군사력, 무력

Point 실제 외부로 나타나는 힘

power

- They have no power to do it.
  그들은 그것을 할 힘을 가지고 있지 않아요.

- Why our patents still have power over us?
  왜 우리의 부모님들은 여전히 우리를 좌지우지 하는 걸까?

force

- This law remains in force. 이 법은 여전히 효력이 있다.

- We will do whatever we can with the military force.
  우리는 우리 군사력으로 할 수 있는 것이면 무엇이든 할 것이다.

Tip

대통령 선거는 정권political power을 잡기 위한 전쟁입니다. 여·야간 치열하게 공방을 벌일 수 밖에 없죠. 이기면 집권당party in power이 되어서 모든 것을 가지기 때문입니다.
권불십년權不十年이라고들 하지만 당장에 화려한 꽃을 보면 정신을 잃기 쉬워서 나중에 고생을 하기도 하지요.

유사어휘 energy (잠재적인)힘, 원기, 에너지 might (권력 같은 강력한)힘, 세력
strength (행동을 가능하게 해주는)힘, 세기

precise
prisáis 프뤼싸이ㅆ

형 정밀한, 정확한

→ **부** precisely 정밀하게, 틀림없이
명 precision 정확, 정밀

Point 세세함과 정밀성에 초점

accurate
ækjərit 애큐어륃

형 정확한, 정밀한

→ **부** accurately 정확하게
명 accurateness 정확함

Point 정확함에 초점

precise
- I don't know the precise cause. 정확한 원인을 모릅니다.
- We lack precise knowledge about time, place and method of attack.
  공격이 언제, 어디서, 어떤 방법으로 일어날지 세세하게 알지 못합니다.

accurate
- Do you have an accurate number? 정확한 숫자를 알고 있나요?
- Is that an accurate translation? 정확한 번역인가요?

Tip
말이나 글로 정확하게 표현하는 것은 accurate reporting 의외로 쉽지 않습니다. 미묘한 뉘앙스의 차이로 인해서 오해를 불러일으킬 수 있기 때문이죠. 또 전하는 사람의 주관이 개입될 수도 있기 때문입니다. 정확한 번역 an accurate translation도 마찬가지 입니다. 그래서 번역을 제2의 창작이라고들 하죠.

 correct (틀리지 않은)옳은, 정확한   exact (조금도 틀리지 않고)정확한

predict
pridíkt 프뤼딕트

동 예측하다, 예언하다

→ 명 prediction
예측, 예언, 예보

Point 주로 통계적, 논리적 예측

prophesy
práfəsài 프롸풔싸이

동 예언하다

→ 명 prophecy 예언

Point 초자연적인 능력으로 미래를 예언하다

predict

- It is so difficult to predict the future.
  미래를 예측하는 것은 어렵다.
- It's like trying to predict the weather.
  그건 날씨를 예측하려고 하는 것과 같아요.

prophesy

- The prophet prophesied that when the Messiah should come.
  예언자는 메시아가 올 것이라고 예언했다.
- He prophesied that she will win the next presidential election.
  그는 그녀가 다음 대선에서 승리할 것이라고 예언했다.

Tip

세상이 뒤숭숭해지면 사람들을 현혹하는 온갖 예언들이 난무하게 됩니다. 그런데 개인적인 차원에서 보면, 예언prophecy은 자기의 소망을 외부로 표현한 것입니다. 그래서 신념이 강한 사람은 스스로 예언을 성취합니다. 자기 충족적인 예언a self-fulfilling prophecy인 셈이죠.

유사어휘
forecast (지식, 경험, 논리에 근거하여)예측하다
foresee (초자연적인 능력으로)예견하다, 앞일을 내다보다
foretell (초자연적인 능력으로)예언하다, 예측하다

pretend
priténd 프뤼텐드
동 ~인체 하다, 가장하다

→ 명 pretense 겉치레, 가식

Point 다른 사람을 속이려고 ~인체 하다

assume
əsjúːm 어쑤-ㅁ
동 ~인체하다, 꾸미다

→ 명 assumption 가정, 억측

Point 악의가 없음

pretend
- I **pretended** to be dead. 나는 죽은 체 했다.
- Don't **pretend** to be something that you are not.
  당신이 아닌 다른 뭔가로 자신을 가장하지 마라.

assume
- Don't **assume** to be happy. 행복한 척 하지 마라.
- It is illegal to **assume** a false name.
  다른 사람이름으로 가장하는 것은 불법입니다.

Tip
우리는 때로 속마음과는 다른 표정을 지어야 할 때가 있습니다. 너무 슬프지만 상대를 생각해서 슬프지 않은 척해야 한다면 assume하는 겁니다. 이에 비해, 시치미를 뚝 떼고 모른 척 한다거나, 꾀병을 앓는 것은 pretend죠.

affect ~인체 하다(어떤 인상을 주려고 노력하다.)
fake 속이다, 위조하다 feign 가장하다, ~인체 하다(pretend보다 문어적인 표현)
make believe ~로 믿게 하다, ~로 보이게 하다
pose ~인체 하다(어떤 사람인 체 하다, 어떤 태도를 취하다)

prevalent
prévələnt 프뤠빌런트

형 널리 행해지는, 널리 보급된

→ **부** prevalently 널리

(어떤 시대 혹은 장소에) 널리 퍼져 있음에 초점

prevailing
privéiliŋ 프뤼붸일링

형 우세한, 유행하고 있는

→ **동** prevail 우세하다, 널리 보급되다

비교될 수 있는 다른 것들을 누르고 지속되는 (우세함에 초점)

prevalent

- The most prevalent form of cancer for men is prostate cancer. 남성들에게 가장 흔한 암은 전립선 암이다.
- These honor killings are prevalent in Kurdish communities in Turkey.
  이러한 명예살인은 터키의 쿠르드족 사회에 널리 퍼져있다.

prevailing

- Islam is the prevailing religion in Afghanistan.
  이슬람은 아프가니스탄에서 널리 퍼져있는 종교이다.
- The prevailing thought is that the problem needs to be addressed. 대개 그 문제를 공표해야 한다고들 생각한다.

Tip

한 동안 신종플루가 유행해서 prevalent 사람들을 긴장시켰습니다. 이렇게 세상에 널리 퍼져나가는 것은 병균뿐만이 아닙니다. 종교나 문화사조 등도 널리 퍼져나갑니다. 그래서 그 중 어느 한 가지가 그 시대의 prevailing한 자리를 차지하게 되죠.

유사어휘
current 현재 널리 행해지고 있는(앞으로는 변화의 가능성이 있는)
widespread 널리 보급된, 넓게 퍼진(시간보다 장소에 초점)

prevent
privént 프뤼뻰트
동 막다, 방해하다

→ 명 prevention 방지, 예방

무슨 일을 미리 막는다

hinder
híndər 힌더r
동 방해하다

→ 명 hindrance 방해

방해해서 일을 어렵게 만들다, 폐를 끼치다

prevent

- Green tea can prevent you from catching the flu.
  녹차는 감기를 막아줄 수 있다.
- Early intervention can prevent violence.
  조기 개입이 폭력사태를 막을 수 있습니다.

hinder

- Jet lag is temporary but it can hinder your vacation or business travel.
  시차증은 일시적이지만 당신의 휴가나 업무를 방해할 수 있습니다.
- What can hinder a successful transplant?
  성공적인 이식을 어렵게 할만한 게 뭐가 있을까요?

Tip

성취를 이루고자 할 때 항상 방해하는 요소가 hindrance 있기 마련입니다. 그런 것이 없다면 인생이 아니죠. 그럴 때 여러분에게 필요한 마음의 자세는 이런 겁니다. 'Nothing shall hinder me.(그 무엇도 날 방해하지 못해.)' 무슨 일이 있어도 주저앉지 않을 것이라는 각오만 있다면 소원은 이루어 질 것입니다.

유사어휘 block (통로를)막다, 방해하다 obstruct (길을)막다, (진행을)방해하다

Unit P-31

previous
príːviəs 프리-뷔어ㅆ
형 이전의, 앞의

→ 부 previously 전에, 사전에

단어의미: 순서가 다른 것에 비해 빠른

prior
práiər 프라이어r
형 앞 선, 더 중요한

→ 명 priority 먼저임, 상위, 우위

단어의미: 시간, 순서, 중요성에서 앞선

previous

- I have a **previous** engagement. 난 선약이 있어요.
- The **previous** generation had the moon as their target. 이전 세대는 달이 그들의 목표였다.

prior

- Labor is **prior** to, and independent of, capital.
  노동은 자본보다 중요하며 자본에 독립적이다.
- She already had violated a **prior** agreement.
  그녀는 이미 앞서 했던 계약을 위반했습니다.

Tip

두 단어 모두 시간적인 순서에 있어서 빠른 것을 표현하지만, 시간적으로 앞선 것은 대개 previous로 표현합니다.(the previous page 이전 페이지, previous experience 경력, a previous consent 사전 승낙 등) 반면 중요성에 있어서 앞선 것은 prior로 나타냅니다.

유사어휘 **preceding** (시간 혹은 장소에서)바로 전의

problem
prábləm ㅍ**롸**블럼
명 문제

→ 형 problematic
  문제의, 문제가 있는

Point 해결해야 할 귀찮은 문제

question
kwéstʃən ㅋ**웨**ㅆ천
명 의문, 질문, 문제

→ 형 questionable 의심스러운

Point 답을 해주어야 하는 문제, 질문

problem
- What's the problem? 뭐가 문제야? (무슨 일이야?)
- Do you have a problem with me? 나에게 뭔 불만 있어?

question
- Can I ask you a question? 질문 하나 해도 될까요?
- That's out of question. 그건 당연합니다.

Tip
문제가 없는 곳은 없습니다. 작은 문제a little problem이든 중요한 문제a major problem이든 항상 우리 앞에 있지요. 개인은 '개인문제personal problem'를 사회는 '사회문제social problem'를 해결해야 합니다. 사람은 어찌 보면 문제를 해결하면서 한 평생을 보내는지도 모르겠습니다.

 유사어휘
affair 개인적인 문제, 관심사 **issue** (논쟁의 초점인)문제, 쟁점
matter 중요한 문제 **quiz** (간단한)문제, 퀴즈 **query** (약간 형식적이고 문어) 질의
riddle 아주 어려운 문제, 수수께끼

profit
práfit 프롸핕

- 명 이익, 수익
- 동 이익을 얻다, 이익이 되다

→ 형 profitable
  이익이 되는, 유익한

Point 주로 물질적,경제적인 이익을 표현

benefit
bénəfit 베너핕

- 명 이익, 이득
- 동 ~에게 이익이 되다

→ 명 benefiter 수익자
  형 beneficial 유익한

Point 개인에게 주어진 좋은 것이나 사회 전체에 이득이 되는 것

profit

- There's nothing wrong with making a profit.
  수익을 내는 것에 잘못은 없습니다.
- Microsoft posted quarterly profit and revenue.
  마이크로소프트는 분기 이익과 매출을 공시했다.

benefit

- What benefit is it to me? 나에게 어떤 유익이 있나요?
- Think of the benefit to the Korean economy.
  한국 경제에 끼칠 이익을 생각해 봐라.

Tip

자선 콘서트를 'benefit concert'(혹은 charity concert)으로, 자선 공연은 'benefit performance'로 표현합니다. 여러 사람들에게 유익한 행위이기 때문이죠. 또한 benefit은 보험금을 나타내기도 합니다. (사망보험금 death benefit)

유사어휘

advantage (다른 것을 능가함으로 생기는)유리함, 이익
favor (무엇을 쉽게 하게 해주거나, 호의를 베풀어서 얻는)이익, 유리함

Unit P-34

prohibit

proʊhíbit 프로우히빝

[동] 금지하다

→ [명] prohibition 금지

Point 법률이나 공적인 명령으로 금하다

forbid

fərbíd 풔r비ㄷ

[동] 금하다

→ [명] forbiddance 금지

Point 주로 개인적인 관계에서 사용되는 말.

prohibit

- Should Congress **prohibit** "right-to-die" measures?
  의회는 "죽을 권리를 인정하는" 조치들을 금지해야만 하는가?
- Why not **prohibit** smoking? 왜 흡연을 금지하지 않는가?

forbid

- My parents **forbade** me from taking this trip.
  부모님들께서 나에게 이 여행을 하지 말라고 하셨다.
- Don't **forbid** them to come to me.
  그들이 나에게 오는 것을 막지 마라.

Tip

몸이 아파 병원에 갔더니 의사선생님이 담배를 당장 끊으라고 한 경우, 또는 정부에서 미성년자에게 담배와 술을 팔지 못하게 입법을 한 경우 prohibit을 사용하여 표현할 수 있습니다. 대개 prohibit 하는 대로 따라가면 이익benefit이 옵니다.

[유사어휘] **ban** (법으로)금하다, 파문하다 **bar** 길을 막다, 금하다
inhibit (prohibit)금지하다, 억제하다

promise
prámis 프라미ㅆ
- 명 약속 → 가망, 기대
- 동 약속하다, ~할 가망이 있다

Point 약속을 뜻하는 가장 일반적인 말

engagement
engéidʒmənt 엔게이쥐먼트
- 명 약속, 계약 → 약혼, 고용

→ 동 engage
약속하다, 약혼시키다, 고용하다

Point 의무적으로 이행해야 하는 약속

promise
- Don't break your promise. 약속을 어기지 마라.
- Don't make such a rash promise. 그렇게 무분별한 약속은 하지 마라.

engagement
- I had a dinner engagement that night.
  전 그날 밤 저녁 약속이 있었어요.
- Congratulations on your engagement. 약혼을 축하합니다.

Tip
약속을 습관적으로 안 지키는 사람들이 간혹 있습니다.
그럴 때는 'A promise is a promise.(약속은 지켜야 한다.)'를 상기시켜 주세요. 이런 약속 중에서도 이행이 강제된 것이 있는데 engagement로 나타냅니다. 그래서 '약속, 약혼, 고용'의 의미가 있죠.

appointment (병원이나 업무상 만남에서처럼 미리 만날 시간을 정하는)약속, 예약
oath 서약, 맹세, (법정)선서 pledge 서약, 저당
reservation (호텔이나 비행기 등을 미리)예약 vow 맹세, 서약

protect
prətékt 프뤄텍트

동 보호하다, 막다

→ 명 protection 보호, 보안
  형 protective 보호하는, 보호하고 싶은

위험으로부터 보호하는 것을 의미하는 일반적인 말

shelter
ʃéltər 쉬엘터

동 숨기다, 보호하다
명 피난장소, 은신처, 보호

대개 노출을 피하여 잠시 동안 보호하다

protect

- Censorship is necessary to protect children.
  검열은 어린이들을 보호하기 위해서 필요하다.
- Protect your heart with fresh garlic.
  신선한 마늘을 섭취해서 당신의 심장을 보호하십시오.

shelter

- She had sheltered him from bad news about his kids.
  그녀는 그의 아들에 대한 나쁜 소식을 그가 알지 못하게 숨겼다.
- It's a place to shelter your family.
  그곳은 당신의 가족을 보호하기 위한 장소입니다.

미소간 냉전이 극에 달했을 당시에는 상대의 핵 공격에 대항하기 위하여 대피소를 지었습니다. 그래서 지하철도 핵 대피소 nuclear bomb shelter의 역할도 하게끔 상당히 깊은 곳에 지었죠. shelter는 이렇게 안전하게 있을 곳을 지칭합니다. 그래서 의식주를 'food, clothing and shelter'로 표현합니다.

conserve 보존하다, 보호하다
preserve (나빠지는 것을 막는 것)보존하다, 보호하다
shield (기사가 방패로 보호하듯이)보호하다, (방패로 보호하듯이)감싸다

Unit P-37

pull
púl 풀
동 당기다, 끌어당기다

Point '끌다'는 뜻의 가장 일반적인 말

draw
drɔ́ː 드로-
동 끌다, 당기다

Point 잡아 끌다, 끌어 내다

pull
- It is time to pull the plug. 끝낼 때가 되었지.
- They are trying to pull him down with their propaganda.
  그들은 자신들의 선전방법을 동원하여 그를 쓰러뜨리려 하고 있다.

draw
- What is the best way to draw interest from him?
  그의 관심을 끌어내는 가장 좋은 방법은 무엇인가요?
- I think it's hard to draw a conclusion.
  내 생각에 결론을 끌어내기는 어려워요.

Tip

draw는 끌어 당기는 모습을 연상하면 그 뜻을 이해하기 쉽습니다. 간단한 손수레를 끌고 돌아다니는 모습, 제비를 뽑거나 칼을 빼는 모습을 상상해보세요. 연필을 끌어 당기는 것은 그림을 그리는 모습이고, 생각을 끌어당기는 것은 결론을 이끌어 내는 모습이죠. 문서를 작성하거나 어음을 발행하는 것도 빼서 누구에게 주는 것이므로 draw 입니다.

유사어휘 drag (무거운 것을)끌다, 질질 끌다 haul (특히 무거운 것을)세게 잡아 끌다
tug (힘을 들여서 억지로)당기다

293

pupil
pjú:pəl 퓨-플
명 학생, 제자

Point 선생님이 세밀하게 지도하는 대상

student
stjú:dənt 쓰튜-던트
명 학생

Point 고등교육의 대상자

pupil

- As a pupil she was serious and displayed enormous powers of concentration.
  학생으로서 그녀는 진지했고 엄청난 집중력을 보여주었다.
- When the pupils are ready, the teacher will appear.
  제자가 준비되었을 때 선생은 나타날 것이다.

student

- How many students are there in the college of nursing, roughly?
  학교에서 간호학을 배우는 학생들은 대략 몇 명이나 됩니까?
- Have you paid off your student loan? 학자금 대출 상환했니?

pupil은 영국에서는 초·중등학생, 미국에서는 초등학생을 지칭하는 용어로 주로 사용됩니다.(미술이나 음악 같이 스승의 세밀한 지도를 받는 경우 나이를 불문하고 pupil을 주로 사용) 이에 비해 student는 영국에서는 대학생, 미국에서는 고등학생 이상을 지칭하는 말로 주로 사용되고 있습니다.

 disciple 제자(신봉자) learner (배움의 초보자라는 것에 초점)학습자, 생도
scholar 장학생, (전문 교육을 받고 있는)학생, 학자

purpose
pə́ːrpəs 퍼-r퍼쓰

- 명 목적, 의도
- 동 작정하다, ~하려고 생각하다

→ 튀 purposely
   고의로, 목적을 가지고

Point 마음으로 무엇을 하려고 결심한 것

aim
éim 에임

- 명 목적, 목표
- 동 겨누다, 목표로 삼다

Point 성취하려는 것, 목표

purpose

- What's the purpose of this legislation?
  이 법안의 목적은 뭔가요?
- We're here tonight with a purpose.
  우리는 오늘 밤 일부러 이곳에 왔습니다.

aim

- What's the aim of the prize? 그 상의 목표는 뭔가요?
- Aim the gun at me. 그 총을 나에게 겨누어라.

 Tip

여러분이 목표를 향해 달려가는 것은 화살이 과녁을 향해 날아가는 것과 같습니다. 이렇게 뚜렷한 목표를 향해 나아가는 느낌을 전달하는 말이 aim입니다. 성공이라는 purpose목적, 결심가 있어도 구체적인 aim이 없다면 추진력이 약해질 수 있습니다.

 end (수단에 대비되는)목적 goal (어려움을 이겨내고 노력하여 얻으려는)목표
intention (마음먹은 계획은)의향, 의도 object (욕망이 얻고자 하는)목적, 목표

Unit P-40

put

pút 풋

[동] 놓다, 두다

[Point] 어느 장소에 두다., 두는 동작에 초점

place

pléis 플레이ㅆ

[형] 두다, 놓다

[명] 장소, 곳

[Point] 두는 장소에 초점

put

- Don't **put** all your eggs in one basket.
  그대의 계란을 한 바구니에 모두 담지 마라.
- **Put** yourself in my place. 입장을 바꿔놓고 생각해봐.

place

- **Place** the slices on the sheet and sprinkle them with salt. 조각을 판 위에 올려놓고 소금을 뿌려라.
- Please **place** your right hand on the Bible.
  성경 위에 그대의 오른 손을 올려 놓으십시오.

Tip

put이 묘사하는 동작은 구체적인 물건을 특정한 장소에 두는 것에서부터 추상적인 생각이나 개념을 이동시키는 것도 포함합니다. 이런 동사는 해석된 뜻을 외우기 보다는 이미지를 머릿속에 그려봄으로써 익히는 게 좋습니다.

[유사어휘] lay (내려)놓다, 두다 set 두다, 놓다(목적,의도에 초점)

Unit Q-01

quality
kwάləti ㅋ왈러티
명 질, 성질, 특성

Point '양'에 대응하는 '질'

property
prάpərti 프라퍼r티
명 성질, 특성

→ 명 소유물 → 재산, 자산

Point 무엇의 고유한 특성으로서의 성질

quality

- Sometimes quantity is more important than quality.
  양이 질보다 중요할 때도 있다.
- It prints high-quality text and photos.
  그것은 고화질의 텍스트와 사진을 출력합니다.

property

- What are the chemical properties of oxygen?
  산소의 화학적 특성은 무엇인가요?
- There are many factors that influence the properties of sea water. 많은 요인들이 바닷물의 성질에 영향을 주고 있습니다.

Tip

우리가 통상 물건을 보고 질이 좋다, 나쁘다라고 할 때의 질이 quality입니다. 대부분의 사람들은 '양보다는 질'을 추구합니다.(Quality matters more than quantity.) 하지만 때로는 양이 더 필요할 때가 있습니다. 특히, 배가 고플 때는 말이죠.

유사어휘
character (성격으로서의)특성, 특징(중요성과는 상관 없음)
characteristic (character를 구성하는)특징, 특성
feature (두드러진 어떤 것을 보여주는)특징, 특색(주로 외모와 관련)

quarrel
kwɔ́ːrəl ㅋ워-뤨

- 동 싸우다, 다투다
- 명 싸움, 말다툼

Point 소한 다툼에서 격렬한 언쟁까지

dispute
dispjúːt 디ㅆ퓨-트

- 동 말다툼하다, 논쟁하다
- 명 논쟁, 말다툼, 토론

Point 특히 오랫동안 화를 내며 말다툼하는 것

quarrel

- We don't want to quarrel with anyone.
  우리는 그 누구와도 싸우고 싶지 않아요.
- Was it a lovers' quarrel? 그건 사랑싸움이었나요?

dispute

- I'm not going to dispute with you on that.
  그것에 관해 당신과 논쟁하지 않을 겁니다.
- It's quite beyond dispute. 그건 논쟁의 여지가 없어요.

Tip

손바닥이 서로 부딪혀야 소리가 나는 법이죠. 말하자면 싸움도 최소한 둘이 있어야 합니다.(It takes two to make a quarrel.) 즉 싸움이 일어났다면 양 쪽에 다 책임이 있다는 말이기도 하죠. 하지만 싸움이 나쁜 것만은 아닙니다. 긍정적으로 해석하면 어쨌든 교류가 일어나고 있는 것이니 사랑의 다른 측면이 되기도 하는 거죠.

 feud (특히 여러 대에 걸친)반목, 싸움 fight 싸움(가장 일반적인 말)
squabble 시시한 말다툼

quiet
kwáiət ㅋ와이엍

- 형 고요한, 조용한
- 명 고요함, 평온

→ 뮈 quietly 조용히

Point 소리 없이 조용한, 마음이 평온한

silent
sáilənt 싸일런트

- 형 침묵하는, 말이 없는

→ 명 silence 침묵
　 뮈 silently 고요히

Point 단순히 말이 없거나 소리를 내지 않는

quiet

- Be quiet! 조용히 해!
- She just wants to live a quiet life.
  그녀는 그저 조용히 살고 싶을 뿐이에요.

silent

- If you disagree with the verdict, please remain silent.
  배심원의 평결에 동의하지 않더라도 침묵을 지키도록 하세요.
- The government is silent, the rebels are silent.
  정부도 말이 없고, 반란군도 말이 없다.

Tip

고요한 것, 소리 없음을 강조하는 말이 silent입니다. 그래서 여러분이 보았던 찰리 채플린의 영화들, 소리가 없던 그것을 silent film무성영화이라고 합니다. 또한 지금은 쉬고 있는 휴화산을 silent volcano라고 하죠. 화산이 침묵을 지키고 있다는 의미입니다.

유사어휘 soundless 아주 고요한 still (소리도 없고 움직임도 없는)움직이지 않는, 조용한

Unit Q-04

quit
kwít ㅋ윋

[동] 그만두다, ~에서 물러나다

[Point] 하고 있는 행동을 그만 두다

abandon
əbǽndən 어밴던

[동] 그만두다, 단념하다

→ [명] abandonment 포기, 유기

[Point] 계획이나 습관을 완전히 그만두다

quit

- Did you **quit** smoking? 담배 끊었니?
- I don't really want to **quit** my job.
  난 내 일을 정말로 그만두고 싶지 않아.

abandon

- North Korea will never **abandon** its nuclear program.
  북한은 핵 프로그램을 결코 포기하지 않을 것이다.
- The president would not **abandon** his plan.
  대통령은 자신의 계획을 포기하지 않을 것이다.

Tip

애연가나 애주가들이 새해에 하는 결심들이 있죠. 대개 금연quit smoking, 금주quit drinking 하려고 마음을 먹습니다. 그러다가 몇 달이 지나면 대개 자신의 계획과 결심을 abandon하게 되죠. 하지만 여러분의 영어 정복 계획에 abandonment는 없기를 기원합니다. 칼을 뽑았으면 뭐라도 하나 잘라야죠.

[유사어휘] **cease** 그만두다, 멈추다(존재가 완전히 사라지는 것)
give up (해보려고 하던 것을 그만두는 것)버리다, 포기하다 **stop** (움직임을)멈추다, 그만두다

Unit Q-05

quote
kwóut 크워웉
- 동 인용하다
- 명 인용문, 시세, 거래가격

→ 명 quotation 인용, 인용구

Point 다른 사람이 말한 것을 글자 그대로 따다 쓰다

cite
sáit 싸이트
- 동 인용하다, 예증하다

→ 명 citation 인용, 언급

Point 자기 주장을 입증하기 위해 권위 있는 자료에서 근거를 제시하다

quote
- Please don't quote me. 제발 내가 말했다고 하지 마세요.
- I quoted from Shakespeare. 난 셰익스피어의 글을 인용했다.

cite
- I cited Wikipedia as an example.
  나는 실례로써 위키피디아를 인용했다.
- These are the references I cited in my book.
  이것들은 내 책에서 내가 인용했던 참조목록입니다.

Tip
미국 드라마에서 배우들이 말을 하면서 인용부호 (" ")를 손가락으로 표현하는 것을 본적이 있을 겁니다. 양손의 검지와 중지를 겹 따옴표 모양으로 만들어서 인용부호를 그리는 모습이죠. 지금 자신의 하는 말이 인용한 것 quote이라는 의미로써 미국인들이 즐겨 사용하는 제스처라고 합니다.

유사어휘 excerpt 발췌하다, 발췌, 초록 extract 발췌하다, 인용하다 refer 언급하다, 참고로 하다

raise
réiz 뤠이z

- 동 올리다, 끌어 올리다, 일으켜 세우다
- 명 올림, 임금인상

→ 형 raised 높인, 높아진

Point 대개 수직 방향으로 들어 올리다

lift
lift 리l프트

- 동 들어올리다, 올리다, 오르다

Point 대개 다른 곳으로 옮기기 위해서 들어올리는 경우

raise

- Don't raise your arm. 손을 올리지 마.
- We're trying to raise money for his family.
  우리는 그의 가족을 위해 모금을 하고 있습니다.

lift

- Come and help me lift some books.
  와서 책을 들어올리는 것을 도와줘.
- Did you lift it over your head? 그것을 들어서 머리 위로 넘겼니?

Tip

건배할 때는 잔을 들어올리죠. 그래서 건배하는 것을 'raise a glass'로 표현하기도 합니다. 또 raise는 명사로도 많이 사용되는데, 특히 임금인상을 뜻하는 말로 많이 사용됩니다. 'I got a raise.' 라고 하면 '월급이 올랐다' 는 소리죠.

 유사어휘
elevate (고도, 목소리 등을) 올리다, 높이다 (위치가 올라가는 것에 초점)
hoist (깃발을)올리다, (기계를 사용하여 무거운 것을)감아 올리다
pick up 집어 올리다 promote 승진시키다, 촉진시키다
rise (연기가)오르다, (해가)떠오르다

range
réindʒ 뤠인쥐
- 명 범위, 한계
- 동 정렬시키다, 배치하다

Point 세력, 능력, 활동 등이 유효하게 작용할 수 있는 범위

scope
skóup 쓰코웁
- 명 범위, 영역

Point 한계와 여유

range

- Price Range: $1000 -- $3000.
  가격 범위 : 1,000달러에서 3,000 달러.
- This is a well-known North Korean long-range ballistic missile site.
  여기는 북한의 장거리 탄도미사일 기지로 잘 알려진 곳입니다.

scope

- From the air, you can see the wide scope of the fire.
  공중에서 당신은 불이 넓게 퍼져있는 것을 볼 수 있다.
- Marriage counseling is beyond his scope.
  결혼상담은 그의 능력을 넘어서는 것이다.

Tip

어린아이들이 서로 싸우다가 감정이 상하면 서로 활동범위를 정해놓기도 하죠. '야, 너 이 선 넘어오지마' 그러다가 선을 넘으면 주먹다짐으로 변하기도 합니다. 그렇게 정해진 어떤 활동의 한계와 범위를 scope로 표현합니다. 추상적으로는 연구의 범위, 능력의 범위가 되겠죠.

유사어휘 compass 한계, 범위, (음악)음역 gamut 전음계, 전음역 → 전범위
reach (행동이나 세력 등이 유효하게 미칠 수 있는)범위, 극한

Unit R-03

rarely
rέərli 뤠어ㄹ 리
- 드물게, 좀처럼 ~하지 않는

→ 형 rare 드문, 희박한

Point seldom보다 빈도가 낮은 경우

seldom
séldəm 쎌덤
- 드물게, 좀처럼 ~하지 않는

Point rarely보다는 빈도가 있음

 rarely

- Should middle-age guys who rarely drink milk take a calcium supplement?
  우유를 거의 마시지 않는 중년의 사람들은 칼슘을 추가로 섭취해야 하는가?
- It rarely happens, and I'm really surprised.
  그것은 드물게 일어나는 일이라 전 매우 놀랬습니다.

seldom

- Opportunity seldom knocks twice. 기회는 좀처럼 두 번 오지 않는다.
- I seldom go to the theater. 난 영화관에 거의 가지 않는다.

Tip

'A barking dog seldom bite.(짖는 개는 물지 않는다.)'라는 속담이 있습니다. 소리만 요란하지 행동하지 않는 사람을 지칭하는 말이죠. 여러분들 중에서는 그런 분들이 seldom 아니 rarely하게 존재하기를 바랍니다. 구어에서는 rarely if ever, rarely ever, seldom ever처럼 ever를 넣기도 합니다. 강조하는 표현이죠.

 infrequently 드물게(rarely, seldom에 비해 빈도가 있음)
scarcely 겨우, 가까스로 [빈도가 아님에 주의]

Unit R-04

rational
ræʃənl 뢔셔늘
형 이성적인, 합리적인

→ 형 rationalism 합리주의
  동 rationalize 합리화하다, 합리적으로 설명하다

Point 이성적, 논리적으로 추론하는 능력이 있는

reasonable
ríːzənəbəl 뤼-z즈너블
형 이치에 맞는, 분별 있는

→ 부 reasonably 도리에 맞게, 합리적으로

Point 분별력이 있어서 도리에 맞는 판단을 하는 것에 초점

rational
- Is the market rational? 시장은 합리적인가?
- It sounds like a rational decision. 이성적인 결정인 것 같군요.

reasonable
- That's a very reasonable price. 매우 적정한 가격이에요.
- It's reasonable to say where water comes from.
  어디서 나온 물인지 알려주는 게 이치에 맞죠.

Tip
어떤 사건을 볼 때 rational한 반응을 먼저 보이는 사람이 있고, 반대로 감정적인emotional 반응을 먼저 보이는 사람이 있습니다. 논리적이고 이성적인 유형과 감성적인 유형이 따로 있는 거죠. 자신이 타고난 유형의 장점을 잘 살린다면 어떤 경우에든 reasonable한 판단을 할 수 있습니다.

 sensible 분별 있는, 양식 있는(건전한 판단을 하는)

ready
rédi 뤠디
- 형 준비된
- 명 준비완료상태(the ready)

Point 이제 막 하려고 하는, 기꺼이 ~하는

prepared
pripέərd 프뤼페어r드
- 형 준비가 되어 있는

→ 동 prepare 준비하다, 각오하다
명 preparation 준비, 각오

Point 숙고하고 노력하여 준비했다는 것에 초점

ready

- I'm **ready** to act swiftly and decisively in a crisis.
  저는 위기를 맞이하여 신속하고 단호하게 행동할 준비가 되어 있습니다.
- When will it be **ready** to use? 언제 그것을 사용할 수 있을까요?

prepared

- Is everything **prepared**? 모든 것이 준비되었나요?
- After an earthquake, it is important to be **prepared** for aftershocks. 지진 후에는 여진에 준비하는 것이 중요하다.

Tip

달리기 선수가 출발선에서 뛰어나가려고 준비된 상태가 바로 ready입니다. 그래서 무엇을 할 준비가 되었냐고 물어 볼 때 Are you ready to~?를 사용합니다. 지금 당장 기꺼이 ~할 준비와 각오가 되어있냐는 말이죠.

disposed ~할 생각이 있는, ~할 마음이 내키는(욕구와 경향)
set 정해진, 준비가 된(결정적이고 완벽한 준비에 초점)
willing 기꺼이 ~하는(욕구에 초점이 있으며 '~해도 상관없다'는 소극적인 의미로도 사용)

real
rí:ǝl 뤼-얼

형 진짜의, 실제의

→ 명 reality 진실, 사실, 실재
형 realistic 현실주의의, 현실적인

Point 가공이 아닌

true
trú: 트루-

형 진실한, 진짜의

Point 실제와 일치하는

real
- Get real! 정신차려! (꿈 깨라!)
- How do you know your love is real?
  당신의 사랑이 진짜임을 어떻게 알죠?

true
- I'm afraid that's true. 안됐지만 그건 사실이야.
- His prophecy has come true. 그의 예언은 실현되었다.

Tip

TV 프로그램 중에서 이른바 '리얼리티 쇼 reality show'는 사람들의 관심을 많이 받습니다. 배우들이 각본에 따른 이야기를 구성하는 게 아니라 보통의 사람들이 만들어가는 실제 상황 real situation이기 때문이죠. 물론, 유명 탤런트나 개그맨들이 출연해서 상황만 real하게 연출하는 경우도 이 범주에 포함시키기도 합니다.

유사어휘
actual (사실로써 존재하는)현실의, 실제의(현실에 존재하는 것에 초점)
genuine (모조가 아닌)진짜의   practical (이론이 아니라)실제적인, 실용적인

recognize
rékəgnàiz 뤠커ㄱ나이z

동 알아 보다, 인정하다

→ 명 recognition 인지, 승인

Point (다른 것들 속에서 그것을) 알아보다

perceive
pərsíːv 퍼-r 씨v

동 지각하다, 알아차리다, 이해하다

→ 명 perception 지각, 인식

Point 감각 기관으로 지각하다, 인식하다

recognize

- How can I **recognize** it? 내가 그것을 어떻게 알아보죠?
- He doesn't **recognize** me anymore.
  그는 더 이상 날 알아보지 못해요.

perceive

- How did you **perceive** this relationship?
  이 관계를 어떻게 알게 되었나요?
- How do you **perceive** the inter-Korean relations to develop in the future?
  당신은 남북관계가 미래에 어떻게 발전해야 한다고 보시나요?

Tip

보안기술이 발전하면서 사람얼굴, 홍채, 지문을 인식해서 구별하는 장치들이 개발되고 있습니다. 얼굴인식장치를 'facial recognition system'으로 지문 인식기를 'fingerprint recognizer'로 표현하기도 합니다. 알아보고, 승인(인정)한다는 의미죠. 반면, perceive는 기본적으로는 시각으로 인식하는 것이지만 사물에 대한 이해와 지식을 얻는다는 의미가 있습니다.

유사어휘 **identify** (본인임을)확인하다, (사람의 신원, 물건의 명칭, 분류 등을)인지하다

recommend
rèkəménd 뤠커멘ㄷ
통 권하다, 충고하다

→ 명 recommendation
  추천, 권고

Point advice보다 강한 충고

advise
ədváiz 어ㄷ봐이z
통 충고하다, 조언하다

→ 명 advice 충고, 조언

Point 판단을 할 수 있게 지식, 정보를 제공하면서 충고하다

recommend

- What treatment would you recommend for my child?
  내 아이에게 어떤 치료법을 권하시겠습니까?
- Which would you recommend? 추천을 해주시겠어요?

advise

- I advise you to be rested. 좀 쉬라고 충고하고 싶어요.
- Can you advise me? 나에게 충고 좀 해줄래요?

Tip

몸이 아파 병원에 갔더니 의사선생님이 죽고 싶지 않으면 당장에 금주하라고 합니다. 이때 의사의 행위를 recommend로 표현할 수 있습니다. 이렇듯 recommend는 문제에 대한 해결책을 강력하게 제안하는 행위이므로 '추천하다, 천거하다' 는 의미로도 사용됩니다.

counsel (전문적인 지식으로 어떤 문제에 대해)조언하다
suggest 제안하다, 권하다(recommend보다 약한 제안)

Unit R-09

refuse

rifjúːz 뤼f퓨-z

[동] 거절하다, 거부하다

→ [명] refusal 거절, 거부

Point 부탁, 제의, 요구 등을 강하게 거절하다

decline

dikláin 디클라인

[동] 거절하다, 거부하다

→ [명] declination 정중한 사절, 사퇴

Point (공손하고 점잖은 표현) 정중하게 사양하다.

refuse

- I'm going to make him an offer he can't **refuse**.
  난 그에게 제안을 하나 하려고 해요. 그가 거절할 수 없는 것이죠.
- I was **refused** treatment. 나는 치료를 거부당했어요.

decline

- I **declined** to talk to him about the subject.
  전 그 주제에 대해서 그 사람과 이야기하는 것을 거절했죠.
- I thanked him and respectfully **declined** his offer.
  난 그에게 감사의 인사를 했고 그의 제안을 정중하게 사양했다.

Tip

꼴도 보기 싫은 남자가 데이트신청을 한다거나 청혼을 하면 어떻게 할까요? 아마 그 여자는 퇴짜를 놓겠죠. refuse, 즉 강하게 거절하는 겁니다. 이에 비해, decline은 서서히 해가 기울어가는 이미지를 떠올리면 됩니다. 말하자면, 부드럽고 정중하게 거절하는 모습을 표현합니다.

[유사어휘] reject (요구나 제의 등을)거절하다, 각하하다 (부정적이고 적대적인 태도에 초점)
turn down 거절하다(구어)

regular
régjələr 뤠결뤄r

- 형 규칙적인, 일상의, 정규의

→ 부 regularly 규칙적으로, 정기적으로

Point 매번 똑같이 하는, 정식의

ordinary
ɔ́ːrdənèri 오-r드네뤼

- 형 보통의, 정규의
- 명 보통의 것(사람), 상례

→ 부 ordinarily 보통은, 대개는

Point 다른 것과 다를 바 없이 평범한, 보통의

regular

- The swine flu virus appears to be no more dangerous than the regular flu virus.
  돼지독감 바이러스는 보통의 독감바이러스보다 위험하지 않은 것으로 밝혀졌다.
- Moderate, regular exercise and adequate rest are necessary to keep healthy.
  적당하고 규칙적인 운동 그리고 충분한 휴식은 건강 유지에 필수적이다.

ordinary

- The program features ordinary people with unusual talents. 그 프로그램은 비범한 재능을 가진 보통 사람들을 다루고 있다.
- I love my ordinary life. 평범한 내 인생이 좋아요.

Tip

요즘은 정규직regular position 일자리 보다 비정규직temporary position 일자리가 늘어나서 사회적인 문제를 야기하고 있습니다. 소비능력의 감소는 기업의 실적악화로 이어지고 다시 비정규직이 늘어나는 악순환이죠.
보통사람ordinary people에게는 정기적인 수입regular income이 젤 중요합니다.

유사어휘 routine 일상의, 판에 박힌 typical (어떤 특징을 보여주는)대표적인, 전형적인

religious
rilídʒəs 륄리쥐ㅆ

형 종교적인, 종교의, 신앙심이 깊은

→ **명** religion 종교, 신앙
부 religiously 독실하게, 경건히

Point 특정 종교를 믿고 그 교리에 따르는 생활을 하는 것을 강조

pious
páiəs 파이어ㅆ

형 경건한, 종교적인

→ **명** piety 경건, 신앙심
부 piously 경건하게

Point 외부로 드러나는 행위에 초점

 religious

- Studies show religious people are happier than non-religious people.
  종교를 가지지 않은 사람들보다 종교를 가진 사람들이 더 행복하다는 사실을 연구결과들이 보여주고 있다.

- He says that the war against terrorists is a religious war.
  그는 말한다. 테러와의 전쟁은 종교전쟁이라고.

pious

- She was pious and obedient. 그녀는 경건하고 순종적이었다.
- Was he a pious man? 그는 경건한 사람이었나요?

Tip

종교나 교파를 떠나서 누가 봐도 신앙심이 깊은 religious 사람들이 있습니다. 그런 분들은 모두의 존경을 받게 되죠. 진리가 종교에 따라 다를 수는 없기 때문입니다. 반면, 그냥 교리를 추종하는 종교적인 religious 사람들도 있습니다. 이에 비해, pious는 외부로 드러나는 경건함에 초점이 있는 말이어서 위선적인 행동을 의미하는 경우도 있지요.

 유사어휘
devout (진지하고 믿음이 깊으며)경건한
reverent 경건한(pious보다는 devout에 가깝다)

rely
rilái 륄라이
통 의지하다, 신뢰하다

→ 명 reliance 믿음, 의지
  형 reliable 의지가 되는

Point 확실성이나 능력에 대한 신뢰와 의지

depend
dipénd 디펜드
통 의지하다, ~에 달려있다

→ 명 dependence 의지함, 의존
  형 dependent 의지하고 있는, 의존하는

Point 상대의 도움에 의지하다

rely
- Don't **rely** on him too much. 그 사람에게 너무 의지하지 마라.
- We **rely** heavily on phone-book advertising for our law firm. 우리 법률회사는 전화번호부 광고에 크게 의존하고 있습니다.

depend
- We don't **depend** on the government.
  우리는 정부에 의지하지 않습니다.
- It **depends** on you. 그건 너 하기에 달렸어.

Tip
어린이들이 rely하는 대상은 대개 부모입니다. 그러다가 자라서는 선생님이나 선배, 책을 통해 만나는 사람들로 신뢰의 대상이 커져갑니다. 또 처음에는 경제적으로 부모님에게 의존하다가 depend on 나중에는 스스로 먹고 사는 문제를 해결해 갑니다.

count on 의지하다, 기대하다
reckon on 기대하다, 믿다 (count와 reckon에는 '세다'는 뜻이 있어서 뭔가 계산하고 따져서 헤아린다는 뉘앙스가 있음)
trust 신뢰하다 (신뢰를 받는 쪽이 명예스러운 신뢰와 의지)

remark
rimá:rk 뤼마ㅡㄱ

- 명 소견, 비평
- 통 의견을 말하다

자신이 인지한 것에 대한 의견을 간단하게 밝히다

comment
kάmənt 카먼ㅌ

- 명 논평, 비평
- 통 비평하다, 의견을 말하다

→ commentary 주석서, 논평

설명하고 비평하고 해석하다

remark

- I think his remarks were inappropriate.
  그의 언급은 적절치 못했다고 생각해.
- He is scheduled to make remarks about the economy.
  그가 경제에 대해서 의견을 밝히기로 예정되어 있습니다.

 comment

- No comment! 말하지 않을 겁니다!
- I'd like to make a comment on this film.
  이 영화에 대해서 논평을 하고 싶군요.

Tip

스캔들에 휩싸인 연예인들이나 정치인들에게 기자들이 질문공세를 펼치면 대개 '노코멘트 No comment'로 일관합니다. 질문하는 문제에 대해 특별히 할 말이 없다는 뜻인데, 대개는 대답을 회피하기 위한 것이죠.
반면, remark는 곰곰이 생각한 판단의 결과라기 보다는 가벼운 의견이라는 뜻입니다.

 observation (관찰 후 곰곰이 생각하여 밝힌)발언, 의견, 소견   statement 성명, 진술

Unit R-14

remember
rimémbər 뤼**멤**버r
동 기억하고 있다, 생각해 내다

→ 명 remembrance 기억, 회상

Point 기억 속에 살아 있다

recall
rikɔ́ːl 뤼**코**-을
동 생각해내다, 상기하다
명 회상, 상기, 소환

Point 잊었던 것을 의식적으로 다시 떠올리다

remember
- Don't you remember? 기억 못해? (잊었니?)
- How did you remember that? 어떻게 그걸 기억하고 있니?(생각해 냈니?)

recall
- Do you recall the day you went home?
  당신이 집으로 갔던 날이 기억나나요?
- Try to recall when they began.
  그들이 언제 시작했는지 잘 생각해봐.

Tip

누구에게 안부를 전해달라고 할 때도 remember를 사용합니다. '네 아버지께 안부를 전해줘.'라고 할 때, 'Remember me to your farther.'라고 합니다. 나를 기억하게 해달라는 의미죠. 반면, recall은 무엇을 다시 떠올리거나 연상하는 것에 초점이 있는 말입니다.

memorize 기억하다, 암기하다 **recollect** (다시 주어 모으듯이)생각해 내다, 회상하다
remind 생각나게 하다(recall 에 가까운 의미) **reminisce** 추억하다, 회상하다

remove
rimúːv 뤼무-v

동 옮기다, 이동하다, 제거하다

→ 명 removal 이동, 제거

Point 제거하거나 강제적으로 다른 곳으로 옮기다

eliminate
ilímənèit 일리미네이트

동 제거하다, 없애다

→ 명 elimination 제거, 배제

Point 불필요한 것을 제거하다

remove

- I **removed** the tape immediately. 나는 곧바로 그 테이프를 치워버렸다.
- Can detergent **remove** this stain? 세제로 이 얼룩을 지울 수 있나요?

eliminate

- The world must **eliminate** all of its carbon emissions.
  세계는 탄소배출을 하나도 하지 말아야 합니다.
- We can save energy and **eliminate** waste.
  우리는 에너지를 절약하고 낭비를 없앨 수 있습니다.

Tip

옷을 벗거나 사물을 옮기는 것에서부터 직업을 옮기는 것까지 remove로 표현할 수 있습니다. '격리와 이동'에 초점이 있는 말이죠. 이에 비해, eliminate는 생리적인 배출, 원고에서 특정부분을 삭제하는 것처럼 '불필요한 것을 제거하는' 행위를 표현하는 말입니다.

 유사어휘
dismiss 떠나가게 하다, 사라지게 하다   eject 몰아내다, 쫓아내다
expel 배출하다, 쫓아내다   take away 제거하다(구어)
withdraw 철회하다, 철수하다, (예금을)인출하다

Unit R-16

renew
rinjú: 뤼뉴-
통 새롭게 하다, 갱신하다

→ 명 renewal 새롭게 하기, 갱신, 회복

Point 일정 기간 후에 다시 시작하다

renovate
rénəvèit 뤠너붸이트
통 새롭게 하다, 혁신하다

→ 명 renovation 혁신, 쇄신

Point (오래된 건물을) 수선하고 새롭게 하다(혁신)

renew

- I came here to **renew** the American Dream.
  난 아메리칸 드림을 새로이 실현하기 위해 여기 왔습니다.
- How do I **renew** my passport?
  여권을 갱신하려면 어떻게 해야 하나요?

renovate

- We are planning to **renovate** our 1970s-era apartment.
  우리는 1970년대에 지어진 아파트를 개조하기 위한 계획을 세우고 있습니다.
- Many Parisian museums are **renovating** their offerings. 파리의 많은 박물관들이 소장품들을 수선하고 있습니다.

Tip

운전면허나 여권 등 일정기간이 지나면 그 효력이 끝나는 경우는 'renew 갱신한다'고 합니다. 반면 오래된 집은 renovate합니다. 재건축 home renovation은 매우 큰 사업이죠. renew는 이처럼 다시 시작하는 것에 초점이 있는 말이고 renovate는 수선하고 조직을 혁신하는 것처럼 뭔가를 다시 새롭게 하는 것에 초점이 있습니다.

유사어휘

rebirth 재생, 갱생 **refresh** (기운, 기억 등을)새롭게 하다
restore (원래의 모습으로)회복하다

rent
rént 렌트

- 동 빌리다, 빌려주다
- 명 지대, 집세, 임대료

Point 세주는 것과 세 내는 것에 사용됨

lease
liːs 리-쓰

- 동 빌리다, 임대(임차)하다
- 명 차용계약, 임대차 계약

Point 사업목적으로 건물, 토지 등을 장기간 임대하거나 임차하는 것

rent
- We decided to rent a car. 우리는 차를 빌리기로 결정했어요.
- How much does it rent for? 임대료가 얼마나 하나요?

lease
- Should I keep leasing my car? 차를 계속 리스로 사용해야 할까?
- I signed a five-year lease on a new warehouse.
  난 새 창고를 5년간 임차하기로 계약했습니다.

집 앞에 'FOR RENT'라고 쓰인 푯말을 세워두는 경우를 보셨을 겁니다. 대개 그 글자 밑에는 집주인 연락처, 월세 금액 등 집에 대한 정보를 간단하게 표기해 두기도 합니다. 이에 비해, 임대차 계약에 의해 토지, 건물, 시설 등을 빌리거나 빌려줄 경우에는 lease를 사용합니다.

 charter (비행기, 선박 등과 같은 수송수단을)전세 내다 **hire** (차나 집을)빌려오다, 빌려주다
let (일정한 돈을 받고 물건의 점유와 사용권을 내주는 것)세놓다

repair
ripέər 뤼페어r
- 통 수선하다, 수리하다
- 명 수리, 수선

Point 대개 기술을 요하는 수리

mend
ménd 멘드
- 통 수선하다, 고치다
- 명 수선, 개량

Point 간단한 수선, 개선

repair

- Atlantis' mission is to repair and upgrade the Hubble Space Telescope.
  아틀란티스호의 임무는 허블 우주망원경을 수리하고 업그레이드 시키는 것이다.

- He had surgery to repair injured thumb.
  그는 다친 엄지를 치료하기 위해 수술을 받았다.

mend

- Ozone layer may take decades to mend.
  오존층이 복구되려면 수 십 년이 걸릴지도 모른다.

- He's trying to mend relations between the U.S. and Russia.
  그는 미국과 러시아의 관계 개선을 위해 노력하고 있어요.

Tip

물건이나 기계, 우리 몸도 수선의 대상이지만 마음도 수선할 수 있습니다. 그래서 이런 말이 있죠. 'It is never too late to mend.(마음을 고쳐 먹는 데 너무 늦다는 법은 없다.)' 뭔가 마음을 불편하게 하는 게 있으면 바로 고치면 됩니다. 자신의 허물이 보이면 또 바로 고치면 됩니다. 물건보다 고치기 쉽습니다.

유사어휘
correct (올바른 답으로)정정하다, (잘못을)바로잡다 fix (잘 조정해서)고치다
remedy (어려운 문제나 병을)고치나, 치료하다 restore (원래의 상태로)수리하다

Unit R-19

require

rikwáiər 뤼ㅋ와이어r

[동] 필요로 하다, 요구하다

→ [명] requirement 필요(물), 요구

[Point] 절대적인 필요, 강제적인 필요

need

ní:d 니-ㄷ

[동] 필요로 하다

[명] 필요, 욕구

[Point] 무엇을 (절실히)필요로 하다

require

- It will **require** faith and patience. 믿음과 인내가 필요할 겁니다.
- He **requires** care 24 hours a day in his house.
  그는 보살핌이 필요해요. 집 안에서 하루 24시간 내내 보살펴줘야 합니다.

need

- Just call me if you **need** me. 필요하면 전화 줘.
- How much do I **need** to save? 얼마를 저축을 해야 할까?

Tip

'Love requires action.(사랑은 행동을 필요로 한다.)' 사랑에 행동이 따르지 않으면 그건 오래가기 힘들겠죠. 그래서 require를 사용해서 표현했습니다. 그냥 절실하게 필요한 정도가 아니라 그것이 없으면 안 된다는 뉘앙스입니다. 그래서 법이나 규칙에 의해 요구되는 것도 require로 표현하죠.

[유사어휘] demand 필요로 하다(~을 요구하다) lack ~이 모자라다(~을 필요로 하다)
want 필요로 하다(주로 개인적인 욕구를 직접적으로 표현)

Unit R-20

resign
rizáin 뤼z**자**인

동 사임하다, 그만두다

→ 명 resignation 사임, 사직, 포기

Point 대개 자발적인 사임을 뜻하는 공식적인 말

leave
líːv 리-v

동 떠나다, 그만두다

Point 장소, 사람, 업무 등으로부터 떠나다

resign

- I don't have any plans to **resign**. 전 사임할 생각이 전혀 없습니다.
- I **resigned** because I lost confidence in the way things were going.
  내가 그만 둔 이유는 사태가 올바르게 진행되고 있는지에 대해 확신이 없었기 때문이다.

leave

- He plans to **leave** tomorrow evening.
  그는 내일 저녁에 떠나려고 계획하고 있다.
- I had to **leave** my job. 전 직장에서 떠나야만 했었죠.

Tip

여·야간 공방이 치열해지면 내각 총사퇴the resignation of a cabinet 요구가 종종 나옵니다. 필요할 때는 승진시켜주며 써먹다가 필요 없다 싶으면 사표a letter of resignation 내고 나가라고 하는 회사도 많이 있습니다. 요즈음 기술유출 사건이 빈번한 이유가 아닌가 싶습니다. 미래가 불안하면 마음이 직장으로부터 떠나버리죠leave.

 quit (흔연을)그만두다, (resign처럼 자발적으로, 미래에 대한 충분한 계획 없이 급하게)떠나다
retire (정년이 되어) 은퇴하다

321

Unit R-21

respect
rispékt 뤼쓰**뻴**트
- 동 존경하다, 존중하다
- 명 존경, 존중

Point 상대방에게 경의를 표하는 것으로 주로 연장자에게 사용

regard
rigá:rd 뤼**가**ㅜㄹㄷ
- 동 존중하다, 중시하다
- 명 존중, 존경

→ 동 ~로 여기다, 생각하다

Point 관심과 호의에 초점

respect
- You must always **respect** the elderly.
  여러분들은 연장자를 존경해야 합니다.
- If you don't respect people, people aren't going to **respect** you back.
  당신이 국민들을 존중하지 않는다면, 국민들도 역시 당신을 존중하지 않을 것입니다.

regard
- I **regard** him highly. 나는 그를 높이 평가합니다.
- They have no **regard** for human life, neither ours nor their own.
  그들은 인간의 생명을 존중하지 않습니다. 우리들 뿐만 아니라 자신들의 생명조차도.

regard는 '~로 여기다, 생각하다' 는 뜻으로도 많이 사용됩니다.
Do you regard the experiment as successful?
너는 그 실험이 성공했다고 생각하니?
Do you regard this as a mystery?
당신은 이것을 신비한 일로 여기고 있습니까?

admire 경탄하다, 감복하다 esteem (존경과 경탄의 의미로)존경하다, 존중하다
honor 존경하다, 경의를 표하다(명예를 주다)

responsible
rispánsəbəl 뤼쓰**판**서블

형 책임 있는, 신뢰할 수 있는

→ **명** responsibility
책임, 책무, 신뢰성

Point 책임을 다할 수 있다는 것에 초점

liable
láiəbəl ㄹ**라**이어블

형 책임이 있는, ~할 의무가 있는

→ **명** liability 책임, 의무

Point 특히 법률상 부채나 손해에 대해서 책임 있는

responsible

- He is a very responsible man and always has been.
  그는 매우 책임감이 강한 사람이고 늘 그래왔죠.
- I'm responsible for what I did. 내가 한 일은 나에게 책임이 있지요.

liable

- Software makers liable for bugs?
  소프트웨어 개발자들이 버그에 책임이 있는가?
- Airlines are liable for damages only in the case of an accident under the treaty.
  항공사는 약정에 언급된 사건에 의해 발생한 손해에 대해서만 책임을 집니다.

Tip

대형사고가 일어나면 그 책임을 두고 공방을 벌이기도 합니다. 그 사고에 의한 손해를 책임져야 be liable for 하기 때문이죠. 즉, 돈이 깨진다는 이야기 입니다. 그래서 책임감이 있는 responsible 회사라면 모를까 대부분은 책임을 liability 전가하려고 노력하게 되죠.

유사어휘 accountable 책임 있는, 설명할 수 있는 reliable 믿을 수 있는, 신뢰성 있는
trustworthy (확실히)신뢰할 수 있는

result
rizʌ́lt 뤼z절ㅌ
명 결과, 결말, 성과

Point 대개 성과나 성적으로 평가가 이루어짐

consequence
kánsikwèns 칸씨퀜쓰
명 결과, 결말

→ 형 consequent
결과로서 일어나는

Point 행동에 따른 결과

result

- Did you get the results you wanted?
  당신이 원하는 결과를 얻었나요?
- Wal-Mart recorded the strongest sales result in its history in the fourth quarter.
  월마트는 4분기에 역사상 최고의 실적을 기록했다.

consequence

- Every action has a consequence. 모든 행동에는 결과가 따른다.
- This is just a natural consequence of aging.
  이건 노화에 따른 자연적인 결과입니다.

Tip

프로야구나 축구의 결승전, 월드컵 축구, 올림픽 등 큰 경기에서는 뜻밖의 결과an expected result가 나타나기 마련이죠. 그래서 더욱 재미있는지도 모르겠습니다. 물론 대개는 능력이 출중하거나 열심히 준비한 팀이나 개인이 승리를 하겠죠. 그것은 당연한 결과a natural consequence입니다.

 conclusion 결론, 결말 effect (원인과)결과, 효과 fruit (좋은)결과, 결실
outcome (이루어진)결과 (나타난 결과에만 초점)

Unit R-24

reveal
riví:l 뤼**뷔**-을

- 통 드러내다, 나타내다
- 명 계시, 묵시, 폭로

→ 명 revelation 폭로, 계시

Point 알려지지 않았던 것을 알게 하다, (신이)계시하다

disclose
disklóuz 디쓰클**로**우z

- 통 드러내다, 폭로하다

→ 명 disclosure 발각, 폭로, 드러낸 것

Point 공개적으로 밝히는 것에 초점

reveal

- I don't reveal classified information.
  난 기밀정보를 누설하지 않았습니다.
- The woman began to reveal the truth about what happened. 그 여자는 어떤 일이 있었는지에 대해 진실을 말하기 시작했다.

disclose

- Police would not disclose details about the evidence.
  경찰은 그 증거에 대해 자세한 내용을 말하지 않으려고 합니다.
- She can't disclose the amount. 그녀는 그 금액을 밝힐 수 없어요.

Tip

전에 연예인에 대한 X파일이 인터넷에 돌아다니면서 사회적으로 큰 파장을 몰고 온 사건이 있었습니다. 그걸 본 많은 사람들이 특정 연예인에 대한 뜻밖의 이야기들을 알게 되었죠. 'What a revelation!(정말 뜻 밖의 이야기군!)' 이처럼 reveal은 알려지지 않는 사실이 알려지는 것입니다.

 divulge (사적인 내용을)누설하다, 폭로하다   expose (특히 범법행위, 죄를)폭로하다

rich
rítʃ 뤼취

형 부유한, 풍부한

Point 재산이 많은 것을 나타내는 일반적인 말

wealthy
wélθi 웰th씨

형 부유한, 넉넉한

→ 부 wealthily 부유하게

Point rich의 의미에 더하여 사회적인 세력을 가지고 있다는 뉘앙스

rich

- Congo is rich in natural resources but most people live in poverty.
  콩고는 천연자원이 풍부하지만 대부분의 국민들은 가난하게 산다.
- If I were rich I would do so. 내가 부자라면 그렇게 할 것이다.

wealthy

- She comes from a wealthy family.
  그녀는 부유한 집안에서 태어났다.
- Most wealthy people save a high percentage of income. 대부분의 부자들은 수입의 상당부분을 저축한다.

Tip

사람들은 부자가 되기 위해 열심입니다. 주식으로, 부동산으로, 사업으로… 어찌 보면 부자가 되어 누릴 즐거움을 위해 태어난 것처럼 말이죠. 때로는 그야말로 벼락 부자들이 the new rich 탄생하기도 합니다. 나아가 부자에서 그치지 않고 명예와 권력을 가진 부유한 가문 a wealthy family 을 만들기 위해 노력하는 사람들도 있습니다.

유사어휘 affluent 풍부한, 유복한(커다란 부로 인한 안락함)   prosperous 부유한, 번영하고 있는

road
róud 로우ㄷ
명 길, 도로

Point 길을 뜻하는 가장 일반적인 말

way
wéi 웨이
명 길, 도로

Point 추상적인 '길'의 의미로 많이 사용됨(방향, 방법)

road
- What are the things that catch your attention when you're on the road?
  여행 중일 때 당신의 관심을 잡아 끈 것은 무엇이었나요?
- All roads lead to Rome. 모든 길은 로마로 통한다.

way
- Don't stand in my way. 날 방해하지 마.
- I'm on my way right now. 난 지금 가는 중이야.

Tip
way는 추상적인 의미의 길로 많이 사용됩니다. 흔히 사용할 수 있는 말로 예를 들어 보죠. 'No way.(절대 안 돼)' 또, 'You've come a long way.' 같은 경우는 '대단히 발전하셨군요.' 혹은 '장족의 발전을 했군.' 정도의 의미로 사용됩니다. 'Way to go!'는 '잘 했어', 'That's the way!'는 '바로 그거야'

유사어휘 lane (벽이나 울타리 사이의 좁은)길   path (좁은)길

rob
ráb 뢉
- 동 훔치다, 빼앗다

→ 명 robbery 강도

Form 강탈하다, 약탈하다

steal
stíːl 쓰띠-을
- 동 훔치다, 몰래 빼앗다
- 명 횡재, 공짜나 다름 없는 것

→ 명 stealing 몰래 훔치기, 절도
명 stealth 몰래 하기, 비밀

Form 다른 사람의 것을 몰래 훔치는 것을 뜻하는 일반적인 말

rob
- My father thought I robbed a bank.
  아버지는 내가 은행을 털었다고 생각하셨지.
- She was robbed of $800 and personal items.
  그녀는 800달러와 개인 소지품을 훔쳤다.

steal
- I didn't want to steal anything from anybody.
  다른 사람으로부터 무엇을 훔치고 싶은 생각은 없었어요.
- That's a steal. 그것 참 싸네요.(거저네요.)

Tip

국내에서 큰 선풍을 일으켰던 미국 드라마 프리즌 브레이크 Prison Break에서 주인공인 석호필이 형을 탈옥시키기 위해 감옥에 가려고 은행 강도bank robbery가 되는 장면이 나옵니다. rob은 이처럼 무시무시한 느낌을 주죠. 걸리면 아주 오랫동안 '학교'에 들어가서 공부를 해야 합니다. 그 학교에 들어가면 밖으로 잘 못나오죠…

deprive (지위나 권리 등을) 빼앗다, 박탈하다　filch 좀도둑질하다　pilfer 좀도둑질하다
pirate 해적행위를 하다, 약탈하다　thieve 도둑질 하다

run
rʌ́n 륀
- 동 달리다, 뛰다
- 명 뛰기, 달리기

Point '달리다'는 뜻의 가장 일반적인 말

race
réis 뤠이ㅆ
- 동 질주하다, 경주하다
- 명 경주, 경쟁

Point 매우 급하고 빠르게 달리다 (대개 최고 속도를 의미)

run
- They had no reason to run away. 그들은 도망 갈 이유가 없었죠.
- Still waters run deep. 깊은 물은 소리 없이 흐른다.

 race
- I realized that if I raced long enough, I'd have an accident. 나는 알게 되었다. 만약 더 달렸다면 사고를 당했을 것이라고.
- I've raced with him, but he's now retired.
  난 그와 경쟁해왔지만 이제 그는 은퇴했습니다.

Tip
race하면 경마나 F1 경기 같은 것들이 떠오릅니다. 뭔가 치열하게 속도경쟁을 하는 모습이죠. 또 대통령 선거전도 race를 사용하여 the presidential race라고 하죠. 긴박감과 치열함이 느껴지지 않나요? 이기려면 전력으로 질주해야 하는 경쟁이죠.

 jog (천천히)걷다, 달리다　pace (보조를 맞추어)천천히 걷다
sprint (단거리를 최대 속력으로)전력 질주하다　trot 속보로 걷다

sad
sǽd 쌔ㄷ
- 형 슬픈

→ 명 sadness 슬픔

Point 슬픔에 잠긴 상태를 표현하는 일반적인 말

melancholy
mélənkàli 멜런칼리
- 형 우울한, 슬픈
- 명 우울, 침울

Point 습관적으로 시름에 잠기면서 슬픈 상태에 있는

sad
- It's too sad for words. 말로 표현할 수 없는 만큼 슬퍼요.
- I'm sad to see this thing. 이 일을 보게 되어서 슬프군요.

 melancholy
- I felt melancholy about everything. 모든 게 우울하다.
- Sorrow is not melancholy. 슬픔은 우울이 아니다.

Tip
슬픈 소식sad news을 들으면 괜히 우울해지기도 합니다. 때로는 우울한 감정이melancholy feeling 지속되면서 병으로 발전하고 그 때문에 스스로 목숨을 버리는 경우도 있지요. 하지만 슬픔과 우울이 있기 때문에 기쁨과 행복이 더 빛나 보이는지도 모르겠습니다.

distressed 기가 죽은, 슬픈, 우울한
grievous 비통한(고통과 번민을 동반하는 강한 슬픔) sorrowful 슬픈(sad)

safe
séif 쎄이f

- 형 안전한, 위험이 없는, 무사히
- 명 금고

→ 명 safety 안전 (위험으로부터 보호되고 있는 상태)

인의미 위험이 없는 상태를 뜻하는 일반적인 말

secure
sikjúər 씨큐어r

- 형 안전한, 안정된, 보장된
- 통 안전하게 하다, 보증하다

→ 명 security 안전, 보안

인의미 단단하게 안정되어 있고 보장되어 있는

safe

- Have a safe drive. 조심해서 다녀오세요.
- It's better to be safe than sorry.
  나중에 후회하느니 조심하는 게 나아요.

secure

- We all want a secure future. 우리는 모두 안전한 미래를 원합니다.
- Secure software is no longer a pipedream.
  안전한 소프트웨어는 더 이상 공상이 아니다.

Tip

인터넷 초창기에는 보안security에 대한 인식이 거의 없었습니다. 그래서 네트워크는 해커들의 놀이터였다고 해도 과언이 아니었죠. 그 뒤로 버그 없는 secure software안전한 소프트웨어를 만들기 위해 노력은 많이 했지만 인간이 하는 일이라 완벽한 소프트웨어는 나오지 않는군요.

 guarded (누군가로부터)보호되는 **sound** (건전하고 견실하다는 의미에서)안전한

same
séim 쎄임
- 형 같은, 동일한
- 대명 동일한 것

Point 모든 면에서 같은. 종류, 겉 모습, 양, 질 등이 같은

identical
aidéntikəl 아이덴티컬
- 형 동일한, 꼭 같은

→ 명 identity 동일함, 일치, 동일성
부 identically 동일하게

Point 세세한 부분까지 완전히 똑 같은

same
- I'll have the same. 같은 걸로 주세요.
- Nothing is quite the same. 모든 게 예전 같지 않아요.

identical
- Genetically, the two babies are identical.
  유전적으로 이 두 애기는 동일합니다.
- Identical twins not only look exactly alike, they have the same DNA.
  일란성 쌍둥이는 똑같이 보일 뿐만 아니라 같은 DNA을 가지고 있다.

Tip
'나는 어제와 같은 음식을 the same food 먹었어.' '이 책은 네가 어제 산 책과 같은 책 the same book이야.'에서 보이듯이 same은 종류나 외관이 같아도 사용할 수 있는 말입니다. 반면 identical은 세세한 부분까지 전부 같다는 말이죠. 물론 same도 identical의 의미로 사용되기도 합니다. 'We're in the same boat.(우리는 같은 운명이야.)'

 equal (수, 양, 크기, 가치 등이)같은, 동등한 equivalent (가치, 힘 등이)동등한
matching (색, 겉모습이)어울리는, 유사한
similar 비슷한, 유사한(성질이 비슷하거나 비슷한 종류)

satisfy

sǽtisfài 쌔티ㅆ퐈이

[동] 만족시키다

→ [명] satisfaction 만족
[형] satisfactory 만족한, 납득이 가는

[Point] 욕망, 희망 등을 충족시키다

content

kəntént 컨텐ㅌ

[동] 만족시키다
[형] 만족하는, 찬성하는

[Point] 불만 없음, 안심

satisfy

- Our vision is to **satisfy** all our customers.
  우리의 비전은 모든 고객을 만족시키는 것입니다.
- Is there any way he can **satisfy** those expectations?
  이러한 기대를 충족시켜줄 수 있는 방법이 그에게 있을까?

content

- I will **content** myself with his statement.
  난 그의 진술에 만족할 겁니다.
- I'm **content** with my life. 난 내 삶에 만족한다.

Tip

몇 끼를 굶다가 밥을 먹게 되었을 때, 보고 싶은 사람을 몇 일을 기다리다 만나게 되었을 때 우리의 욕구는 충족됩니다. satisfied한 상태가 되는 거죠. 또 어떤 사건이 일어났는데 도저히 납득이 안 되면 만족스러울 수 없겠죠. 그래서 의심을 풀어주거나 납득이 될 때에도 satisfy를 사용할 수 있습니다.

[유사어휘]
fulfill (소망을)달성하다, (요구하는 기준을)만족시키다
gratify (욕망을 충족시켜 즐겁게 하다)기쁘게 하다, 만족시키다
meet (의무, 조건 등을)충족시키다, 만족시키다

save
séiv 쎄이v

통 구하다

→ 통 남겨두다, 절약하다, 저축하다
형 saving 절약하는, 도와주는

Point 위험한 상황에서 사람이나 물건을 건져내는 것을 뜻하는 일반적인 말

rescue
réskju: 뤠ㅆ큐-

통 구하다, 구조하다
명 구조, 구출

Point 대개 위급한 상황에서 구출하는 것

save

- Nothing but a miracle can save us. 기적만이 우리를 구할 수 있어요.
- Buying a hybrid will save you money on gas.
  하이브리드 차량을 사면 휘발유 값을 절약할 수 있다. (휘발유에 들어가는 돈을 구한다.)

rescue

- The nine survivors were rescued by a navy ship Monday afternoon.
  9명의 생존자들이 월요일 오후에 해군함에 의해 구조되었다.
- A woman and child rescued from a ferry accident.
  여성 한 명과 어린이가 페리 사고에서 구조되었다.

Tip

재난이 발생하면 긴급하게 구조대 rescue team, rescue party를 파견합니다. 어떤 경우에는 rescue를 하다가 안타깝게도 구조대원 rescue worker이 사망하기도 하죠. 특히 큰 화재나 지진으로 인한 붕괴, 바다에서의 구조활동은 목숨을 건 사투와 다름없습니다.

 deliver (문학적인 표현)구해내다, 해방시키다   redeem 구하다, (그리스도가)구속하다

Unit S-06

say
séi 쎄이
통 말하다, 이야기하다

Point '말하다'는 뜻의 가장 일반적인 말

tell
tél 텔
통 말하다, 이야기 하다

Point 정보를 받는 상대와 내용을 강조

- What did you say? 뭐라고?
- What would you say to that?
  그것에 대해 무슨 말을 할건가요? (어떻게 생각해요?)

- Do you swear to tell the truth? 진실을 말할 것을 맹세합니까?
- Tell me about it! 내 말이 그 말이야! (당연하지!!)

Tip

tell은 말을 듣는 사람과 그 내용을 강조하는 말입니다. 때문에 대개 문장에서 말을 듣는 사람과 그 내용이 무엇인지가 나옵니다. 또 상대에게 직접이야기를 하는 것을 강조하므로 '명령하다, 지시하다'는 의미로도 사용된답니다.

express (표정, 몸짓, 그림, 숫자 등으로)표현하다
inform (어느 정도 격식을 차린 말)알리다, 통지하다
mention 언급하다(~에 대해서 간단하게 말하는 것)
speak 말하다 talk 말하다(격식을 차리지 않은 대화)

saying
séiiŋ 쎄잉
⑲ 속담, 전해 내려오는 말

Point 지혜와 진리를 간결하게 표현

proverb
právə:rb 프롸붜-r브
⑲ 격언, 속담, 금언

Point 삶의 지혜가 담긴 짧은 격언, 속담

saying

- A saying goes that no pain no gain.
  고통 없이는 아무 것도 얻지 못한다는 속담이 있다.
- There's a saying among some investors, "Sell in May and walk away."
  투자자들 사이에서는 다음과 같은 말이 있다. "5월에 팔고 떠나라"

proverb

- As the proverb says, "Keep your friends close and enemies closer!"
  다음과 같은 격언이 있다. "친구와 가깝게 적과는 더 가깝게 지내라!"
- There is an old Turkish proverb, you cannot put out fire with flames. 오래된 터키 속담에 '불로는 불을 끌 수 없다'는 말이 있다.

Tip

saying이나 proverb는 adage, maxim, aphorism 등과 더불어 인류의 오랜 지혜가 담긴 귀중한 보물이라고 할 수 있습니다. 수천 년에 걸친 인류의 역사를 통해 선조들이 터득한 삶의 지혜가 압축된 표현들이죠.

adage (오랫동안 사용되어 사람들이 사실로 믿고 있는 saying)금언, 격언
aphorism 경구, 잠언 **epigram** 경구, (짧고 날카로운)풍자시
maxim (처세에 교훈이 되는 짧은)격언
motto 모토, 좌우명(개인이나 단체가 좌우명으로 삼은 maxim)

Unit S-08

scare
skéər ㅆ께어r
- 통 위협하다, 놀라게 하다
- 명 (이유 없는)공포, 공황

→ 형 scared 무서워하는

Point 갑자기 놀라게 하다, 겁을 주다

alarm
əlá:rm 얼라-r□
- 통 놀라게 하다, 위급함을 알리다
- 명 놀람, 공포, 경보

Point 위험함을 알려서 경계하게 하다

scare
- You don't scare me! 겁 하나도 안 나!
- I just wanted to scare him up a little bit.
  난 그 사람에게 그저 약간 겁을 주려고 했을 뿐이에요.

alarm
- We did not want to alarm her.
  우리는 그녀에게 위급함을 알리고 싶지 않았어요.
- This was a false alarm. 이건 잘못된 경보였어요.

Tip
사람은 예상하지 못했던 위험을 만나면 공포를 느끼게 됩니다. 무서움에 움츠러들어서 떨거나 도망가는 정도는 scare로 표현할 수 있습니다. 반면 alarm은 화재경보fire alarm가 울렸을 때처럼 위험에 대한 가능성 때문에 느끼는 공포나 불안의 의미가 강합니다.

frighten 갑자기 무섭게 하다, 두려워하게 하다 horrify 소름 끼치게 하다(두려움, 혐오)
startlo 깜짝 놀라게 하다 terrify 겁나게 하다(엄청난 공포를 느끼게 하다)

section
sékʃən 쎅션
명 분할, 구분, 구역, 부문

Point 전체에서 분리된 부분
(대개 division보다 작다)

division
divíʒən 디뷔젼
명 분할, 구분, 부분

→ **동** divide 나누다

Point section보다 크거나 추상적
(사단, 관청의 부, 국)

section

- Non-Smoking Section. 금연 구역
- If you want business news, look in the Business section. 경제뉴스를 보고 싶다면 신문의 경제면을 살펴보라.

division

- Now, the 1st Armed Division of the U.S. military is leading these attacks.
  이제 미군의 제1 기갑사단이 이번 공격을 주도하고 있습니다.
- The Marketing Division is responsible for managing the company's marketing function.
  영업부는 회사의 영업을 관리하는 책임을 지고 있습니다.

도서관에 가면 인문과학, 사회과학, 자연과학 등 부문별로(division에 따라서) 나누어져 있습니다. 책꽂이도 일정 간격으로 칸칸이 구분되어 있습니다. section이 여러 개 있는 모습이죠. 이렇게 구분된 영역은 section이나 division으로 표현할 수 있습니다.

 area 지역, 지구, 영역, 분야 locality 장소, 소재지
region (광대한)지방, 지역 sector (군사작전의 한)전투지구, (디스크의 작은)부분

Unit S-10

see
síː 씨-

동 보다, 보이다

→ 명 seeing 보기

Point 의도와 관계없이 눈에 보이는 것

watch
wátʃ 와취

동 지켜보다, 주시하다

→ 형 watchful 조심스러운

Point 움직이는 것을 보는 것 (관찰, 감시)

see
- Good to see you. 만나서 반갑군.
- I don't see it that way. 내가 보기에 그런 것 같지 않아.

watch
- Watch out! 조심해!
- I've been watching you. 그 동안 당신을 지켜보고 있었습니다.

Tip

우리가 눈으로 무엇을 본다는 것은 동시에 무엇을 인식하고 판단한다는 말이기도 합니다. 'Seeing is Believing.(보는 것이 믿는 것이다.)'은 그래서 나온 말입니다. see는 이렇게 보이는 것을 보는 행위이지만 동시에 이해하고 아는 것을 표현하는 말이죠. 반면, watch는 TV화면을 보듯이 움직이는 대상을 보는 것에 초점이 있습니다.

유사어휘 **behold** (문학적 표현)눈 여겨 보다, 바라보다   **look** (시선을 고정시켜)보다
observe 관찰하다

seem
síːm 씨-ㅁ

통 ~으로 보이다, ~인 것 같다

→ 뷔 seemingly 외관상, 겉으로는

Point 주관적인 판단, 생각

appear
əpíər 어피어r

통 ~인 것 같이 보이다, ~인 것 같다

→ 명 appearance 겉모습, 외관

Point 겉으로 보이는 인상으로 판단을 내리는 것

seem

- It **seems** to be more myth than fact.
  그것은 사실이라기 보다는 만들어진 이야기인 것 같다.
- You **seem** to be having difficulties with your sleeping.
  수면 때문에 곤란을 겪고 있는 것처럼 보인다.

appear

- It **appears** that I have no choice.
  나에겐 선택의 여지가 없는 것처럼 보인다.
- The warnings **appear** to have had little effect.
  그 경고는 거의 효과가 없었던 것 같다.

Tip

겉으로 보기에 거지 옷을 입고 있는 사람이 있습니다. 그 사람은 거지로 보입니다 appear. 그러면 '저 사람 거지 같아.'라고 말할 수 있죠. 그런데 말하는 사람의 주관적인 판단이 크게 개입되어 있을 때에는 seem이 어울립니다. 그래서 이렇게 말할 수 있겠죠.
'He seems a guru.(그 분은 도사 같아요.)'

유사어휘 look (눈으로 본 겉모습으로 판단하여)~처럼 보인다 sound ~하게 들리다, ~하게 생각되다

340

Unit S-12

seize
síːz 씨-z
- 동 붙잡다, 쥐다

→ 명 seizure 붙잡기, 압류

Point 갑자기 세게 잡다, 형체가 없거나 포착하기 힘든 것을 잡다

grasp
grǽsp 그뢔ㅆㅍ
- 동 붙잡다, 움켜쥐다
- 명 붙잡음, 통제, 파악, 이해

Point 단단히 꽉 쥐다
(완전히 이해하다, 파악하다)

seize
- Islamists seize control of Somali port city.
  이슬람교도들이 소말리아 항구도시를 장악했다.
- I am seized with fear and trembling.
  난 공포에 사로잡혀 떨고 있었다.

grasp
- Grasp all, lose all. 다 잡으려다 다 놓친다.
- I can't grasp the meaning. 그 뜻을 파악할 수 없어요.

Tip
싸움이 붙으면 서로 몸이나 옷을 꽉 잡은 상태에서 언성이 오갑니다. 이렇게 구체적인 대상뿐만 아니라 기회, 의미 등도 붙잡을 수 있습니다. 또 사람을 통제하는 것도 잡고 있다고 표현하죠. 이렇게 쥐고, 파악하고, 통제하는 것을 grasp로 표현할 수 있습니다.

clutch (무서움에)꼭 잡다 grab (염치 없이)잡아 채다, (무례하게)붙잡다
grip (grasp 보다 세게)꽉 잡다 snatch 확 가로채다
take (손으로)잡다, 잡아서 가져가다

send
sénd 쎈드

⊛ 보내다, 발송하다

Point 한 장소에서 다른 장소로 보내는 것을 뜻하는 일반적인 말

dispatch
dispǽtʃ 디쓰패취

⊛ 급송하다, 급파하다
⊛ 급파, 속달

Point 긴급하게 빨리 보내는 것에 초점이 있다

- Please send your resume using the form below.
  이력서를 아래의 서식을 이용해서 보내주세요.
- Fine, I'll send it to you. 좋아요. 당신에게 보낼게요.

- Tomorrow I will dispatch them.
  내일 그것들을 속달로 보낼 겁니다.
- Canada announced Wednesday that it will dispatch a warship to Somalia's coast.
  캐나다는 소말리아 해역으로 전함을 급파할 것이라고 수요일 발표했다.

Tip

요즘은 물류시스템이 발달해서 택배로 보내고 받는 것이 엄청 편해지고 배달시간도 단축되었죠. 하지만 그 보다 빠른 게 또 있습니다. 이른바 퀵 서비스. 그야말로 속달이죠. dispatch는 이렇게 가능한 한 가장 빠른 속도로 보낸다는 의미를 가지고 있습니다.

 forward 보내다, 발송하다, (편지를 새 주소로)전송하다
transmit (물건을)부치다, (주로 전자적인 방법으로 지식이나 정보를)보내다

sense
séns 쎈쓰

- 명 감각, 느낌
- 동 느끼다, 지각하다

Point 감각, 의식, 분별
(의식과 지적인 면에 초점이 있음)

sensation
senséiʃən 쎈쎄이션

- 명 감각, 감각 작용

Point 감각 작용에 초점
(감각적, 정서적인 반응에 초점)

sense
- That makes sense. 말이 되네.
- You've got to have common sense. 상식을 갖추어야 해.

sensation
- There was little sensation of speed at first.
  처음에는 속도감이 거의 없었어요.
- It was a very strange sensation. 그건 매우 이상한 기분이었어요.

Tip
sense는 우리말 속에 들어와서 많이 사용되고 있습니다. 분별력과 이해력이 있는 사람을 가리켜 '센스 있는 사람'이라고 부르죠.
또한 sensation도 우리말 속에서 많이 사용됩니다. 누군가 세상을 떠들썩하게 만드는 행동을 하거나 사건을 일으켰을 때에 '센세이션을 일으켰다'고 말합니다. 즉, sensation은 감각기관에 미치는 외부의 영향력에 초점을 두고 있는 말입니다.

유사어휘
feeling (막연한)느낌, 감각, 감정
perception (sensation을 불러일으키는 대상에 대한)지각, 인지

sensible
sénsəbəl 쎈써블
- 형 분별 있는, 양식을 갖춘, 느낄 수 있는
  → 명 sensibility (sensitive한 것을 의미한다) 감각(력), 지각, 감수성

Point 건전한 판단력과 분별력을 갖춘

sensitive
sénsətiv 쎈서티v
- 형 민감한, 느끼기 쉬운
  → 명 sensitivity (생리학, 심리학, 화학의 용어로서) 민감도, 민감성

Point 감각기능이 예민한

sensible
- I'm sure that's sensible. 확실히 합리적이에요.
- I am sensible of my responsibilities in this regard.
  이 점에 있어서는 나에게 책임이 있다는 것을 알고 있습니다.

sensitive
- I'm very sensitive to noise. 나는 소음에 아주 민감한 사람이야.
- She is very sensitive about her weight.
  그녀는 자신의 몸무게에 너무 예민해.

Tip

사람마다 민감한 감각이 있습니다. 어떤 이는 맛에 민감하고 sensitive to taste, 어떤 이는 냄새에 민감하고 sensitive to odor, 어떤 이는 귀가 민감해서 sensitive to ears 소음에 예민하게 반응하기도 합니다. 또 뜨거운 것에 예민한 sensitive to hot 사람도 있고 차가운 것에 예민한 sensitive to cold 사람도 있죠.

 sensual 관능적인, 육감적인   sensuous 오감에 관한, 감각적인

Unit S-16

series
síəri:z 씨어뤼-z

명 일련, 연속, 시리즈

→ 형 serial 계속되는, 일련의

Point 시간적으로 또는 공간적으로 연속하여 배열 된 것

sequence
síːkwəns 씨-ㅋ원쓰

명 연달아 일어남, 연속, 연쇄

→ 형 sequential 연속되는, 잇따라 일어나는

Point 인과관계나 논리적인 결과로서 연속되는 것(결과, 결론)

series

- He had conceived the idea of a series of novels.
  그는 시리즈로 구성될 소설에 대한 아이디어를 구상했다.
- You have to make a series of tests.
  일련의 테스트를 해야 합니다.

sequence

- What comes next in this sequence?
  연속해서 다음에 무엇이 올까요?
- This documentary tells the dramatic story behind this sequence of events.
  이 다큐멘터리는 이렇게 계속되는 사건들 뒤에 숨겨진 극적인 이야기를 담고 있다.

Tip

프로야구 정규시즌이 끝나면 '한국 시리즈Korean Series'가 펼쳐집니다. 일본은 '일본 시리즈Japan Series'라고 부르고 미국은 황송하게도 '월드 시리즈World Series'라고 하죠. 또 TV나 라디오의 드라마도 '시리즈'가 있습니다. 시리즈는 이렇게 특정한 시간을 두고 계속 이어지는 것임을 알 수 있습니다.

유사어휘 succession (단지 시간적으로 잇달아 일어나는)연속물, 연속

345

Unit S-17

serious
síəriəs 씨어뤼어ㅆ
형 진지한, 신중한

→ 부 seriously 진지하게, 심각하게

Point 진지하고 신중한
→ 심각한, 중대한

grave
gréiv ㄱ뤠이v
형 엄숙한, 근엄한

→ 명 gravity 진지함, 엄숙, 중력

Point 책임감으로 인하여 나타나는 엄숙함과 진지함(중대한, 심상치 않은)

serious
- I'm serious. 나 진심이야.
- Don't take it serious. 심각하게 받아들이지 마.

grave
- I feel a grave responsibility. 전 무거운 책임감을 느끼고 있습니다.
- She's in grave danger. 그녀는 매우 위험한 상황에 처해 있어요.

Tip
믿기지 않는 말을 상대에게서 들을 때, 예를 들어 회사에서 승승장구하던 사람이 사표를 던진다고 하면 누구나 '너 정말이니? 너 진심이니?'라고 묻게 되죠. 'Are you serious?'라고 합니다. 농담이 아니고 신중하게 말한 것이냐고 묻는 거죠. 이에 비해, grave는 의젓하고 엄숙하다는 뉘앙스를 가지고 있습니다.

earnest (진심에서 우러나오는)진지한, 열심인
sober (맑은 정신으로 있다는 의미에서) 냉정하고)진지한, 침착한
solemn (종교의식에서 보이듯이)엄숙한, 무게 있는

Unit S-18

severe
sivíər 씨뷔어r

형 엄한, 엄격한

→ **부** severely 엄격하게, 호되게

Point 사람뿐만 아니라 법, 제도 등에도 사용되는 말

stern
stə́ːrn 쓰떠-r느

형 엄격한, 단호한

Point 비타협적이고 용서가 없는, 가혹하다는 뉘앙스

severe

- More severe standards may become non-tariff barriers. 보다 엄격한 기준은 비관세 장벽으로 작용할 수도 있다.
- If you experience severe bleeding, you may need a blood transfusion. 출혈이 심각하다면 수혈을 받아야 할지도 몰라.

stern

- The committee is too stern with him.
  위원회는 그를 너무 가혹하게 다룬다.
- It reveals that golf requires a stern discipline.
  골프는 엄격한 훈련이 필요함을 보여주고 있다.

Tip

드라마나 영화를 보면 stern에 어울리는 배역이 등장합니다. 그야말로 '피도 눈물도 없는' 인간이죠. 이렇게 비타협적이고 단호한 성격은 다른 한편으로 불굴의 의지를 나타내기도 합니다. 이에 비해, severe는 엄격한 기준을 세우고 거기에 따르는 모습을 보여줍니다. 그래서 때로는 가혹함과 잔인함을 나타내기도 하죠.

austere (쌀쌀맞고)엄격한, 간소한, 검소한 harsh 가혹한, 모진
strict (규율을 잘 지키는)엄격한

347

shake
ʃéik 쉐이크
- 동 흔들다, 흔들리다
- 명 동요, 흔들림

Point 흔들림을 표현하는 일반적인 말

tremble
trémbəl 트렘블
- 동 떨리다, 떨게 하다
- 명 떨림, 진동

Point 추위와 공포로 덜덜 떨다, 전율하다

shake
- It felt like the house was shaking. 집이 흔들리는 느낌이었어요.
- Let's shake hands now. 이제 악수 합시다.

tremble
- Panicked Haitians screamed and trembled with fear.
  공포에 휩싸인 아이티 사람들은 비명을 지르며 공포에 떨었다.
- I'm still trembling. 나는 여전히 떨고 있어요.

Tip
밀크셰이크^{milk shake}는 우유, 계란, 설탕 등을 섞어서 만드는 음료입니다. 우유와 섞어서 흔들었다는 의미로 'milk shake'라고 이름 지은 것 같습니다. 또한 서로 악수를 할 때에도 손을 잡고 흔드는 모습이니 shake를 사용합니다.

quake 흔들리다, 진동하다(크게 흔들리는 것)
quiver (가볍게)떨리다, 흔들리다 shiver (추위나 공포 등으로 몸을)떨다
shudder (공포와 혐오 등으로 갑자기 몸을)떨다
vibrate (빠르고 끊임 없는 움직임)진동하다, (추가)흔들리다

shame
ʃéim 쉐임
- 명 부끄럼, 수치, 불명예
- 동 창피를 주다, 망신시키다

Point 어리석은 행위로 인한 모멸감, 고통스러운 죄책감

disgrace
disgréis 디ㅆㄱ뤠이ㅆ
- 명 불명예, 망신
- 동 망신시키다

→ 형 **disgraceful**
수치스러운, 불명예스러운

Point 다른 사람으로부터 존경을 잃는 것

shame
- Shame on you! 창피한 줄 알아.
- What a shame! 그거 안 됐군! (이런!, 유감이야, 안타깝다)

disgrace
- He is a disgrace to our nation. 그는 우리나라의 망신이다.
- Some of our national parks are becoming a national disgrace. 우리나라의 일부 국립공원은 나라의 망신거리로 전락하고 있다.

Tip
평소에 존경을 받던 사람이 하루 아침에 망신을 당하는 경우가 있죠. 부패와 관련된 것이거나 섹스스캔들이 주종을 이룹니다. 그야말로 disgrace하게 되는 경우 입니다. 그렇게 적나라하게 본 모습이 드러나면 수치심과 치욕을 shame 느끼게 될 것입니다. 물론 사람에 따라서는 본래 shameless 한 경우도 있지요.

유사어휘
dishonor (명예, 자존심을 잃는 것)망신, 불명예
embarrassment 난처함, (창피스런 느낌에 더하여)당황 **humiliation** 굴욕, 창피

share
[ʃɛər] 쉐어r
- 명 몫, 할당, 일부분
- 동 나누다, 분배하다

Point 받을 권리로서의 몫

portion
[pɔ́ːrʃən] 포-r션
- 명 몫, 한 조각, 일부분
- 동 나누다, 분할하다

Point 몫, 배당으로 전체에서 잘라낸 부분

- Give me my **share**. 내 몫을 다오.
- Their **share** of the money was $2 million dollars.
  그들 몫의 돈은 2백만 달러였다.

portion

- A large **portion** of our clientele is Spanish.
  우리 고객의 대부분은 스페인사람들 입니다.
- A **portion** of your pay will be based on commission.
  당신 급여의 일부는 커미션을 근거로 해서 지급될 것이다.

Tip

보물을 찾는 데 일정한 역할을 하면 자신의 몫share이 생깁니다. 이렇게 노력 봉사하는 것뿐만 아니라 회사를 만드는 데 현물이나 현금을 내었다면 당연히 share가 생기죠. 은행을 턴 경우에도 기여한 사람은 자신의 share를 주장합니다.

fragment (전체에서 떨어져 나온)조각 **part** 부분(전체를 이루는 구성요소의 하나)
piece (절단된)조각, 일부분 **proportion** (일정 비율의)몫, 부분
segment (자연적으로 구분된)조각, 마디

shine
/ʃáin/ 샤인
- 통 빛나게 하다, 비추다, 빛나다
- 명 빛남

→ 형 shining 빛나는

Point '빛을 내다'는 뜻의 일반적인 말

glitter
/glítər/ 글리터r
- 통 번쩍번쩍 빛나다
- 명 번쩍임, 빛남

→ 형 glittering 번쩍이는, 빛나는

Point 별과 같이 작은 불빛이 번쩍이다

- Make hay while the sun shines.
  해가 비출 때 건초를 만들어라.(기회를 놓치지 마라.)
- He'll run-rain or shine. 그는 달릴 겁니다. 비가 오던 맑은 날이던 간에.

- All that glitters is not gold. 빛난다고 모두 금은 아니다.
- The mailing list itself is a glittering gold mine.
  메일링 리스트는 눈부시게 빛나는 금광이죠.

 유사어휘
beam (전등이)빛을 내다
flash (순간적으로)번쩍이다, 빛나다
glare (강렬하게, 눈부시게)빛나다
glimmer 희미하게 빛나다, 깜빡이다
glisten (표면이 반사되어)반짝거리다
glow (등불이 타오르듯이)빛을 내다
radiate (방사상으로)빛이 퍼져나가다
sparkle (눈동자가)반짝이다, 빛나다, 불꽃을 튀기다
twinkle (별이)반짝거리다(반짝거리다가 사라지는 것)

short
ʃɔːrt 쇼-ㄹㅌ
- 형 짧은, 가까운
- 명 간결, 부족

→ 명 shortage 부족, 결핍
　부 shortly 얼마 안 가서, 곧

Point 시간적으로나 공간적으로 짧은 상태를 의미하는 일반적인 말

brief
briːf 브뤼-f
- 형 짧은, 간결한
- 명 적요

→ 부 briefly 짧게, 간단히

Point 불필요한 것을 생략하고 요점만 이야기한다는 뉘앙스

 short
- Art is long and life is short. 예술은 길고 인생은 짧다.
- We frequently get the short end of the stick.
  우린 자주 손해를 본다

 brief
- I'll promise to be brief. 간단하게 말하기로 약속하죠.
- This a brief report on the impact of war.
  이것은 전쟁의 충격에 관한 간략한 보고서입니다.

Tip

성공의 지름길ª shortcut to success을 찾고 있습니까? 여러분이 지금 가고 있는 그 길이 바로 지름길인지도 모릅니다. 멀리서 찾으려 하지 마세요. 그리고 자신을 과소평가하지 마세요Don't sell yourself short. 우리는 무한한 가능성입니다. 인생이 짧다고 꿈까지 작으면 안 되겠지요.

 abbreviate 생략하다 (형)생략한　abridge 단축하다, 요약하다, 축소하다

sick
sík 씩

- 형 병든, 병의
- 명 환자

→ 명 sickness 병

Point 영국에서는 '메스꺼운'의 의미로도 사용

ill
íl 일

- 형 병든, 나쁜
- 명 악, 사악, 질병, 재난

→ 명 illness 병(sickness에 비해 중병)

Point 도덕적으로 비난하는 뜻으로도 사용

- I'm too sick to go to work fulltime.
  너무 아파서 정상근무를 할 수 없어요.
- You make me sick. 너 때문에 울화가 치민다.

- He got ill with diarrhea. 그는 설사에 걸렸었어.
- We are not here to speak ill of the dead.
  우리는 죽은 자를 비난하기 위해 여기에 온 것이 아닙니다.

Tip
영국에서는 역겨움을 표현할 때 sick을 사용합니다. 속이 느글거려서 토할 것 같을 때 'I'm going to be sick.'으로 말할 수 있죠. 병에 걸린 것은 'fall sick, get sick, fall ill, get ill'로 표현할 수 있습니다.

ailing 병든, 앓고 있는 ailment (주로 가벼운)병
diseased 병에 걸린(disease는 대개 전염성이 있는 병으로 동식물에게도 사용됨)
malady 만성적인 고질병 unhealthy 건강하지 못한(건강하게 보이지 않는 것)

sight
sáit 싸이트
몡 시력, 봄, 광경

Point 시력, 사람의 관심을 끄는 '불안한 것, 구경거리'

view
vjúː v뷰-
몡 시야, 전망, 광경

Point 보이는 것, 내려다 보이는 전망, 경치

 sight

- Lost to sight, lost to mind. 안 보면 잊기 마련.
- He lost his sight in a horrible car accident.
  그는 끔찍한 차 사고로 시력을 잃었다.

 view

- It has a really nice view. 전망이 정말로 좋아요.
- It will come into view here in just a second.
  잠시 후에 여기에 모습을 드러낼 겁니다.

 Tip

처음 만난 남녀가 눈에 불꽃이 튀면서 사랑에 빠지는 이야기는 영화의 단골 메뉴입니다. 물론 현실에서도 첫눈에 정신이 쏙~빠지는 경우가 많기는 하죠. 첫눈에 서로 반해버리면 'I fell in love with her at first sight.'라고 말할 수 있습니다.

glimpse 힐끗 봄 perspective (원근법으로 본)전망, 경치
prospect 조망, 전망(조망이 좋은 곳에서 멀리 내다본 경치)
scene 장면, 경치 vision 시력, 통찰력, 비전(마음 속에 그린 미래의 모습)
vista 멀리 내다보이는 경치, (양쪽에 가로수 등이 있는)원경

sign
sáin 싸인
- 명 기호, 신호
- 동 신호하다, 서명하다

→ 명 signature 서명, 사인

Point 어떤 사실이나 의미를 전달하는 것들을 포괄하는 말

signal
sígnəl 씨그널
- 명 신호, 암호
- 형 신호의, 암호의
- 동 신호하다, 신호를 보내다

Point 주로 어떤 의미를 갖는 신호로서 미리 정해진 것

sign
- It's not a good sign. 좋은 징조가 아닙니다.
- All you have to do is to sign your name.
  당신은 서명만 하면 된다.

signal
- I kept getting a busy signal. 계속 통화 중이었어.
- Power and traffic signals were out in many areas.
  여러 지역에서 전기가 끊어지고 교통신호가 나갔다.

Tip

예전에는 인감으로 하던 일이 서명으로 많이 대체되었습니다. 통상 서명은 '사인'으로도 통하죠. 그때 사인은 sign이 아니고 signature입니다. 그런데 발음 sign과 같아서 혼동하기 쉽습니다. sign은 몸짓, 신호, 기호, 상징, 표지판 등을 포함하는 말입니다.

유사어휘 mark (겉으로 나타나는, 성질을 보여주는)표시 signature 서명, 사인 symbol 상징
token (감정을 보여주는, 권위를 나타내는, 집단을 대표하는)표, 표시

sincere
sinsíər 씬씨어r

형 진지한, 성실한

→ **부** sincerely 진정으로, 진심으로
→ **부** sincerity 성실, 진심

말과 행동이 일치하는, 거짓이 없는

faithful
féiθfəl 풰이th쓰풀

형 성실한, 충실한

→ **부** faithfully 성실하게, 충실하게

약속. 의무에 충실한, 믿을 수 있는

sincere

- I want to offer once again my sincere apologies to you.
  당신에게 다시 한 번 진심으로 사과 드립니다.
- Do you think that she is sincere in her apology?
  그녀가 진지하게 사과를 한다고 생각하니?

faithful

- It is quite faithful to the original. 이것은 원본에 꽤 충실합니다.
- He was never faithful to a girlfriend.
  그는 여자친구에게 성실한 적이 없어요.

Tip

개가 주인에게 충성할 때 faithful하다고 합니다. 동물 뿐만 아니라 사람도 자신을 믿어주고 자신을 키워준 사람에게는 faithful하게 되죠. 반면, sincere는 진지한 것을 말합니다. 진지한 충고는 sincere advice는 사람을 움직이게 합니다.

유사어휘 genuine (진실성에 초점을 둠)성실한, 참된 hearty 마음에서 우러난, 열렬한
honest 정직한 loyal (약속, 의무에)충실한, 성실한
whole-hearted (의심을 품지 않고)마음으로부터의, 진심의

Unit S-28

single
síŋɡəl 씽글

형 단 하나의, 혼자의

Point 홀로 떨어져 있다는 것으로 단일성을 강조

sole
sóul 쏘울

형 단 하나의, 독점적인

Point 단일성과 독자성을 강조

single

- Are you single? 독신인가요?
- There was only a single survivor of the tragedy.
  그 사고에서 단 한 사람만이 살아 남았다.

sole

- Are you a sole proprietor? 당신이 독점적으로 소유하고 있는가?
- He bears sole responsibility for an early-morning car accident. 이른 아침 일어난 차 사고는 그에게 모든 책임이 있다.

Tip

요즘은 싱글single이 대세를 이루고 있는 느낌이 들 정도로 독신이 많습니다. 자의로 타의로 싱글로 남은 사람도 있지만, 이혼해서 혼자 된 이른바 돌아온 싱글도 많아지는 추세라고 합니다. 반면, 둘 셋과 대비된 하나로써의 single과 다르게 sole은 그 독점성을 강조하는 말입니다.

유사어휘
only 단 하나뿐인, 유일한(오로지 하나만 있는, 달리 다른 것이 없는)
singular 단 하나, 남다른(다른 것과 구별되는 개성을 강조)
unique (독자성을 강조)유일무이한, 독특한

357

skill
skíl 쓰낄

웹 솜씨, 기술

→ 웹 skilled 숙련된

웹 skilful 능숙한, 교묘한

Point (배우고 익혀서) 무엇을 잘 할 수 있게 솜씨를 갖춤

technique
tekní:k 테크니-ㅋ

웹 기법, 기교, 기술

→ 웹 technical 기술의, 전문적인

Point 특히 예술과 스포츠에서의 기교, 기법

 skill

- Smiling is a baby's first social skill.

미소는 애기가 처음으로 사용하는 사교 기술이다.
- How would you rate your skill at communicating?

당신의 의사소통 능력을 어느 정도로 평가하나요?

- This technique is easy to use. 이 기술은 사용하기 쉽다.
- He has a unique painting technique. 그의 화법은 독특하다.

Tip

과학기술분야의 전문적인 기술을 묘사할 때는 주로 technology를 사용하며 예술이나 스포츠 분야에는 technique를 주로 사용합니다. 또한 technique는 사람을 잘 사귀거나 끌어당기는 솜씨를 묘사할 때도 사용되죠. 반면 skill은 노련하고 숙련된 솜씨를 의미합니다.

 art (특수한)기술, 기예 craft (주로 손으로 하는 것에 사용되어)기능, 기교

slide
sláid 슬라이드

- 동 미끄러지다, 미끄러지게 하다
- 명 미끄러짐, 활주, 미끄럼틀

Point 속도에 상관없음

glide
gláid 글라이드

- 동 미끄러지다, 미끄러지듯 움직이다
- 명 활주, 미끄러짐

→ 명 glider 활공기

Point 소리 없이 부드럽게 움직이다, 활공하다

slide

- He slid down a snowy hill on a sled.
  그는 눈 덮인 언덕을 썰매를 타고 내려갔다.
- We are sliding into a recession.
  우리는 불황으로 빠져들어 가고 있습니다.

glide

- At sunset, the airplane will slowly glide down to 10,000 ft. 해가 지면, 비행기는 천천히 만 피트 상공까지 내려갈 것이다.
- You can glide a little farther. 좀 더 멀리 날아갈 수 있을 거야.

Tip

야구에서 주자가 슬라이드 하는 장면을 흔히 볼 수 있습니다. 몸을 날려 쭉 미끄러져 들어가죠. 얼음을 지치는 것도 slide입니다. 얼음 위에서 쭉쭉 미끄러져 가는 것이죠 slide on ice. 또한 비유적으로 사용되어 어떤 상태나 상황으로 쭉 빨려 들어가는 것을 표현하기도 합니다.

 skid (자전거나 자동차가 브레이크를 한 채 갑자기)미끄러지다
slip (실수나 사고로)미끄러지다, 미끄러져 넘어지다

Unit S-31

slim
slím 쓸림

형 호리호리한, 가는

Point 대개 보기 좋게 날씬하다는 긍정적인 의미

thin
θín th씬

형 얇은, 가는

Point 여위고 수척한 경우에도 사용된다

- How to get sexy and slim body?
  어떻게 섹시하고 날렵한 몸매를 가꿀 수 있나요?
- Do you want to lose weight to keep slim?
  살을 빼서 날씬한 몸매를 만들고 싶은가요?

- He's as thin as a rail. 그는 삐쩍 말랐다.
- The cable is as thin as a hair strand.
  그 케이블은 머리카락 한 올 만큼 가늘다.

Tip
홈쇼핑 채널이나 포털 사이트에 다이어트 광고가 빠지는 날이 없는 것 같습니다. slim body를 원하는 수요가 많다는 소리겠죠. 햄버거와 피자와 닭고기를 실컷 먹으면서 slim body를 가질 수 있다면야 좋겠지만…

 lean 깡마른(지방질이 없으며 튼튼한) **slender** (보기 좋게)날씬한 **slight** 가는, 홀쭉한

Unit S-32

small
smɔ́ːl 쓰모-을
형 작은, 얼마 안 되는

Point (양, 수, 크기, 능력, 가치 등이)상대적으로 혹은 예상에 비해서 작은

little
lítl ㄹ리뜰
형 작은, 거의 없는

Point 절대적으로 작은(시시한, 사소한)

small

- What a small world! 세상 참 좁네!
- I was born in a small village in Korea.
  전 한국의 한 작은 마을에서 태어났습니다.

little

- I'm a little worried about it. 조금은 걱정이 되는 군.
- There is little hope, that is why they are leaving.
  희망이 없어요. 그래서 그들이 떠나고 있는 겁니다.

Tip

little은 작거나 거의 없는 것을 강조하고 'a little'은 조금은 있다는 것을 강조합니다. 적지 않은 것, 즉 많은 것을 표현할 때는 little을 부정해서 나타낼 수 있겠죠. 'not a little'이나 'no little'를 사용할 수 있습니다. 또 'quite a little'도 '상당한, 많은'이라는 의미입니다.

유사어휘

diminutive 소형의, 아주 작은(더 이상 작을 수 없는)
minute (극히 작은 미립자처럼)미세한, 사소한
petite (여성이)작은(짜고 귀여운)   **tiny** 작은(작아서 귀여운)

smart
smάːrt 쓰마ー rㅌ
형 빈틈 없는, 영리한, 건방진

Point 머리회전이 빠르다

clever
klévər 클레붜r
형 영리한, 손재주 있는, 교활한

Point 영리하고 손재주가 있다

smart

- Take advice from smart people. 현명한 사람들로부터 조언을 받아라.
- Don't get smart with me. 건방지게 굴지마.

clever
- I don't think he is clever. 그가 영리하다고 생각하지는 않아.
- Is there some clever method to solve this?
  이것을 해결할 어떤 묘책이 있나요?

Tip

나이가 드신 분들 가운데 학교는 많이 다니지 않았지만 총명하고 재주 있는 분들이 많이 있습니다. clever하신 분들입니다. 그야말로 타고난 솜씨를 가진 분들이죠. 목수가 clever하면 나무를 잘 다듬고, 도자기공이 clever하면 훌륭한 도자기를 만들어 냅니다.

 bright 명석한, 머리가 좋은 wise 현명한, 슬기로운

smell
smél 쓰멜
- 명 냄새, 후각
- 동 냄새가 나다, 냄새를 맡다

Point 냄새를 뜻하는 가장 일반적인 말

scent
sént 쎈트
- 명 냄새, 향기
- 동 냄새 맡다

Point (주로 희미한)냄새, 좋은 냄새

smell

- He is enjoying the sweet smell of success.
  그는 성공의 달콤한 향기를 즐기고 있는 중이다.
- Smells good. 냄새가 좋네.

scent

- What scent do you like the most? 가장 좋아 하는 냄새는 뭔가요?
- Dogs picked up the scent of survivors within the rubble several times.
  수색견들이 완전히 무너진 잔해 속에서 생존자의 냄새를 찾아냈다.

Tip

모르게 뭔가를 하려고 했는데 상대가 눈치를 챘을 경우에 '그 사람이 냄새를 맡았어.'라고 표현합니다. 뭔가 단서를 잡았다는 의미죠. 그때의 냄새는 scent입니다. 또 꽃 향기처럼 좋은 냄새나 향수도 대개 scent를 사용합니다.

유사어휘

aroma (기분 좋은 냄새)향기 fragrance (꽃, 화장품의 좋은)냄새, 향기
odor (주로 어떤 것의 특유한 불쾌한)냄새, 악취 perfume 향수 stench 강한 악취

soft
sɔ́(:)ft 쏘ː프트
형 부드러운, 온화한

→ **부** softly 부드럽게

Point 부드러운 상태를 표현하는 일반적인 말

tender
téndər 텐더r
형 부드러운, 다정한

→ **부** tenderly 부드럽게, 다정하게
명 tenderness 부드러움, 다정

Point 고기 등이 부드러운, 애정 어린

 soft
- It feels soft. 감촉이 부드러워.
- Soft music plays in the background.
  부드러운 음악이 뒤에서 흘러나오고 있다.

 tender
- The osso buco is tender and delicious.
  오소 부코는 고기가 부드럽고 맛있다.
- Your caring heart and your tender smile will forever be missed. 당신의 따뜻한 가슴과 다정한 미소는 영원히 잊혀지지 않을 것입니다.

 Tip

엘비스 프레슬리가 부른 불후의 명곡 Love me tender를 모르시는 분은 없을 겁니다. 멜로디만 들어도 감미로움이 느껴지는 곡이죠. 목소리도 tender 그 자체입니다. tender는 잘 익은 말랑말랑한 소고기를 씹을 때의 감미로움, 사랑하는 사람의 손에서 전해지는 감미로움을 통해서도 느낄 수 있죠.

 gentle (성격이 상냥하고)부드러운, 온화한 meek 순한, 유순한
mild (성격, 태도가)온화한, 부드러운, 관대한

Unit S-36

sorrow
sárou 싸로우
명 슬픔, 비애

→ **형** sorrowful 슬픈

Point 슬픔을 뜻하는 가장 일반적인 말

grief
griːf 그뤼-f
명 큰 슬픔, 비탄

Point 특별한 재난이나 불행으로 인해 느끼는 깊은 슬픔

sorrow
- We express our deep heartfelt sorrow at the loss of life.
  생명을 잃은 것에 깊은 애도를 표합니다.
- After sorrow comes joy. 슬픔 뒤에 기쁨이 온다.

grief
- We are filled with grief. 우리는 큰 슬픔에 잠겼습니다.
- He's still racked with grief and full of guilt.
  그는 지금도 슬픔과 죄책감에 빠져있어요.

Tip

너무나 큰 슬픔을 당할 때 우리는 말할 수 없는 슬픔unspeakable grief 당했다고 말합니다. 때로는 그 슬픔이 너무 커서 절망하는 경우도 있지요. 절망적인 슬픔hopeless grief에 빠진 친구가 있다면 시간이 약이라는 사실을 잊지마세요. 우리의 마음은 시간을 필요로 합니다.

 유사어휘 distress (역경으로 인한)큰 고통, 비통, 큰 근심 melancholy 우울,침울
sadness 슬픔(우울하고 침통한 기분에도 사용)

speak
spíːk 쓰삐-ㅋ

동 말하다, 이야기하다

→ 명 speaker 말하는 사람, 연설자
  명 speaking 말하기, 담화, 연설

Point 하나 이상의 단어에서부터 연설에 이르기까지

talk
tɔ́ːk 토-ㅋ

동 말하다, 이야기하다

Point 대개는 격식을 차리지 않은 대화

 speak
- I'd like to speak to Mr. Kim. 미스터 김과 통화하고 싶습니다.
- I asked him to speak clearly. 나는 그에게 분명하게 말하라고 요구했다.

 talk
- Now you're talking. 그게 좋겠네요.(말 잘했다.)
- Let's not talk about that incident. 그 사고에 대해서는 말도 마.

 Tip

TV프로그램 중에서 연예인들이 나와서 이런저런 이야기로 수다를 떠는 프로그램이 있습니다. 대개는 재미를 위해서 수다스러운^{talkative} 연예인, 개그맨들이 주로 나옵니다. 때로는 유명인사들이 나와서 살아온 이야기를 하기도 합니다. 일명 '토크쇼^{talk show}' 라고 부르죠.

chatter 재잘거리다, 수다를 떨다 converse (격식을 차린 말)담화를 나누다
discourse 담화를 나누다, 강연하다 state (공식적으로)진술하다, 분명하게 말하다
tell 말하다, 알리다, 전하다(전하는 정보와 정보를 받는 대상이 강조됨)

speech
spíːtʃ 쓰삐-취
명 이야기, 연설

Point 청중들을 대상으로 하는 연설을 뜻하는 가장 일반적인 말

address
ədrés 어드뤠쓰
명 연설, 강연
동 연설하다, 강연하다

Point 신중하게 준비된 공식적인 연설

speech
- **Speech** is silver, silence is golden. 웅변은 은이요 침묵은 금이다.
- Here is the text of that **speech**. 저 연설의 대본이 여기에 있습니다.

address
- Did you hear the opening **address** yesterday?
  어제 개회사 들어봤니?
- He will deliver an **address** at the convention Tuesday night. 그는 목요일 밤에 있을 전당대회에서 연설을 할 것이다.

Tip
보통 연설하면 speech로 표현할 수 있습니다. 거리에서 하는 연설을 가두연설 wayside speech이라고 하고, 대본 없이 그 자리에서 바로 하는 연설을 즉석연설 impromptu speech 이라고 하죠. address는 연설자가 저명인사이거나 중요한 문제에 대한 연설이라는 뉘앙스가 있습니다.

유사어휘 **discourse** 강연, 토론, 담화
lecture (대개 학생을 대상으로 지식을 전해주는 이야기)강의, 강연 **sermon** 설교, 훈계

Unit S-39

spend

spénd 쓰뻰ㄷ

[동] 소비하다

→ [명] spending 소비, 지출

[Point] 돈과 시간을 쓰는 것을 뜻하는 가장 일반적인 말

consume

kənsúːm 컨쑤-ㅁ

[동] 소비하다, 다 써버리다

→ [명] consumption 소비, 소모, 소진

[Point] 전부 소모하는 것에 초점

spend

- How much are you willing to **spend**? 얼마면 사시겠어요?
- How do you **spend** your time? 시간 있을 때 뭐하고 지내요?

consume

- How much oil do we currently **consume**?
  현재 우리가 소비하고 있는 석유의 양은 얼마나 되나요?
- Today, the U.S. **consumes** 14.8 percent of the world's grain supply. 오늘날, 세계곡물 공급량의 14.8%를 미국이 소비하고 있다.

Tip

해외의 로또 복권 당첨금액은 대개 우리보다 훨씬 큽니다. 그런데 그 큰 돈을 불과 몇 년 사이에 다 써버리고spend all his money 노숙자 신세가 되어서 죽어가는 사람들 이야기가 간혹 뉴스에 나오는 것을 볼 수 있습니다. 이혼과 도박으로 흥청망청 돈을 써대니 끝이 좋을 수가 없겠죠.

[유사어휘] waste 낭비하다, 허비하다(헛되이 소비하는 것)

Unit S-40

state
stéit 쓰떼이트
명 상태, 형편, 사정

Point 어떤 사물이나 사람의 있는 그대로의 상태

situation
sìtʃuéiʃən 씨츄에이션
명 상태, 형세, 정세

Point 주위의 상황, 상태에 초점

state

- Have you got any optimism about the state of affairs?
  지금 정세에 대해서 어떤 낙관적인 전망을 가지고 있습니까?

- The two countries have technically remained in a state of war since the Korean War ended in 1953.
  1953년 한국전쟁이 끝났지만 두 나라는 기술적으로는 여전히 전쟁상태에 있다.
  (종전이 되지 않았다는 의미)

situation

- You can't change the global economic situation.
  당신은 세계 경제 상황을 바꿀 수 없어요.

- She'd be in a very difficult situation.
  그녀는 아주 어려운 상황에 처해 있을 겁니다.

Tip

미국 백악관을 배경으로 한 드라마나 영화를 보면 situation room이 나옵니다. 이른바 상황실이죠. 우리나라 청와대에도 그러한 상황실이 있습니다. 전쟁 같은 긴급한 상황이 발생할 경우 실시간으로 모든 정보를 종합해서 판단을 내릴 수 있게 만들어진 곳입니다. situation에서 뭔가 긴박감이 느껴지지요?

유사어휘
circumstance (자기의 힘으로 어찌할 수 없는)주위의 사정, 부대 상황
condition (어떤 상황을 만들어낸 원인과의 관련성이 부각되는)상태, 상황, 조건

steady
stédi 쓰떼디
- 형 확고한, 안정된, 한결 같은
- 통 견고하게 하다

→ 부 steadily 건실하게, 착실하게

Point 흔들리지 않는, 거의 변화가 없는

solid
sάlid 쌀리드
- 형 고체의, 견고한

→ 명 solidity 단단함, 고체성

Point 단단한, 속이 꽉 차 있는

steady
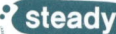

- That works in a **steady** state environment.
  그것은 안정된 환경에서 효과가 있어요.
- Evolution has been under **steady** attack for a century and a half. 진화론은 한 세기 반 동안 지속적으로 공격을 당해왔다.

solid

- We believe the government's argument stands on more **solid** ground.
  정부의 주장이 더 그럴듯한 근거를 가지고 있다고 생각한다.
- There's no **solid** evidence, no motive.
  확실한 증거도 동기도 없어요.

Tip

돌처럼 딱딱한 상태를 solid로 표현하는데, 비유적으로 사용되면 믿을 수 있고 확실하다는 의미도 됩니다. 건물의 기초를 이루는 부분이 solid하면 기초가 튼튼하고 견고한 빌딩이 세워질 수 있을 겁니다. 그래서 '믿을 수 있는 친구'를 'a solid friend'로 표현하기도 합니다.

 firm (변하지 않는)굳은, 확고한 **stable** (잘 변하지 않아서)안정적인
stationary 움직이지 않는, 정지된

stop
stáp 쓰 땊
- 동 멈추다, 멈추게 하다
- 명 멈춤, 중지

Point 행동이나 활동 등이 멈추는 것을 뜻하는 일반적인 말

pause
pɔ́ːz 포-z
- 동 중단하다, 잠시 멈추다
- 명 중지, 휴지

Point 일시적으로 정지한 것이며 다시 움직임이 시작될 것임을 암시

 stop
- Would you stop talking? 말 좀 그만하실래요?
- Why don't you stop smoking? 금연 안 하니?

 pause
- We should pause a moment here.
  우리는 여기서 잠시 중단해야 한다.
- Let's pause for a second to see if he has anything more to say. 여기서 잠시 멈추고 그가 무슨 말을 더 하려는지 봅시다.

Tip

애연가들은 길을 가다가도 담배를 피기 위해 걸음을 멈추기도 stop to smoke합니다. 실은 stop smoking 금연을 해야 하는데 말입니다. 술도 마찬가지 입니다. stop drinking을 하는 것이 요즘의 추세인데 용감하게 'stop to drink' 하시는 분들도 있지요.

 cease 그만두다, (존재하던 것이)끝나다 **halt** (휴식을 위해)멈추다, 정지시키다

story
stɔ́:ri 쓰또-뤼
명 이야기

→ short story 단편소설

Point 줄거리가 있는 이야기로써 실화와 픽션을 포괄하는 말

tale
téil 테일
명 이야기, 설화

Point 전해져 내려오는 이야기나 꾸며낸 이야기로 각색된 것

story

- What a beautiful and moving story! 이 얼마나 아름답고 감동적인 이야기인가!
- I'm not buying your story. 네 이야기에는 안 속을 거야.

tale

- This folk tale comes from Korea. 이 민담은 한국에서 유래한 것이다.
- It sounds like an old wives' tale. 그건 미신 같은 이야기로 들린다.

Tip

이야기가 오랫동안 전해져 내려오면서 각색되다 보면 아무래도 허황된 내용이 들어가기 마련입니다. 그래서 허풍을 떤다는 말을 'tell all tales'로 표현하기도 하죠. 죽은 자는 말이 없습니다. Dead men tell no tales. 그러나 이야기는 되풀이하면 커지기 마련 A tale never loses in the telling. 이죠.

 account 자세한 이야기, 설명 anecdote 일화(대개 유명인과 관련된 짧은 이야기)
narrative (실제의)이야기 yarn 모험담, 과장된 이야기

Unit S-44

strange
stréindʒ 쓰트뤠인쥐

형 이상한, 색다른

→ 부 strangely 이상하게, 기묘하게
   명 stranger 낯선 사람, (~에)생소한 사람

Point 보통 때와는 달라서 낯설고 익숙하지 않은

peculiar
pikjúːljər 피큐—을러r

형 기묘한, 이상한

→ 명 peculiarity 특색, 기묘, 이상

Point 다른 데서 볼 수 없는 독특한

strange
- That certainly is a strange. 그건 확실히 이상해.
- "Ponyo" is a strange and beguiling fantasy film.
  "포뇨"는 어린이들을 즐겁게 해주는 색다른 공상영화이다.

peculiar
- There's something peculiar about it.
  거기에는 뭔가 독특한 것이 있다.
- Did you see something peculiar? 그들은 뭔가 이상한 것을 봤니?

Tip
각 나라마다 독특한peculiar 풍습이 있습니다. 한국에 독특한 풍습은 외국인에게는 이상하게strangely하게 보일 수도 있습니다. 그 반대도 마찬가지지요. 특이함을 강조하면 peculiar한 것이고 낯설다는 것을 강조하면 strange가 됩니다.

유사어휘
odd (생각 밖이라)기묘한, 이상한(기괴한) quaint 기묘한, (별스러워 흥미를 끄는, 진기한)
queer 기묘한, 괴상한(예사롭지 않게 odd 한 것, 표준에서 벗어 난 것)
singular 남다른, 둘 도 없는, 기이한 weird 기묘한, 이상한, 불가사의한

strong
strɔ́(ː)ŋ 쓰트로-옹
⑱ 힘센, 강한

→ ㉯ strongly 강하게

Point 물리적으로나 정신적으로 강한 것을 표현하는 일반적인 말

powerful
páuərfəl 파우어r펄
⑱ 강한, 강력한, 세력 있는

Point 특히 저항이나 반대를 이겨내는 강력함

 strong

- Is that still going strong? 그거 아직도 건재하니? (인기 있니?)
- He has a strong will to win. 그는 이기려는 강한 의지를 가지고 있다.

 powerful

- Think about the powerful effects of advertising.
  광고의 강력한 효과에 대해 생각해 봐.
- I think it's a powerful argument. 그건 설득력이 있는 주장이야.

Tip

사람은 누구나 자신 만의 장기, 즉 강점strong point를 가지고 있습니다. 물론 약점weak point도 같이 있지만 어떤 것이 더 힘을 발휘하느냐가 중요하겠죠. 자신의 강점을 극대화하면 매우 powerful한 사람이 될 것입니다. 또한 powerful은 사회 경제 정치적으로 힘이 있다는 의미로도 많이 사용됩니다.

 유사어휘
influential 유력한, 영향력 있는 mighty (압도적인 힘을 가진)강력한, 거대한
muscular (근육이 발달해서)힘이 센 robust (신체, 신념, 정신이)강건한, 튼튼한
vigorous (효과가)강력한, 원기 왕성한

substance
sʌ́bstəns 썹ㅆ턴ㅆ
명 물질, 실질

→ 형 substantial
실질적인, 실체의, 실속 있는
→ 상당한 양의

Point 어떤 것의 실체, 본질적인 내용
(실질, 내용)

matter
mǽtər 매터r
명 물질, 물체

Point 정신의 반대어로써의 '물질'

substance

- You must prefer substance to appearance.
  이름보다는 실속을 차려야 한다.
- How do they know that the substance inside the shoe is actually an explosive substance?
  신발 속의 물질이 실제로는 폭발물인 걸 그들이 어떻게 알았지?

matter

- Einstein said that time could be affected by matter and energy.
  아인슈타인은 시간이 물질과 에너지에 의해 영향을 받을 수 있다고 말했다.
- What's the matter with you? 무슨 일이야? (물질, 질료 → 문제, 일, 사건)

Tip

아주 오래 전부터 인간은 matter가 무엇인지 탐구를 했습니다. 그런데 matter를 탐구하면 할수록 그것이 문제였죠.(그래서 '문제, 일' 등의 의미로 발전했을 수도…) 왜냐하면 그 실체를 substance 알 수 없었기 때문입니다. 물리학은 갈수록 미궁입니다. 물질의 궁극은 고정된 그 무엇이 아니기 때문이죠. 무엇일까요? matter는 그래서 골치입니다.

 material 재료, 물질 stuff 재료, 원료, 물질

succeed
səksí:d 썩씨-ㄷ
동 성공하다, 번창하다

→ 명 success 성공
명 succession 연속, 상속

Point 목적을 달성하고 좋은 결과를 얻다

flourish
flə́:riʃ f플러-뤼쉬
동 번창하다, 번성하다

→ 형 flourishing 번영하는

Point 외부로 나타난 성공의 화려함에 초점

succeed

- What makes you think you'll succeed?
  무엇 때문에 당신은 성공할 것이라고 생각하나요?
- I think that I can succeed. 난 성공할 수 있다고 생각해.

flourish

- The poppy trade is flourishing. 아편 매매가 번창하고 있다.
- Luckily, the global market for used heavy machinery is flourishing on the Internet.
  다행히도, 중고 중장비를 거래하는 세계시장이 인터넷에서 번창하고 있습니다.

'성공하다'는 뜻의 succeed에는 '계속되다, 잇따라 일어나다'라는 의미도 있습니다. 성장하고 번성하고 잘 된다는 것은 계속 이어지는 것과도 일맥상통하기 때문이죠. 또한 자리나 재산을 이어받는 것도 번창하는 것과 같은 맥락입니다.

prosper (특히 사업이)번창하다(물질적인 성공에 초점)
thrive (눈에 띄게)번영하다, 번성하다(동,식물이 잘 자라거나 사업이 번창)
triumph 성공하다(승리하다), 이기다

suffering
sʌ́fəriŋ 써풔링

명 고통, 괴로움

→ 동 suffer 괴로워하다, (고통을)경험하다, 견디다

Point 일정 기간 당하는 고통

agony
ǽgəni 애거니

명 심한 고통

→ 동 agonize 몹시 괴롭히다, 무척 괴로워하다

Point 심한 고통, 고뇌

suffering

- He was born during a time of great suffering.
  그는 큰 고통의 시기에 태어났다.
- I will not go through that suffering again.
  그런 고생을 다시는 하지 않을 겁니다.

agony

- It was agony for him. 그것은 그에게 심한 고통을 안겨주었다.
- She was screaming in agony. 그녀는 고통 속에서 소리치고 있었다.

Tip

고통이나 아픔 중에서도 특히 정신적, 육체적으로 장기간 지속되는 참기 힘든 고통이 있습니다. 이렇게 몸부림치게 만드는 고통을 agony라고 합니다. 이에 비해, suffering은 고통이나 수난의 뉘앙스를 가지고 있지요.

유사어휘
anguish (주로 마음의 큰 고)고뇌, 비통 distress (역경으로 인한)큰 고통, 비통, 큰 근심
misery 비참, 고통 torment (오랫동안 심신을 괴롭히는)고통, 격통

supply
səplái 써플라이

- 동 공급하다, 보충하다
- 명 공급, 보급, 지급

부족하거나 필요한 것을 보급하여 필요를 충족시켜주다

furnish
fə́ːrniʃ 풔-r니쉬

- 동 공급(제공)하다, 설치하다

→ furnishing 가구, 비품

생활의 필수품(특히 가구)을 설치하다

supply

- Forests can supply us with clean, renewable energy.
  숲은 우리에게 깨끗하고 다시 사용할 수 있는 에너지를 공급할 수 있습니다.
- Hopefully most of the suppliers will continue to supply us. 잘하면 대다수의 공급업자들이 계속해서 우리에게 공급을 할 것입니다.

furnish

- The rooms are exceptionally well furnished.
  가구가 상당히 잘 갖추어진 방들입니다.
- The company decided not to furnish any contrary evidence. 그 회사는 불리한 증거를 제출하지 않기로 결정했다.

Tip

미국의 구인 광고를 보면 a furnished apartment(가구가 전부 갖추어진 아파트)를 조건으로 하는 경우가 있습니다. 생활에 필요한 물품들이 전부 갖추어져 있는 아파트를 제공할 테니 몸만 오면 된다는 소리죠.

equip (필요한 도구나 장치 등을)갖추어 주다
provide (필요한 것을 준비하여) 공급하다(supply), 준비하다, 대비하다

support
səpɔ́ːrt 써포-r트

- 통 받치다, 지탱하다, 유지하다
- 명 버팀, 지지

→ 명 supporter 지지자, 원조자

Point 지지하다 → 지원하다, 부양하다

maintain
meintéin 메인테인

- 통 지속하다, 유지하다, 옹호하다

→ 명 maintenance 유지, 지속, 보수관리

Point 현재의 상태를 유지하는 것에 초점

support

- I'll support you. 당신을 지지할 겁니다.
- I have to support my family somehow.
  어쨌든 나는 가족을 부양해야만 해.

maintain

- We should maintain our independence.
  우리는 독립을 유지해야 합니다.
- It is difficult to maintain barriers between work and play.
  일과 놀이 사이의 경계를 유지하는 것은 어렵다.

Tip

요즘은 웬만하면 영어발음을 그대로 가져다가 쓰는 경우가 많습니다. 그 중 하나가 '서포터즈supporters'죠. 특정 팀이나 단체를 지지하고 후원하는 사람들을 일컫는 말입니다. 이에 비해, maintain은 물건이나 정신적인 상태를 그대로 유지하게 하는 것에 초점이 있습니다.

유사어휘
- back up 지지하다, 뒷받침하다(후원하다)
- sustain (압력과 고난을)견디다, (공적으로)지지하다, (가족을)부양하다
- uphold (주장이나 신념을)지지하다, 받치다

suppose
səpóuz 써포우z
동 가정하다, 추측하다

→ 형 supposed 가정의, 소문난
전 supposing 만약 ~라면

Point 어느 정도 증거를 바탕으로 추측, 가정

guess
gés 게ㅆ
동 짐작하다, 추측하다

Point 어림짐작으로 하는 막연한 추측

suppose

- I **suppose** you're right. 당신이 옳은 것 같아.
- Let's **suppose** he's good at his job.
  그가 자기 일을 잘 하고 있다고 가정해보죠.

guess

- I **guess** I dropped the ball. 아무래도 큰 실수를 한 것 같군.
- **Guess** what! 맞춰봐!(있잖아, 놀랄만한 소식이 있어)

Tip

추측이나 가정, 생각이긴 하지만 충분한 이유가 있을 때에는 suppose가 어울립니다. 통찰력을 가지고 추정하는 행위를 나타내기 때문이죠. 반면, 속된 말로 '때려 맞춘다'고 할 때에는 guess입니다. 그래서 수수께끼를 맞춘다든가 막연하게 대충 판단하는 경우는 guess를 사용해서 표현합니다.

assume 추정하다(당연히 그러리라 여기는 것), (증거는 없지만) 사실이라고 생각하다
estimate 어림잡다, 추정하다 → 견적하다, 산정하다
postulate (자명한 일로)가정하다

sure
[ʃúər 슈어r]

형 틀림없는, 확실한

→ 부 surely 확실히

Point 주로 주관적인 판단에 의한 확신임을 강조

certain
[sə́:rtən 써-r튼]

형 확신하는, 확실한

→ 부 certainly 확실히

Point 대개 객관적인 증거나 근거에 의한 확신

 sure
- I'm not sure about this. 이건 확실히 모르겠어.
- Don't be so sure. 너무 자신하지 마라.

 certain
- It is certain that there will be more cases and more deaths. 확실히 또 다른 사례들과 더 많은 죽음이 있을 겁니다.
- I'm certain that they're going to attempt to investigate. 그들이 조사를 하려고 할 겁니다. 확신해요.

Tip
sure와 certain은 흔히 바꿔 쓰는 말인데, 약간의 뉘앙스 차이가 있습니다. sure는 주로 주관적인 판단에 의한 확신임을 강조하고 certain은 뭔가 증거가 있어서 확신한다는 뉘앙스가 있습니다.

 유사어휘 confident 확신하고 있는, 자신 만만한 doubtless 의심할 바 없는, 확실한
positive (의문의 여지가 전혀 없이)명확한, 확실한

surrender
sərénd*ə*r 써뤤더
- 동 넘겨주다, 포기하다, 항복하다
- 명 인도, 항복

P뜻끼 저항하다가 포기하고 항복하는 것
(항복 후에도 저항하지 않음을 시사)

yield
jíːld 이-을드
- 동 양보하다, 굴복하다, 포기하다

→ 동 생기게 하다, 산출하다
- 명 산출

P뜻끼 일시적인 굴복이나 양보
(때로 존경과 호의에 의한 양보)

surrender

- He says he would rather die than surrender.
  그는 항복하느니 차라리 죽겠다고 말한다.
- They were ready to surrender. 그들은 기꺼이 포기할 참이었다.

yield

- We're not going to yield an inch.
  우리는 한 치도 양보하지 않을 거야.
- Don't yield to excessive pressure. 과도한 압력에 굴복하지 마라.

Tip

과일나무가 과일을 맺고, 소에서 소가죽이 나오는 모습을 떠올려보세요. 이것은 뭔가를 내주는 모습이죠. 그리고 이것이 추상적인 의미로 사용되면 양보하는 것이고 나아가 지위나 권리를 내어주는 것, 굴복하고 포기하는 모습으로 확대됩니다. 이 전체의 모습이 yield 입니다.

 concede (할 수 없이)인정하다, 양보하다   submit (권위에)복종하다, 항복하다, 굴복하다

surround
səráund 써**롸**운ㄷ

- 등 둘러싸다, 에워싸다
- 명 둘러 싸는 것, 환경(pl)

→ 명 surroundings (주위)환경

어원 대개 원하지 않은 것, 적대적이고 위험한 것에 둘러싸이다

enclose
enklóuz 엔클**로우**z

- 등 둘러싸다, 에워싸다

→ 명 enclosure 둘러쌈, 동봉

어원 담으로 둘러치다, 동봉하다

surround

- Although the house was surrounded by flames, it survived. 그 집은 화염에 휩싸였지만 무너지지 않았다.
- They had surrounded a house in the town.
  그들은 마을의 한 집을 포위했다.

enclose

- Did you enclose all the documents requested?
  필요한 서류들을 모두 동봉했나요?
- Please enclose $100 Certification Fee.
  인증수수료 100달러를 동봉하세요.

Tip

보석을 보석상자에 잘 담아 두는 것, 마당을 담으로 둘러치는 것, 사진이나 수표들을 편지와 함께 봉투에 넣고 붙이는 행위처럼 보호를 위해 외부와 단절시키는 것에 초점을 둔 말이 enclose입니다.

유사어휘
circumscribe 주위에 경계선을 긋다, (둘레에 원을 그린다는 의미에서)한계를 정하다
encircle 둘러싸다(대개 원형으로 빙 둘러싸는 것)
environ 둘러싸나, 토위하다(마을을 둘러싼 산처럼 환경을 묘사할 때)

swing
swíŋ 쓰윙
- 동 흔들리다, 흔들다, 빙 돌다
- 명 흔들림, 휘두름

Point 어디에 매달려 왔다 갔다 흔들리거나 회전하다

sway
swéi 쓰웨이
- 동 흔들리다, 흔들다
- 명 흔들림, 동요

Point 외부의 힘에 의해 흔들리는 것 (불안정해 지는 것)

swing
- Swing the bat! 방망이를 휘둘러!
- The pendulum was swinging from side to side.
  추가 이쪽에서 저쪽으로 흔들리고 있었다.

sway
- The building was swaying and shaking.
  그 빌딩은 흔들리고 있었다.
- Terror could sway Spanish poll?
  테러가 스페인 선거를 흔들 수 있을까?

Tip
야구시합을 보면 swing하는 모습을 볼 수 있습니다. 특히 헛스윙하는 장면을 보면 타자가 그 자리에서 한 바퀴 도는 모습을 볼 수 있죠. 이에 비해, sway는 불안정하게 흔들리는 모습입니다. 지진같이 흔들리는 것에서부터 심리적으로 동요하는 것까지 표현할 수 있죠.

  fluctuate (의견이나 감정 등이)동요하다, 흔들리다
oscillate (추처럼)진동하다, (마음이)동요하다 wave 흔들리다, 너울거리다, 파도 치다

Unit S-56

sympathy
símpəθi 씸퍼th씨
- 명 공감, 동정, 연민
  → 동 sympathize
    동정하다, 위로하다, 공감하다
  - 형 sympathetic
    동정적인, 공감을 나타내는

Point 함께 느낀다는 뜻에서 나온 말

pity
píti 피티
- 명 동정, 불쌍히 여김
- 동 불쌍히 여기다

Point 연민, 경멸, 유감

sympathy
- Do you feel **sympathy** for him? 그를 동정하나요?
- I don't feel **sympathy** for any of them.
  난 그들 누구에게도 연민을 느끼지 않아요.

pity
- What a **pity**! 정말로 안 됐군!
- We should not feel **pity** for them.
  그 사람들을 불쌍히 여겨서는 안 돼요.

Tip
먹을 것이 없어서 우는 아이나 학대 받는 동물을 보면 애처롭죠. 겉으로 드러난 그 불쌍함이 보는 이로 하여금 연민의 정을 일으키기 때문입니다. 이러한 상태는 pity로 묘사할 수 있습니다. 이에 비해, sympathy는 슬픔이나 기쁨의 감정을 같이 느낀다는 의미를 가지고 있습니다.

유사어휘
compassion (따뜻한)동정, 측은히 여김(대등한 입장에서의 적극적으로 도와주고 싶은 것)
condolence 애도, 조문 **mercy** (용서하는)자비심, 연민의 정

talent
tǽlənt 탤런트
⑲ 재주, 재능

Point 특히 예능 분야에서 타고난 재능 → 탤런트, 예능인

genius
dʒíːnjəs 쥐-니어ㅆ
⑲ 비범한 재능, 재주, 천재

Point 창조적이고, 독창적인 능력임을 강조

talent

- I'm not going to take advantage of his special talent.
  그가 가진 특별한 재능을 이용하지는 않을 거예요.
- She has a real talent for singing.
  그녀는 노래에 타고난 재능을 가지고 있습니다.

genius

- Genius is ninety-nine percent perspiration and one percent inspiration. 천재는 99%의 땀과 1%의 영감으로 이루어진다.
- Genius is hard to define. 천재는 정의하기가 힘들다.

Tip

대기만성Great talents mature late.이라는 말이 있죠. 그래서 어느 분야에서나 뒤늦게 자신의 재능을 발휘하는 사람들이 있습니다. 탤런트a TV talent나 영화배우 중에서도 조연만 하다가 말년에 주연으로 빛을 보는 사람도 있죠. 이에 비해, genius는 창조적이고 독창적인 능력을 강조하는 말입니다.

ability (타고난 혹은 후천적인)능력, 재능
aptitude (공부나 직업에 관해 발휘되는 타고난 혹은 후천적인)소질, 적성, 재능
faculty (특정한 행위에 대해서 발휘되는 타고난 혹은 후천적인)재능, 재간, 수완
gift (노력을 하지 않아도 발휘되는 타고난)재능, 적성

Unit T-02

tall
tɔ́:l 토-을
형 키가 큰, 높은

→ Point (short의 반대말) 사람과 사물 모두에게 사용

high
hái 하이
형 높은

→ 명 height 높이, 고도
통 heighten 높게 하다, 높이다

→ Point (low의 반대말) 사물이 높이 솟은, 고귀한, 비싼

- How tall is she? 그녀의 키는 얼마지?
- He always stands tall. 그는 항상 당당하다.

- The deficit will have to come down; it's too high.
  적자는 줄어야만 합니다. 그 규모가 너무 커요.
- Gasoline prices are still too high. 휘발유 가격은 여전히 높다.

Tip

큰 나무 a tall tree 처럼 폭에 비해 높은 것, 날씬하게 높이 자라는 것을 표현하는 말이 tall입니다. 그래서 키를 묘사할 때도 쓰이지요.(She is six feet tall.(그녀의 키는 6피트다.)) 반면 high는 높고도 크다는 느낌, 정도와 강도를 표현할 수 있습니다. (높은 산 a high mountain, 세찬 바람 a high wind, 높은 건물 a high building, 상류사회 high society)

elevated (지면이)높여진, 높은, (사상 등이)고상한, (기분이 고양되어)의기양양한
lofty (시에서 사용되는 말) 높이 솟은 아름다움과 위엄에 초점)우뚝 솟은, 고상한

teach
tíːtʃ 티-취

통 가르치다, 교육하다

→ 명 teacher 선생, 교사
  명 teaching 가르침, 교육

Point 지식을 가르치거나 훈련시킨다는 뜻의 가장 일반적인 말

educate
édʒukèit 에듀케이트

통 교육하다, 훈련하다

→ 형 educated 교육받은, 교양 있는
  명 education 교육, 훈육

Point 정식 교육기관에서 가르치는 것에 초점

teach

- I'll teach him a lesson. 그 녀석 버릇을 고쳐줄 거야.
- I believe failure teaches you something.
  네가 실패로부터 뭔가를 배울 수 있을 것으로 믿어.

educate

- The government has a long-term plan to educate the general public. 정부는 국민들을 교육하기 위한 장기 계획을 가지고 있다.
- He was always trying to educate himself.
  그는 늘 스스로 배우려고 노력했지.

Tip

한 나라의 미래는 교육에 있다고 해도 과언이 아닙니다. 교육한다는 것은 지식뿐만 아니라 품성을 포함하여 개인의 능력을 포괄적으로 함양시키는 것을 의미하죠. 전인교육whole-person education, whole-rounded education을 지향해야 합니다. 이를 담당하는 부서가 '교육과학기술부 The Ministry of Education, Science and Technology'입니다.

coach 지도하다, 가르치다 **discipline** (자기 수양을 목적으로)훈련하다, 단련하다
instruct (특별한 분야나 과목을 조직적인 방법으로)가르치다, 교육하다
train (특정한 직업이나 기술, 기법 등을)가르치다, 훈련하다, 연습하다
tutor 가정교사로서 가르치다

temporary
témpərèri 템퍼뤠뤼
- 형 일시적인, 임시의

→ 부 temporarily 일시적으로

Point 그것이 끝나면 곧 바꿀 것이라는 의미가 들어있다

momentary
móuməntèri 모우멘터뤼
- 형 순간의, 순간적인

→ 명 moment 순간, 찰나, 중요성
  부 momentarily 한 순간

Point 아주 짧은 한 순간 동안만 지속되는, 덧없는

temporary
- Many will be **temporary** jobs. 많은 사람들이 임시직에 머물 겁니다.
- It's a **temporary** situation. 그건 일시적인 상황이에요.

momentary
- This was not a **momentary** lapse. 이것은 순간의 실수가 아니었어요.
- Often, these interruptions in rhythm are **momentary** and harmless. 대개 이렇게 리듬이 끊어지는 것은 순간적인 현상이고 해도 없다.

Tip

정규직regular position, permanent worker과 비정규직temporary position, temporary worker문제는 현대사회의 뜨거운 감자가 되었습니다. temporary는 일시적인 것이기 때문에 아무래도 소득과 안정성이 문제가 되겠죠. 일시적이라는 의미에서 지금 한반도의 평화도 a temporary peace라고 할 수 있습니다.

유사어휘
fleeting 어느덧 지나가는, 잠깐 동안의, 무상한
passing (지속되지 않음을 강조하여)일시적인 transient 일시의, 잠깐 머무르는
transitory 일시적인, 무상한

Unit T-05

tempt

téːmpt 템프트

[동] 유혹하다, 부추기다

→ [명] temptation 유혹
[형] tempting 유혹하는, 부추기는

[Point] 본래부터 사람의 마음을 끌어당기는 대상에 의해 행위가 촉발되는 경우가 많다

seduce

sidjúːs 씨-듀ㅆ

[동] 부추기다, 꾀다

→ [명] seduction 사주, 유혹
[형] seductive 유혹하는

[Point] 대개 나쁜 길로 유혹하거나 여자를 농락하는 것

tempt

- I'll tell you, don't **tempt** me. 날 유혹하지마.
- Agents may try to **tempt** you with cash and gifts.
  대리인들이 현금과 선물을 가지고 너를 유혹하려고 할지도 몰라.

seduce

- Do you still think I'm trying to **seduce** you?
  아직도 내가 너를 부추기고 있다고 생각하니?
- He tried to **seduce** another woman.
  그는 다른 여성을 유혹하려고 했다.

Tip

어느 날, 친구가 금연과 금주를 선언합니다. 뭐 담배와 알코올을 끊겠다고? 그 말에 충격을 받은 나는 그대로 물러설 수 없다고 다짐합니다. 친구 앞에서 일부러 담배연기를 뿜어대고 술 이야기를 합니다. 친구가 자신의 의지와는 다르게 다시 니코틴과 알코올의 세계로 돌아오라고 끊임 없이 seduce를 하게 되죠. 이처럼 seduce는 대개 나쁜 길로 빠지게 하는 것을 의미합니다.

[유사어휘] **attract** (주의, 관심, 흥미를)끌어당기다, 매혹하다 **allure** 유인하다, (미끼로)꾀다

test
tést 테ㅆ트

- 동 시험하다, 검사하다
- 명 시험, 검사, 테스트

Point 정해진 기준을 만족시키는지 검사하다(품질이나 성능을 조사)

examine
igzǽmin 이ㄱz재민

- 동 검사하다, 조사하다, 시험하다

→ 명 examination
검사, 시험, 조사

Point 어떤 판단을 내리기 위해 상세하게 조사하고 관찰하다

test

- **We will test as many as we can.**
  우리는 우리가 할 수 있는 한 많이 테스트할 겁니다.
- **How many times did you test it?** 그것을 몇 번이나 시험했나요?

examine

- **Please examine your feelings closely.**
  당신의 감정을 면밀하게 관찰하도록 하세요.
- **They will continue to examine the large number of documents found at the site.**
  그들은 그곳에서 발견된 많은 서류들을 계속해서 검사할 것입니다.

###

북한의 핵실험에 대한 영문기사를 보면 '핵실험'을 'nuclear test'라고 표현합니다. 일종의 성능 검사를 했다는 의미입니다. 시력검사도 'eyesight test'라고 하죠. 반면 신체검사는 신체가 정상인지 상세하게 조사한다는 의미여서 physical examination이 어울립니다.

 experiment 실험하다 **quiz** 간단한 시험을 하다
try (실제로 해본다는 의미에서)시도하다, 시험하다

thick
θík th씩

- 형 두꺼운, 살찐, 짙은

→ 동 thicken
두껍게(굵게, 빽빽하게, 진하게)하다

Point 신체의 일부가 두꺼운, 굵은

fat
fǽt 퍁

- 형 살찐, 뚱뚱한, 두둑한
- 명 지방, 비만

Point 지방질이 많아서 통통하게 살찐

thick

- You have to build a thick wall. 두꺼운 벽을 세워야 해.
- Blood is thicker than water. 피는 물보다 진하다.

fat

- No one ever got fat from a grilled shrimp.
  구운 새우를 먹는다고 살찌는 사람은 없다.
- Who is that ugly, old fat woman? 저기 더럽고 뚱뚱한 여자는 누구지?

Tip

해외 토픽을 보다 보면 정말이지 인간으로 보기 힘든 a fat man이나 a fat woman을 가끔 만나게 됩니다. 팔뚝이나 발이 thick한 것하고는 차원이 다른 거죠. 올림픽에서 금메달을 딴 여자 선수의 '꿀벅지'가 화제가 된 적도 있는데 '꿀벅지'는 'thick thighs'라고 할 수 있습니다.

dense (높은 밀도로 속이 꽉 차 있는)밀집한, 조밀한, 짙은
overweight 지나치게 무거운, 과체중의
plump (좋은 의미로)포동포동한 stout (완곡하게 표현해서)뚱뚱한(풍채가 당당한)

Unit T-08

N O P Q R S T U V W X Y Z

think

θíŋk th씽ㅋ

[동] 생각하다

[Point] '생각하다'는 뜻의 가장 일반적인 말

ponder

pándər 판더r

[동] 곰곰이 생각하다, 숙고하다

[Point] 여러 가지 가능성과 대안들을 검토하면서 천천히 주의 깊게 생각하다(deliberate)

think

- What were you **thinking** about? 대체 무슨 생각을 한 거야?
- I don't **think** so. 그렇게 생각하지 않아.

ponder

- U.S. leaders **ponder** their nation's Mideast peace role. 미국의 지도자들은 중동의 평화를 위한 미국의 역할에 대해 숙고하고 있다.
- I will have to **ponder** that and get back to you. 그것에 대해 곰곰이 생각해봐야겠어. 그리고 나서 알려줄게.

[유사어휘]

conceive (생각이나 의견 등을)품다, 생각하다
consider 잘 생각하다, ~라고 생각하다(간주하다)
deem 생각하다, 판단하다, ~로 간주하다
deliberate 신중하게 생각하다, 숙고하다, 심의하다
meditate 깊이 생각하다, 명상하다
reason 논리적으로 생각하다, 추론하다
reflect (과거의 일에 대해 곰곰이)생각하다, 반성하다
speculate (비현실적인 것이나 미래에 대해)사색하다, 추측하다(불완전한 추리)
suppose 아마 ~일 것이라고 생각하다

Unit T-09

threaten

θrétn th쓰뤠튼

[동] 위협하다, 협박하다

→[명] threat 위협, 협박
[형] threatening 협박하는

Point '위협하다'는 뜻의 일반적인 말

menace

ménəs 메니ㅆ

[동] 위협하다, 협박하다
[명] 위협, 협박

Point 실제로 해칠 가능성에 초점을 두는 말

threaten

- Are you **threatening** me? 날 협박하는 거냐?
- Don't **threaten** our friends. 우리 친구들을 위협하지 마라.

menace

- Don't **menace** me with such a dangerous weapon.
  그렇게 위험한 무기로 날 위협하지 마라.
- He has become the greatest **menace** to peace.
  그는 평화에 가장 큰 위협이 되었다.

Tip

위협하고 협박하는 것은 그 위협을 받는 사람의 입장에서 보면 어떤 위험이 닥쳐오는 것입니다. 지구온난화로 다시 빙하기가 온다면 인류의 입장에서는 큰 위협이 됩니다. 멸종이 임박한 거죠. 그래서 threaten은 '~할 것 같다, 임박하다'라는 의미로도 사용됩니다.

[유사어휘] intimidate (폭력적으로)협박하다, 겁주다(위협하여 어떤 일을 하게하다)

throw
θróu 쓰로우
- 동 던지다
- 명 던짐, 던지기

어감 흔히 ~를 향하여 공중으로 던지는 것

cast
kǽst 캐스트
- 동 던지다, 던져버리다
- 명 던지기

→ 명 casting 던지기, 배역선정

어감 비유적으로 '투표하다, 시선을 던지다'

throw
- Don't throw cigarette butts on the street. 길거리에 담배 꽁초를 버리지 마세요.
- Don't throw it away. 그거 버리지 마.

cast
- The die is cast. 주사위는 던져졌다.
- I have decided to cast a vote in favor of the legislation. 난 그 법안에 찬성표를 던지기로 결심했어요.

Tip
주사위, 진주, 낚시 줄 같이 가벼운 것을 던지는 행위에서부터 비난이나 시선을 던지거나 투표를 하는 행위와 같은 추상적인 것을 던지는 행위도 cast로 표현합니다. 나아가 배우에게 역을 배정하는 것도 cast를 사용하죠. 생각지도 못했던 사람을 캐스팅casting해서 생각지도 않게 흥행에 성공하는 드라마도 종종 있죠.

유사어휘 fling (힘을 주어 세차게 혹은 아무렇게나 휙)던지다 hurl (힘을 주어)세게 던지다
pitch (특정 목표를 향해 조준해서)던지다 toss 가볍게 던지다

Unit T-11

tie

tái 타이

[동] 묶다, 매다, 묶이다
[명] 끈, 새끼

Point 실이나 끈으로 매다
→ 결합하다, 속박하다

bind

báind 바인ㄷ

[동] 묶다, 매다, 둘러 감다

→ [명] binding 묶음, 구속

Point tie보다 더 강하게 둘러매는 것
→ (약속, 의무 등으로)속박하다

tie

- Make sure that you **tie** it tightly. 그것을 꽉 묶었는지 확인해라.
- I realized that my happiness is **tied** to how I feel about myself.
  행복이란 내가 내 자신을 어떻게 느끼는가에 달려있음을 깨달았습니다.

bind

- Don't **bind** my hands when I am negotiating.
  내가 협상하고 있을 때 내 손을 묶지 마라.
- She was **bound** by the duct tape.
  그녀는 덕트 테이프로 묶여 있었다.

Tip

예를 들어 두 개의 줄을 꽉 매면 어떻게 될까요? 두 개의 줄이 연결되겠죠. 연결된다는 말은 두 개의 줄이 이어졌다는 뜻이고 또한 두 개가 같아졌다는 의미도 됩니다. 그래서 tie에는 '동점이 되다'는 뜻이 있습니다. 또한 매는 것은 속박과 구속을 의미하기도 하죠.

[유사어휘]
fasten 묶다, 고정시키다(매는 것, 접착제를 사용하는 것을 포함)
secure (창을 꼭)닫다, 고정하다, 확보하다, 안전하게 하다

tired
táiərd 타이어ㄹㄷ
형 피곤한

→ 형 tireless 지칠 줄 모르는, 싫증 내지 않는

Point 피곤한 상태를 나타내는 일반적인 말 (→ 싫증난)

exhausted
igzɔ́:stid 이ㄱ조-ㅆ티ㄷ
형 고갈된, 지칠 대로 지친

→ 동 exhaust 다 써버리다, 고갈시키다

Point 더 이상 일을 할 수 없을 정도로 완전히 녹초가 된

tired
- Are you getting tired of this? 이것 때문에 피곤 한가요?
- I'm tired of hearing about this. 이 이야기 듣는 거 지겹다.

exhausted
- I'm exhausted after a game. 난 게임 때문에 녹초가 되었어.
- Are you exhausted? 지쳤냐?

Tip

우리가 흔히 하는 말로 진이 빠진 상태를 'I'm tired out.(난 완전히 녹초가 되었어.)'라고 표현합니다. 피곤해서 나가 떨어졌다는 말이죠. 이러한 상태가 바로 exhausted한 상태입니다. 피곤과 싫증이 그 정도가 심해져서 심신이 out된 상태인 거죠.

유사어휘
fatigued (tired 보다 피곤한 상태로 수면이나 휴식이 필요한)지친
weary (오랜 긴장으로 정력과 흥미가 고갈되어)피곤한, 싫증난
worn-out (어떤 일을 너무 열심히 해서)매우 지친, 기진맥진 한

tolerance
tάləɾəns 탈러뤈쓰
명 관용, 아량

→ 형 tolerant 관대한
  동 tolerate 관대히 다루다, 참다

다른 사람의 사상이나 의견을 그 사람의 권리로서 인정하는 것

generosity
dʒènərάsəti 줴너롸써티
명 관대, 관용

→ 형 generous 관대한, 아량 있는

따뜻한 마음으로 다른 사람을 대해주는 것

tolerance

- They bring up their children in the spirit of tolerance and peace. 그들은 자녀들을 관용과 평화의 정신으로 길렀다.
- Tolerance is absolutely essential. 관용은 꼭 필요하다.

generosity

- We will never forget your generosity.
  당신의 따뜻한 마음을 영원히 잊지 못할 겁니다.
- I appreciate your generosity and hope we can get together sometime soon.
  당신의 관대함에 감사 드리며 조만간 다시 뵙게 되기를 희망합니다.

Tip

'관용' 하면 프랑스의 '똘레랑스'가 떠오릅니다. 프랑스의 관용정신을 배워야 한다는 주장이 사람들의 관심을 끌기도 했죠. 나와 다른 종교와 신념을 가진 사람들을 인정해야 한다는 말입니다. 우리에게 전해지는 홍익인간 정신이 바로 그와 같은 것인데 굳이 멀리서 그 정신을 찾으려 하는지…

 liberality 관대함, 후함(generosity)
magnanimity (주로 고위층 사람들에게 사용되는 말)아량, 관대함
toleration (특히 다른 사람의 행동에 대해서)관용, 묵인

tool
túːl 투-을
- 몡 도구, 연장

Point 간단한 도구에서 수단, 방법에 이르기 까지

implement
ímpləmənt 임플리먼트
- 몡 도구, 용구
- 통 ~에게 도구를 주다, 실행(이행)하다
→ 몡 implementation 이행, 수행

Point 어떤 일을 해나가는 데에 필요한 물건

tool
- A bad workman blames his tool. 서툰 일꾼이 연장만 나무란다.
- English is the common tool of communication.
  영어는 의사소통을 위한 공통의 도구이다.

implement
- A writing implement is an object used to produce writing. 필기도구란 글을 쓰는 데 사용되는 물건이다.
- These websites provide the widest selection of gardening implements to customers.
  이 웹사이트는 소비자에게 다양한 정원도구를 선보이고 있습니다.

Tip
일을 쉽게 할 수 있도록 도와주는 물건이면 tool입니다. 기계공구 a machine tool, 업무도구 a business tool 에서부터 수단과 방편을 뜻하는 추상적인 의미에 이르기까지 (a tool of social change 사회변화의 수단) 광범위하게 사용됩니다.

유사어휘
appliance (전기로 움직이는 가정용)기구, 장치 gadget 작은 도구, 간단한 기계 장치
instrument (복잡하고 정교한) 도구, 기구, 정밀 기계 utensil (살림용)가정용품, 기구, 용구

Unit T-15

top
táp 탑
명 꼭대기, 정상, 절정

Point 가장 높은 부분을 가리키는 일반적인 말

peak
pí:k 피-ㅋ
명 뾰족한 끝, 꼭대기, 절정

Point 산맥이나 그래프에서 제일 높은 지점 (비유적으로 최고점, 절정)

top

- In June, two men climbed to the top of the building.
  6월에 두 명의 남자가 그 빌딩의 꼭대기까지 올라갔다.
- He's on the top of things. 그는 훤히 알고있다.

peak

- Gas and hot ash caused snow on the mountain peak to melt. 가스와 뜨거운 먼지는 산 정상의 눈을 녹게 만들었다.
- Right now he's at the peak of his career.
  지금 그는 생애의 절정기에 있다.

Tip

지리산 꼭대기top 천왕봉에 올라서 보면 주위를 두른 산들을 전부 볼 수 있습니다. 지리산 주변의 산 봉우리를 선으로 연결하면 그래프처럼 보이죠. 그 중에서도 천왕봉이 최고 높은 지점peak 입니다.

acme (발전, 발달, 완성의 최고점으로써의)절정, 정점 **apex** (세모나 원뿔의)끝, 정점
climax (사건, 영화 등의)최고조, 최고점, 절정 **summit** (산의)정상, 꼭대기, 절정, (국가의)정상

400

Unit T-16

total
tóutl 토우틀
- 명 총계, 합계
- 형 합계의, 전체의

Point 최종적으로 집계한 총액, 총계

sum
sʌ́m 썸
- 명 총계, 합계
- 동 총계하다, 요약하다

Point 단순히 전부 더했다는 데에 초점

total
- The total comes to $2 billion. 총계는 20억불에 이른다.
- How many total buildings went down?
  얼마나 많은 빌딩들이 무너졌나요?

sum
- The sum of 3 and 4 is 7. 3+4=7. (3더하기 4는 7.)
- The whole is greater than the sum of its parts.
  전체는 그 부분들의 합보다 크다.

Tip

total이나 sum은 총계를 나타내기 때문에 대개 숫자로 그 양이 표시됩니다. 특히 전세계적인 금융위기 이후 돈의 액수를 표시하는 일이 많아졌는데 원화가 되었던 달러가 되었던 기본적으로 언급되는 단위가 커져서 '억'도 별 크다는 느낌이 안들 정도가 되었습니다.

유사어휘
aggregate 집계, 총계, 총액
amount (더해진 결과를 하나의 덩어리로 인식한 개념)총액, 총계, 액수   whole 전부, 전체

trade
tréid 트뤠이드
- 동 교환하다, 거래하다, 장사(무역)하다
- 명 매매, 거래, 무역
→ 명 trader 무역업자, 트레이더

Point 이익을 목적으로 서로 교환하는 행위 (장사와 무역)

exchange
ikstʃéindʒ 익쓰췌인쥐
- 동 교환하다, 주고 받다
- 명 교환

Point 경제적인 의미의 주고받음에 한정되지 않음

trade

- Where do you want to trade? 어디서 거래하기를 원합니까?
- The Senate approved a free trade agreement with Peru yesterday by a vote of 77 to 18.
  상원은 어제 페루와의 자유무역협정을 77대 18로 승인했다.

exchange

- I'd like to exchange this for another one.
  이것을 다른 것으로 바꿔주세요.
- Soldiers exchange greetings and high fives with the crowd. 군인들은 서로 인사를 하고 군중들과 손바닥을 마주치며 축하했다.

Tip

유무선 통신망이 확충되면서 장소를 가리지 않고 주식을 거래trading 할 수 있는 기반이 조성되었습니다. 그래서 자기자본으로 수익창출을 위해 주식을 거래하는 트레이더trader가 많이 생기고 있죠. 물론 크게 성공하는 이도 생겼는데 그 확률은 무지 낮다고 합니다.

 barter (필요한 물건을 서로 교환하는 것)물물교환하다
swap (물건을 서로)바꾸다, (배우자를)교환하다

Unit T-18

travel
trǽvəl ㅌ뢔벨

- 명 여행
- 동 여행하다

→ 명 traveler 여행자
  형 traveling 여행하는

Point 대개 외국으로의 여행, 장거리 여행

tour
túər 투어r

- 명 관광 여행, 시찰
- 동 관광 여행하다, 견학하다

Point 관광, 시찰을 목적으로 하는 여행

travel

- They regularly check travel information and weather forecasts. 그들은 여행정보와 기상예보를 정기적으로 체크한다.
- Personally I think we will never master time travel. 내 개인적인 생각으로는 시간여행은 절대로 성공할 수 없다.

tour

- At least four people died when a tour bus crashed Tuesday. 수요일에 관광버스가 추락했을 때 적어도 4명이 사망했다.
- We hired a tour guide who spoke excellent English. 우리는 영어를 잘하는 관광가이드를 고용했다.

Tip

누구나 세계를 여행하는travel the world, tour around the world 꿈을 꿉니다. 기왕이면 호화유람선도 타고, 일등석을 타고 간다면 더할 나위가 없겠죠. 이제는 과학기술이 발전하면서 우주여행space travel도 현실로 다가오고 있습니다. 그 중에서도 가장 재미있는 건 시간여행이time travel 아닐까 합니다.

유사어휘

excursion 소풍, 유람
journey (주로 육상에서의 장거리)여행 (반드시 돌아온다는 의미는 없음. 비유적으로 많이 사용됨)
trip (소풍, 출장 같은 대개 짧은)여행 **voyage** (배, 비행기, 우주선을 타고 가는 긴)여행

Unit U-01

uncertain
ʌnsə́ːrtən 언써-r튼
형 불명확한, 분명치 않은

→ 명 uncertainty
반신반의, 불확실

Point 선택할 수 없는, 확실하게 알 수 없는

ambiguous
æmbígjuəs 앰비規어쓰
형 애매한, 모호한

→ 명 ambiguity 애매함

Point 두 가지 이상의 뜻으로 해석할 수 있어서 다의적이고 애매한

uncertain

- She faces an uncertain future. 그녀는 불확실한 미래와 마주하고 있다.
- I'm uncertain exactly what that is.
  그것이 정확히 무엇인지 분명치 않아요.

ambiguous

- There was something ambiguous about his statement.
  그의 진술에 뭔가 애매한 것이 있었다.
- The one China policy is quite ambiguous.
  하나의 중국 정책은 상당히 모호하다.

Tip

노련한 정치인이나 외교관들의 발언을 들어보면 매우 애매한 ambiguous 표현을 쓰는 경우가 많습니다. 그렇게 애매하게 해야 뒷말 말썽이 일어날 경우 발을 뺄 수 있기 때문입니다. 그래서 발언의 진위를 둘러싸고 논쟁이 일어나기도 하죠.

dubious 의심스러운, 모호한 **obscure** (부정확하거나 숨겨져 있어서)분명치 않은, 모호한
unclear 이해하기 힘든, 모호한 **vague** (말, 감정 등이)막연한, 모호한

404

Unit U-02

understand
ʌ̀ndərstǽnd 언더ㄹ쌔탠ㄷ

동 이해하다

→ 명 understanding 이해

Point 머리, 마음, 경험으로 '이해하다'는 뜻의 가장 일반적이고 포괄적인 말

comprehend
kàmprihénd 캄ㅍ뤼헨ㄷ

동 이해하다, 파악하다

→ 명 comprehension 이해, 터득, 포함
형 comprehensive 이해력 있는, 포괄적인

Point 사물을 지적으로 파악하는 과정을 강조하는 말 → 포함하다, 함축하다

understand

- Do you understand that? 그거 이해 하니?
- I don't understand why this happened to me.
  왜 그 일이 나에게 일어났는지 이해가 안 되요.

comprehend

- I'll say something they didn't comprehend.
  그들이 파악하지 못했던 것을 말해주겠다.
- It's difficult to comprehend the complexities of such race relations. 그와 같이 복잡한 인종관계를 파악하는 것은 쉽지 않다.

Tip

영어의 독해력을 길러야 한다고 할 때, '독해력'을 영어로 표현하면 reading comprehension 입니다. 글자만 보는 것이 아니고 책을 읽고 그 내용을 파악하는 comprehend 지적인 능력까지 포함하는 개념이죠. 뭔가를 철저하게 살펴본다는 뉘앙스가 있습니다.

appreciate (진정한 가치를)알다, 이해하다
get (상대가 하는 말의 의미나 핵심을) 알다, 이해하다

Unit U-03

unusual
ʌ̀njúːʒuəl 언유-쥬얼

형 이상한, 유별난

→ 부 unusually 보통과는 달리, 현저하게

Point 여느 때와 다른, 보통이 아닌

extraordinary
ikstrɔ́ːrdənèri 엑쓰트로-디네뤼

형 보통이 아닌, 비범한, 대단한

Point 예외적인 면이 강하다는 데에 초점

unusual

- I don't find anything unusual about it at all.
  그것에 대해 이상한 점은 전혀 발견할 수 없다.
- He has a very unusual ability to see aura.
  그는 오라를 볼 수 있는 매우 보기 드문 능력을 소유하고 있다.

extraordinary

- My husband will be extraordinary president.
  제 남편은 훌륭한 대통령이 될 겁니다.
- Filibusters are used only under extraordinary circumstances.
  의사진행 방해는 예외적인 상황에서만 사용된다.

Tip

평상시와 다른 상태를 묘사하는 unusual은 이상하고 별나다는 데에 초점이 있는 말이어서 비정상적으로 이상한 abnormal 경우나 유별나게 눈에 띄는 경우 또는 심상치 않은 상태를 표현할 때 사용할 수 있는 말입니다. 또한 보통이 아니라는 의미에서 unusual talent 비상한 재주처럼 비범한 것을 표현할 수도 있죠.

exceptional 예외적인, 특별한(우수함에 초점)   rare 드문, 진기한
uncommon 흔하지 않은, 진귀한, 보기 드문

use
jú:z 유-z

통 쓰다, 이용하다, 사용하다

→ 형 useful 쓸모 있는, 유용한
형 useless 쓸모 없는, 무익한

Point 목적을 달성하기 위한 수단으로 쓰는 것

utilize
jú:tǝlàiz 유-틸라이z

통 이용하다, 활용하다

→ 명 utilization 이용, 활용

Point 무엇을 소용이 되게 사용하는 것으로 실용적으로 쓰는 것

use

- May I use your telephone? 전화 좀 사용해도 될까요?
- Use simple vocabulary and expressions whenever possible. 가능하면 간단한 단어와 표현을 사용하라.

utilize

- We will utilize all of our means. 우리는 모든 수단을 활용할 것이다.
- You can utilize your website to grow your business.
  당신의 웹사이트를 이용하여 사업을 확장할 수 있습니다.

Tip

칼이나 연필 같은 도구를 사용하는 것이나 석유 같은 자원을 사용하는 것은 한편으로 소비하는(먹는) 행위입니다. 전부 use로 표현할 수 있죠. 이 use의 대상이 사람이면 '이용해 먹다'는 의미로도 사용됩니다.

 유사어휘
consume 다 써버리다, 소비하다
employ (use보다 품위 있는 말)사용하다, (사람이 목적이 되면)고용하다
exploit (부당하게)이용하다, 착취하다, 개척하다

usual
júːʒuəl 유-쥬얼

형 보통의, 평소의

→ **부** usually 일반적으로, 보통

뜻씹기 과거의 경험에 비추어 정상적인

customary
kʌ́stəmèri 커ㅆ터머뤼

형 습관적인, 통례의

→ **명** custom 풍습, 관습
부 customarily 관례적으로, 관례상

뜻씹기 개인의 습관이나 사회의 관습에 따르는

usual

- Everything will be the same as usual.
  모든 것이 늘 그렇듯이 똑 같을 겁니다.
- He woke up earlier than usual. 그는 평소보다 일찍 일어났다.

customary

- It's customary to practice a few hours a day.
  대개 하루에 몇 시간씩 연습을 한다.
- Is it customary for home buyer to pay closing costs?
  주택 구매자가 수수료를 지불하는 것이 관례인가요?

Tip

누군가 어떻게 지내냐고 물어 올 때 평소와 같이 지내고 있다고 하면 'Same as usual!'(늘 그렇죠 뭐!)이라고 답할 수 있습니다. 또한 무엇이 usual하다고 하면 흔한 것이어서 이상할 것이 없다는 의미도 됩니다.

accustomed 익숙해진, 여느 때와 다름 없는 **general** 대체적인, (전문적이 아니라)일반적인
habitual 습관적인, 평소의 **ordinary** (일반의 기준에 부합하는)평상의, 보통의
regular 정기적인, 통상의

vain
véin 붸인

형 헛된, 쓸데 없는

→ 형 허영심이 강한, 뽐내는
부 vainly 헛되이, 쓸데없이

Point 더 이상 계속 해봐야 소용이 없는, 그렇게 할 가치가 없는

useless
júːslis 유-쓸리ㅆ

형 쓸모 없는, 헛된

Point 본래의 결함으로 인해 소기의 목적을 달성할 수 없는

vain

- Their search was in vain. 그들의 수색은 헛수고였다.
- Though they died in tragedy, they did not die in vain.
  그들이 비록 비극적인 죽음을 맞이했지만, 그들의 죽음은 헛되지 않았다.

useless

- It's useless to discuss this now.
  지금 이 문제를 논의하는 것은 쓸모 없는 짓이에요.
- This debate is useless, tiresome and distracting.
  이번 토론은 무익하고 지루하고 혼란만 주는 것이었다.

Tip

밤 새 시험공부를 열심히 했는데 그만 답안지에 번호를 잘못 옮겨서 표시하는 바람에 시험을 망쳤다면? 그 날의 공부는 헛수고ª vain effort가 된 거죠. 반면, 엎질러진 우유를 보고 울어봐야 별 소용이 없죠? 이렇듯 아무 효과도 없는 행동을 useless하다고 합니다.

유사어휘

empty (알맹이가 빠져)공허한, 무의미한
fruitless (오랜 노력에도 불구하고)결실이 없는, 보람 없는
futile 헛된, 효과 없는(완전히 실패해서 성과를 전혀 거두지 못함을 강조)
ineffectual (신중하지 못한 접근으로)효과가 없는

valuable
væljuːəbəl 봴류-어블
- 형 귀중한, 소중한
- 명 (pl) 귀중품

→ value 가치, 진가, 가격

대개 금전적인 가치가 있는, 매우 유용해서 귀중한

precious
préʃəs 프뤠셔쓰
- 형 귀중한, 값비싼

희귀하기 때문에 귀중하고 값어치가 있는

valuable

- How valuable is your equity? 당신 지분의 가치는 얼마나 됩니까?
- That's very valuable information to marketers.
  그것은 마케팅 담당자들에게 매우 귀중한 정보입니다.

precious

- The lives of these people are very precious to us.
  이 사람들의 생명은 우리에게 매우 소중합니다.
- We would conserve precious natural resources.
  우리는 소중한 천연자원을 보호해야 한다.

Tip

금융위기 이후 달러가 종이조각으로 전락할 수 있다는 우려가 확산되자 금값이 천정부지로 치솟았습니다. 금이나 은 같은 귀금속 the precious metals 은 그 자체로 가치가 있는 화폐역할을 하기 때문이죠.

costly (지불하고 싶은 가격보다 비싼, 비용이 많이 드는)값비싼
invaluable (값을 매길 수 없을 정도로)매우 귀중한
priceless (값을 매길 수 없을 정도로)매우 귀중한

Unit V-03

victory
víktəri 뷕터뤼

명 승리

→ 형 victorious 승리를 거둔

싸움에서의 '승리'를 뜻하는 가장 일반적인 말

triumph
tráiəmf 트롸이엄f

명 승리, 대성공
동 이기다, 성공하다

→ 형 triumphant 승리를 거둔, 성공한

완전한 승리와 그에 따르는 기쁨도 표현하는 말

victory

- Congratulations on your victory. 승리를 축하한다.
- The victory is mine. 승리는 나의 것.

triumph

- The deal was a triumph. 그 거래는 대성공이었다.
- A half hour later, he returned in triumph.
  30분 후, 그는 의기양양해서 돌아왔다.

Tip

축구나 야구에서 한일전이 벌어지면 게임이 흥미진진해집니다.
완승a complete victory을 한 선수들은 의기양양한in triumph 모습을 보입니다.
반면 완패a complete failure를 하면 있는 욕 없는 욕을 다 듣게 되죠. 그래서
재미가 더 하는지도 모르겠습니다.

유사어휘 conquer 정복, 승리 win 승리, 성공(경주에서 1등 하는 것, 돈을 따는 것)

Unit W-01

wake

wéik 웨이ㅋ

[동] 일어나다, 깨우다

Point 잠에서 깨는 것을 표현하는 일반적인 말

awake

əwéik 어웨이ㅋ

[동] 깨어나다, 깨우다
[형] 깨어 있는

Point 대개는 비유적으로 사용

wake

- She would **wake** me up at 6:30 in the morning.
  그녀는 아침 6:30분에 나를 깨우곤 했다.
- It is time for everyone to **wake** up and smell the coffee. 모두가 현실을 직시할 때가 되었어.

awake

- We **awoke** to a new global reality.
  우리는 새로운 지구현실에 눈을 떴다.
- You have to keep yourself **awake.** 늘 깨어있어야 한다.

Tip

이들 단어와 비슷하게 '깨우다, 일으키다'는 뜻을 가진 말로는 waken과 awaken이 있습니다. waken은 주로 타동사로만 사용되는 경향이 있고, awaken의 경우는 awake처럼 주로 비유적인 용법으로 사용되는 말입니다.

[유사어휘] arouse (주로 비유적으로)깨우다 rise 일어서다, 기상하다 rouse 깨다, 깨우다

walk
wɔːk 워-크

- 동 걷다
- 명 보행, 걷기

→ walker 보행자
  walking 걷기, 보행

'걷다'는 뜻의 가장 일반적인 말

stride
stráid 쓰트롸이드

- 동 큰 걸음으로 걷다
- 명 큰 걸음, 활보

큰 걸음으로 성큼성큼 걷다

walk

- It's too far to walk back. 다시 걸어가기에는 너무 멀어.
- This river is too deep to walk across.
  이 강은 걸어서 건너가기에는 너무 깊어.

stride

- He began to stride around the stage.
  그는 무대 주위를 활보하기 시작했다.
- The man raised himself from his seat and strode across the room.
  그 남자는 자기 자리에서 일어나서는 성큼성큼 그 방을 가로질러 갔다.

Tip

'산책하다'는 표현은 대개 walk를 써서 합니다. take a walk, have a walk, go for a walk 등으로 표현하지요. 'Let's take a walk.'는 같이 걷자, 산책하자는 말인데, 그 뒤에 장소나 방향을 표시하는 말을 덧붙일 수 있습니다. 예컨대 in the park라는 구절을 붙이면 공원을 산책하자는 말이 되는 거죠.

유사어휘 hike 도보여행하다 plod 터벅터벅 걷다 stroll 어슬렁어슬렁 거닐다, 산책하다
strut 뽐내며 걷다 tread (땅을 밟듯이)걷다, 밟다

wander
wándər 완더r
- 통 헤매다, 길을 잃다

→ 형 wandering 헤매는
  명 wanderer 방랑자

Point 정처 없이 돌아다니는 것
(방황, 방랑)

stray
stréi 쓰트뤠이
- 통 길을 잃다, 방황하다
- 형 길 잃은

Point 정해진 길에서 벗어난 것에 초점

wander
- I was wandering the street, not knowing what to do.
  난 길을 헤매고 있었죠, 어찌할 바를 모른 채.
- He may have wandered off looking for a warm place.
  그는 어쩌면 따뜻한 곳을 찾다가 길을 잃었을지도 모른다.

stray
- A NATO missile strayed from its target and hit a house.
  나토군의 미사일이 목표를 벗어나 민가를 타격했다.
- We will not stray away from the truth.
  우리는 진리에서 벗어나지 않을 것입니다.

Tip

정처 없이 떠돌아 다니는 김삿갓, 방랑자… 괜히 멋있어 보이기도 합니다. wanderer의 모습은 겉으로는 낭만적인 면도 있지요. 이와 비슷하지만, 길을 잃고 엉뚱한 곳으로 빠지는 것을 '탈선'이라고 합니다. 대개 나쁜 곳으로 빠지는 타락을 의미하지요. 성경에 나오는 '길 잃은 어린 양 a stray sheep' 입니다.

 ramble (마음 편하게)어슬렁어슬렁 돌아다니다 roam (이곳 저곳을 편하게)돌아다니다
rove (특별한 목적으로 돌아다니는 것)헤매다, 유랑하다

Unit W-04

warn
wɔ́ːrn 워-ㄹㄴ
- 통 경고하다

→ 명 warning 경고, 예고

Point 위험 등을 미리 알려서 피하게 하다, 무엇을 그만 두게 하다

caution
kɔ́ːʃən 코-션
- 통 경고하다, 조심시키다
- 명 조심, 신중, 경계

→ 형 cautious 신중한, 조심하는

Point warning보다는 강도가 약한 경고(조심시키는 것에 초점)

- **Why didn't you warn me?** 왜 나에게 경고하지 않은 거냐?
- **My doctor warned me not to smoke.**
  의사가 담배피지 말라고 경고했다.

- **She cautioned me to take it easy.**
  그녀는 나에게 진정하라는 주의를 주었다.
- **Experts caution not to put the chemical directly on exposed skin.**
  전문가들은 그 화학제품을 직접 피부에 닿게 해서는 안 된다고 경고한다.

Tip

간혹 어이없는 대형사고가 터져서 수 많은 사람들이 다치거나 죽는 경우를 봅니다. 경고 표지판 warning signs도 아무 소용이 없습니다. 사람들에게 주의를 주어도 caution 이상하게 듣지를 않죠. 결국은 대형사고로 이어집니다. 더 이상 술을 먹으면 죽는다고 경고해도 마셔대는 사람들이 있지요. 이런 것들을 보면 운명이란 것이 있는지도 모르겠다는 생각이 듭니다.

 alert 경계시키다

Unit W-05

wash
wáʃ 와쉬
동 씻다, 세수하다, 빨래하다

→ 명 washing 씻기, 빨래

Point 물을 사용하여 씻어내다

clean
klíːn 클리-ㄴ
동 깨끗하게 하다

→ 명 cleaning 청소, 세탁

Point 수단은 상관없이 깨끗하게 하는 행위를 표현하는 일반적인 말

wash
- Where can I **wash** up? 화장실이 어디죠?
- **Wash** your face. 세수 해라.

clean
- Who **cleans** up this mess? 누가 이 쓰레기를 치우지?
- Let's **clean** the entire house. 집을 깨끗이 청소합시다.

Tip
손을 씻거나 목욕을 하는 것, 빨래를 하는 것 등 물을 사용하여 씻는 행위는 wash로 표현할 수 있습니다. 이에 비해, clean은 청소, 세탁, 소독에 이르기까지 깨끗하게 하는 행위를 묘사하는 말이죠.

purge (몸과 마음을)깨끗이 하다, (불순물이나 죄를)제거하다
scour (녹이나 때를 문질러서)닦다, 빨다 **scrub** (문질러서)깨끗하게 하다

way
wéi 웨이

명 방법, 방식, 수단

Point 방법, 방식을 뜻하는 가장 일반적인 말

method
méθəd 메th써ㄷ

명 방법, 방식

Point 뭔가 조직적이고 논리적인 복잡한 방법임을 시사함

way

- What's the best way to lose weight?
  몸무게를 빼는 가장 좋은 방법은 뭔가?
- Now do it your way. 이제 네 방법대로 해라.

method

- The scientists propose a new method to predict climate change. 과학자들은 기후 변화를 예측할 새로운 방법을 제안한다.
- The vaccination has proven to be an effective method in preventing the sickness.
  백신접종은 질병을 예방하는 효과적인 방법으로 증명되었다.

Tip

우리는 무엇을 하던 최선의 방법을^{the best way} 찾아서 하려고 합니다. 특히 영어를 배울 때에는 가장 효율적인 방법을^{the most effective way} 고민하게 되죠. 그런데 언어를 배우는 데에 있어서는 방법도 방법이지만, 무엇보다도 끈기가 있어야 하겠습니다.

유사어휘
fashion 방법, 방식(개성이 드러나는 특이한 방식) → 패션, 유행
manner (말투처럼 개인적이거나 독특한)방식, 방법
mode (관습과 전통을 따르는)방식, (생활, 의복 등의)양식

417

Unit W-07

weak
wiːk 위-ㅋ
형 약한

→ 동 weaken 약하게 하다, 약해지다
명 weakness 약함, 약점

Point 체력, 의지, 지력 등이 약함을 나타내는 가장 일반적인 말

feeble
fíːbəl 퓌-블
형 연약한, 허약한

Point (가엾다는 느낌)애처로울 정도로 약한

weak

- We are becoming a weak nation.
  우리는 약소국이 되어가고 있는 중이다.
- You cannot build a house on a weak foundation.
  기초가 약한 곳에 집을 세울 수는 없다.

feeble

- He looked like a feeble old man. 그는 연약한 노인처럼 보였다.
- Your voice was so feeble it was difficult to hear.
  네 목소리는 너무 힘이 없어 잘 들리지 않았다.

Tip

개인이건 기업이건 약점weak point, weakness과 강점strong point, strength이 있습니다. 그 약점이 없다면 강점도 없는 것이니 약점 때문에 스트레스 받을 필요는 없습니다. 약점과 강점은 상대적이기 때문이죠. 자신이 가진 것을 귀하게 여기고 활용한다면 약점이 '약' 이 될 것입니다.

유사어휘
fragile (frail보다 섬세하고)부서지기 쉬운, 허약한
frail (체구가)연약한, (물건이) 파손되기 쉬운
infirm (나이나 병이 들어서)허약한, 우유부단한

wet
wét 웹
- 형 젖은, 축축한
- 동 (축축하게)적시다

젖어서 축축해진

moist
móist 모이쓰트
- 형 습기 있는, 축축한

→ 동 moisten 축축하게 하다

약간 젖은 정도의 축축함

wet
- Wet paint. 칠 주의.
- If your hands are wet, wipe them. 손이 젖거든 손을 닦아라.

moist
- The grass is moist with dew. 잔디는 이슬에 젖어 촉촉하다.
- Her eyes are moist with tears. 그녀의 눈은 눈물로 젖어 있다.

Tip
미국의 교통표지 중에 'Slippery when wet.'이 있습니다. 우리말로 하면 '미끄럼 주의' 정도가 되겠죠. 비가 와서 촉촉해지면 미끄러지기 쉽다는 의미입니다. 또 the wet season하면 '우기'를 뜻합니다. 또 '적시다'는 뜻에서 술을 마시는 것도 wet으로 표현하기도 하죠.

유사어휘
damp 축축한(불쾌감을 주는 물기) drench (완전히)흠뻑 적시다
humid 습기 있는 (더운 공기에 불쾌감을 주는 상태)눅눅한
saturate (더 이상 흡수가 불가능할 정도로)흠뻑 적시다 soak (물에 담가서 골고루)적시다

wind
wínd 윈ㄷ
⑲ 바람

→⑲ windy 바람이 센

Point 바람을 뜻하는 가장 일반적인 말

breeze
bríːz 브뤼-z
⑲ 산들바람, 미풍

→⑲ breezy 바람이 잘 통하는, 상쾌한

Point 가볍고 시원하고 상쾌한 바람

wind

- Occasional gusts of wind broke boughs.
  때대로 부는 돌풍에 가지가 부러졌다.
- The cold wind is blowing and the streets are getting dark. 찬바람이 불어오고 거리는 어두고 지고 있어.

breeze

- You can see that flag flapping in the breeze.
  바람에 펄럭이고 있는 저 깃발을 볼 수 있을 거에요.
- Please open a window and let a fresh breeze into this place! 창문을 열어서 시원한 바람이 이곳으로 들어오게 해주세요!

Tip

바람을 뜻하는 wind와 철자가 같으면서 발음만 다른 wind[waind]가 있습니다. 그런데 이 말도 바람과 관련지어 생각하면 이해가 쉽습니다. 바람이 소용돌이 모양으로 굽이쳐 부는 모습을 떠올려 보세요. 감아 돌리면서 올라가죠. 또 강처럼 꼬불꼬불 굽이쳐 가는 모습도 wind입니다.

유사어휘 blast 센바람, 돌풍 gale 강풍 gust 돌풍 storm 폭풍

Unit W-10

wish
wíʃ 위쉬
- 통 바라다, 원하다
- 명 소원, 희망

Point 이루어지기 힘든 것, 이루어 질 수 있을지 의문시되는 것을 바란다는 뉘앙스

want
wɔ́(:)nt 원트
- 통 원하다, 바라다

Point '원하다' 는 뜻의 일반적인 말

wish
- I wish I could, but I can't. 그렇게 하고 싶지만 안돼.
- I wish I could help you. 당신을 도울 수 있다면 좋겠는데.

want
- I don't want to name names. 누구라고 밝히고 싶지 않아요.
- What do you want to eat? 먹고 싶은 게 뭐냐?

Tip
wish와 want는 둘 다 원하는 것을 표현합니다. 하지만 wish는 소원이나 희망하는 바를 나타내고, want는 결핍을 채우는 것, 즉 무엇을 갖고 싶다거나 무엇을 필요로 한다는 데에 초점을 두고 있습니다.

유사어휘
desire (강렬한 소망을 나타내어)몹시 바라다, 욕구하다
hope (실현 가능한 것을)바라다(기대하다), 희망하다

Unit W-11

wonderful
wʌ́ndərfəl 원더r펄
형 훌륭한, 굉장한, 놀랄만한

Point 경이와 찬탄에 초점

amazing
əméiziŋ 어메이z징
형 굉장한, 놀랄만한

Point 매우 놀란 느낌에 초점

wonderful
- That's wonderful! 멋져요! (훌륭해요!)
- We had a wonderful time. 우리는 즐겁게 보냈습니다.

amazing
- It's amazing to see the volcano. 화산을 보는 건 굉장한 일이야.
- This is just an amazing story, isn't it?
  이건 아주 놀라운 이야기야, 그렇지 않니?

Tip

That's wonderful!과 더불어 다음의 말들도 경탄과 감탄을 표현합니다.
That's great! 대단해! 훌륭해!   That's good! 좋아!
That's amazing! 놀라워! 엄청나!   That's fantastic! 환상적이야!
That's terrific! 끝내줘!

 astonishing 놀라운(놀라서 어안이 벙벙한) **fantastic** 환상적인, 굉장한, 멋진
incredible (믿을 수 없을 정도로)놀라운
marvelous (기묘하거나 비범해서)놀라운, 믿기 어려운 **miraculous** 초자연적인, 놀랄만한

Unit W-12

worry
wə́:ri 워-뤼
- 명 걱정, 근심
- 동 걱정하다, 걱정시키다

Point 어떤 문제나 형편, 사람 때문에 걱정하는 것

care
kɛ́ər 케어r
- 명 걱정, 근심

→ 형 careful 조심스러운, 주의 깊은

Point 두려움이나 책임감 때문에 생긴 걱정, 근심

worry
- My **worry** is simply that the expectations are so high.
  내 걱정은 단지 그 기대가 너무 높다는 거지.
- You got nothing to **worry** about. 하나도 걱정할 것 없어.

care
- Let me take **care** of it. 나에게 맡겨라.
- I have made this decision with great **care**.
  난 매우 신중하게 결정했어.

Tip
우리는 늘 걱정거리를 달고 삽니다. 학교가면 진학걱정, 나중에는 취업 걱정, 결혼 걱정, 건강 걱정… worry를 만들어내는 것들이죠. 이에 비해, 아이를 돌보는 것처럼 주의하고 배려하는 데에서 생기는 걱정도 있지요. care는 근심인 동시에 책임감입니다.

anxiety (미래에 대한)걱정, 근심, 불안 **apprehension** (막연한)불안, 걱정
concern (관심을 갖는 사람이나 사물에 대한 진지한)관심, 걱정

worth
wə́ːrθ 워-r thㅆ

- 명 가치

→ 형 worthless 가치 없는, 시시한
  형 worthy[wə́ːrði] 가치 있는, 존경할 만한

Point 정신적, 도덕적 가치

value
vǽlju: 뱰류-

- 명 가치
- 동 평가하다

→ 형 valuable 귀중한

Point 유용성이나 중요성의 측면에서 본 가치, 돈으로 환산되는 가치

worth

- It's not worth trying again. 다시 시도할 가치는 없어.
- This book is well worth reading. 이 책은 충분히 읽을 가치가 있어요.

value

- What is the value of freedom? 자유의 가치는 무엇인가?
- The value of water can be realized only when we are thirsty. 물의 가치는 목이 말라봐야 알 수 있다.

###

속담에 '남의 돈 천 냥보다 제 돈 한 냥'이라는 말이 있습니다. 이와 비슷한 영어 속담이 'A bird in the hand is worth two in the bush.' 입니다. 같은 새 한 마리도 지금 내 손 안에 있는 게 좋은 거죠. 정신적 가치를 표현하는 worth이지만 value처럼 돈으로 환산되는 가치를 표현하기도 합니다.

 importance 중요성, 가치 **merit** (장점이라서 칭찬할 만한)가치, 장점
virtue (사람이나 사물의 좋은 점으로서의)가치, 장점, 미덕

yell
jél 옐
- 동 고함치다, 큰소리를 지르다
- 명 외침소리, 부르짖음

Point 소리를 크게 내는 것을 강조

roar
rɔ́:r 로-r
- 동 고함치다, 외치다
- 명 고함소리, 으르렁거리는 소리

Point 아우성 치다, 짐승이 으르렁거리다

- Don't **yell** at me. 나에게 고함치지 마.
- We all **yelled** with excitement. 우리 모두는 흥분에 겨워 소리쳤다.

- The crowd rose and **roared** for a new record.
  군중들은 신기록이 달성되자 일어나서 소리쳤다.
- The audience **roared** with laughter and applause.
  청중들은 박장대소하며 웃었다.

학창시절 응원 열심히 해보셨죠? 아마 목이 터져라 소리를 질러댔을 겁니다. 그렇게 큰 소리를 지르며 응원하는 모습이 yell입니다. 또 도와 달라고 Help me! 외치는 소리도 yell로 표현할 수 있죠. 이에 비해, roar는 사자가 으르렁 거리듯이 큰소리를 내며 움직이거나 웃는 모습을 표현합니다.

 cry (기쁨에 혹은 놀라서)소리치다 shout (주로 분노에 차서)큰소리로 외치다

young
jʌ́ŋ 영

형 젊은, 어린

→명 youngster 젊은이, 청소년
명 youth 젊음, 청년시절

Point 아직 성숙하지 않고 성장과정에 있는 것을 나타내는 일반적인 말

youthful
júːθfəl 유-th쓰펄

형 젊은, 발랄한, 젊은이 다운

Point 젊음의 좋은 점을 표현하는 말

young

- **Young** children particularly need to be careful.
  어린이들은 특별히 보호를 해야 한다.
- The **young** couple vowed eternal love for each other.
  젊은 여인은 서로에게 영원한 사랑을 맹세했다.

youthful

- A **youthful** voice is attractive. 발랄한 목소리는 매력적이다.
- We lost our **youthful** enthusiasm.
  우리는 우리 안에 있던 젊은이 다운 열정을 잃어버렸다.

Tip

젊다는 것은 힘이 넘치고 활력 있다는 말이지만, 또한 생긴지 얼마 안 되었다는 의미도 됩니다. 그래서 young은 경험이 부족해서 미숙하다는 뜻도 됩니다. 반면 youthful은 젊음이 갖는 좋은 점에만 초점이 있는 말입니다.

adolescent 사춘기의, 청년기의
juvenile (청소년의 좋지 않은 특성, 즉 성급하고 조심성이 없는 것을 암시하여)젊은, 미숙한, 소년(소녀)에 알맞은
puerile 소년소녀 같은, 철없는

Unit Z-01

zone
zóun z조운
명 지역, 지대, 지구

Point 특정한 성격을 띤 지역

district
dístrikt 디쓰트뤽트
명 지구, 지역, 구역

Point 대개 행정의 필요를 위해 나눈 구역

zone
- The Demilitarized Zone(DMZ) is the most heavily fortified border in the world. 비무장지대는 세계에서 가장 중무장된 지역이다.
- He parked in a no parking zone. 그는 주차 금지 구역에 주차를 했다.

district
- The new district attorney will review the case.
  새로운 지방검사가 그 사건을 다시 검토할 겁니다.
- As you take a look here, this is a main shopping district. 이곳을 둘러봐서 알겠지만 이곳이 중심쇼핑지역입니다.

Tip

선거 때만 되면 뉴스에 단골메뉴로 등장하는 그린벨트a greenbelt zone, 한일 간에 문제가 된 이른바 배타적 경제 수역EEZ, an exclusive economic zone, 나아가 주차지역parking zone에 이르기까지 모두 zone으로 표기합니다. 면적은 다르지만 특정한 성격을 지녔기 때문이죠.

유사어휘
area (지리상의)지역, (특정 용도의)구역, 영역
belt (어떤 특징을 지닌 가늘고 긴 지역)벨트, 분포지대
region (넓은 지역과 영토로서의)지방, (활동)범위

단어는 뜻이 비슷해도 헷갈리고 그 겉모습이 비슷해도 헷갈립니다. 또 평소에는 무심코 그냥 지나쳤던 단어들이 비슷한 발음의 다른 단어 때문에 나중에 혼란스럽게 다가올 때가 있습니다. 그래서 Part 2에서는 간단하게 비교해서 익힐 수 있는 단어들을 모았습니다. 뜻풀이를 하고 그들 단어의 차이점을 알 수 있게 간단한 구절을 예시했습니다. 자투리 시간만 조금 활용해도 금방 자기 것으로 만들 수 있습니다.

Part 2
Simple & Useful

abuse
əbjúːs 어뷰-ㅆ

명 (권력, 지위, 약 등을)남용, 악용
- drug abuse 약물의 남용 (약의 부작용을 목적으로 사용함)

misuse
misjúːs 미ㅆ유-ㅆ

명 (약 등을)잘못 사용함
- drug misuse 약물의 오용(엉뚱한 약을 먹어서 부작용이 일어남)

across
əkrɔ́ːs 어ㅋ로-ㅆ

전 부 ~를 가로질러(가로질러 목적지에 도달)
- across the ocean 바다를 가로질러

through
θrúː thㅆ루 -

전 부 ~을 통하여(처음부터 끝까지 통과하여 가는 것)
- through the cracks 그 틈을 통하여

adapt
ədǽpt 어댚트

동 적응시키다, 개조하다
- adapt myself to different circumstances 다른 환경에 적응하다 (나를 다른 환경에 적응시키다)

adopt
ədápt 어닾트

동 채택하다, 양자로 삼다
- adopt a child 아이를 양자로 들이다

adept
ədépt 어뎊트

형 숙달한 명 숙련자, 정통한 사람
- be adept at ~에 능하다

4

ago
əgóu 어고우
- 🖫 (지금부터)~전에
- 5years ago 5년 전에(현재를 기준으로 그 이전을 말할 때)

before
bifɔ́ːr 비포-r
- 🖫 (그 때보다)이전에
- two days before 이틀 전에(과거의 어느 시점을 기준으로 그 이전을 말함)

5

alternate
ɔ́ːltərnit 오-을터r닡
- 🗒 번갈아 하는, 교대의
- on alternate days 격일로 (하루씩 걸러서)

alternative
ɔːltə́ːrnətiv 오-을터-r너티v
- 🗒 (둘 중에서 하나를 선택하는)양자택일의, 대신의, 대안의
- 몡 대안, 다른 방도
- an alternative plan 다른 계획 (대안)

6

altogether
ɔ́ːltəgéðər 오-을터게th더r
- 🖫 완전히, 전적으로, 다 합하여
- If Google leaves China altogether 구글이 중국에서 완전히 철수한다면

all together
ɔːl təgéðər 오-을 터게th더r
- 부사구 다 함께, 모두
- go all together 모두 함께 가다

7

among
əmʌ́ŋ 어멍
전 ~사이에서, ~중의 하나로(한 사람으로)
- among teachers 교사들 사이에서(뚜렷하게 구별되지 않는 것들에 둘러싸여, 그것들 사이에서)

between
bitwíːn 비트위-인
전 ~사이에서
- between friends 친구 사이에서(뚜렷하게 구별되는 두 개의 사물이나 사람들 사이에서)

amid
əmíd 어미드
전 ~에 둘려 싸여, ~의 한 가운데에(among과 달리 둘러싼 것을 집합체로 본다)
- amid cheers 갈채 속에서   amongst = among

8

animal
ǽnəml 애너믈
명 동물, 짐승(인간까지 포함한 동물)
- a political animal 정치적인 동물

beast
bíːst 비-ㅆ트
명 짐승, 동물(주로 네발 달린 동물)
- a wild beast 야수

9

apart
əpáːrt 어파-rㅌ
부 떨어져, 별개로(시공간적으로 떨어져 있지만 하나로 볼 수 있음)
- plant trees 2m apart 나무를 2미터 간격으로 심다

away
əwéi 어웨이
부 떨어져, 저쪽으로(떨어져서 서로 별개인)
- go away 떠나다

10

apprehend
æprihénd 애프뤼헨드

동 파악하다, 이해하다

- apprehend danger 위험을 알아채다
  (어떤 사실이나 관념을 어느 정도 이해하는 것)
- apprehend a suspect 용의자를 파악하다(체포하다)

comprehend
kàmprihénd 캄프뤼헨드

동 파악하다, 이해하다

- comprehend his remarks 그의 말을 이해하다
  (함축하고 있는 의미를 충분히 파악하고 이해하는 것)

11

army
áːrmi 아-ㄹ미

명 육군, 군대
- a four-star general in the US Army 미 육군의 대장

troop
trúːp 트루-ㅍ

명 군대, 병력, 무리
- 1200 U.S troops 12000명의 미군병력(대개 복수형으로 군대, 병력을 나타냄)

force
fɔ́ːrs f포-r ㅆ

명 군사력, 무력(군대나 경찰 등 무력을 가진 집단)
- the air force 공군
- the Forces 군대(육,해,공군을 포함)

12

ashamed
əʃéimd 어쉐임드

형 부끄러워, 수치스러워(비도덕적 행동으로 부끄러움과 죄의식을 느끼는)
- be ashamed of ~을 부끄러워 하다

embarrassed
imbǽrəsd 임배뤄ㅆ트

형 어리둥절한, 당혹한(여러 사람 앞에서 실수할 때 느끼는 부끄러움, 예상치 못한 일로 인한 당혹스러움)
- feel embarrassed 창피하다

13

association
əsòusiéiʃən 어쏘우쉬에이션
명 협회, 조합
- the Korea Football Association 대한 축구 협회
(공동의 목적을 위해 연합, 결합함)

union
júːnjən 유-니언
명 조합, 연합, 동맹
- labor union 노동조합(주로 노동조합이나 국가나 단체의 연합조직을 표현)
- federation(특히 state간에 이루어진 결합 조직) 연맹, 연방
- club(친밀한 관계로 모인) 동호회

14

avenue
ǽvənjùː 애붠유-
명 가로수길, 큰 가로, 대로
- Seventh Avenue 7번가 (도시의 큰길)

street
stríːt 쓰트뤼-트
명 거리, ~가(시가지의 도로, 차도, 인도를 포함한 길)
- Madison Street 매디슨 가

15

back
bǽk 빽
명 뒤, 뒷면 **형** 뒤의
- back door 뒷문(앞면front 의 반대쪽)

rear
ríər 뤼어
명 뒤, 배후 **형** 후방의
- in the rear of the store 가게의 뒤쪽에서
- a rear attack 배후 공격(건물이나 탈 것의 뒤, 군대 용어로 사용됨)

16

bar
bάːr 바-r

명 **막대기, 빗장**(출입을 막고 있는 간단한 장애물)

- high bar to jump 뛰어넘기에는 높은 장애

barricade
bǽrəkèid 배뤄케이드

명 (군중, 폭도 들의 행진을 막기 위한) **장애물, 바리케이드**

- crash into a barricade 바리케이드로 밀고 들어가다

barrier
bǽriər 배뤼어r

명 **장애**(물)**, 울타리, 장벽**

- a new racial barrier 새로운 인종 장벽(인종차별)
- a non-tariff barrier 비관세 장벽

17

below
bilóu 빌로우

전 부 **~의 아래에, 아래로**(무엇보다 낮은 곳에 있다)

- fell below $2.50 a gallon 일 갤런에 2.5불 아래로 떨어졌다

under
ʌ́ndər 언더r

전 부 **~의 아래에, 밑에**(무엇 바로 아래에 있다)

- under the ground 지하에

beneath
biníːθ 비니-ㅆth

전 부 **~바로 밑에, 아래에서, 밑으로**(위에서 내려오는 무게, 압박을 받고 있다는 뉘앙스)

- beneath a waterfall 폭포수 아래에서

18

beside
bisáid 비싸이드

전 ~의 곁에
~와 나란히 (무엇과 나란히 옆에 있다 = ~와 떨어져 있다)

• beside me 내 옆에 beside the point 요점과 떨어져서

besides
bisáidz 비싸이dz

전 ~이외에도 (무엇을 부가하는 것) 부 그 밖에, 게다가

• besides my family and friends 가족과 친구들 이외에도

19

boss
bɔ́(:)s 보ㅆ

명 우두머리, 사장 (조직의 책임자. 주로 사장)

• a good boos 좋은 상사(사장)

chief
tʃíːf 취-f

명 장, 우두머리 (크던 작던 어떤 그룹에서 가장 높은 위치에 있는 사람)

• Chief Executive Officer 최고 경영 책임자(CEO)

20

break
bréik 브뤠이ㅋ

명 잠깐의 휴식, 짧은 휴가 (일이나 수업을 잠깐 중단하는 것)

• take a break 잠깐 쉬다

rest
rést 뤠ㅆ트

명 휴식, 휴양

• take a rest 쉬다

21

British
brítiʃ 브뤼티쉬

형 영국의
명 영국민 (잉글랜드, 웨일스, 스코틀랜드, 아일랜드를 포함한 영국전체를 가리킴)

• the British Embassy in Seoul 서울의 영국 대사관

English
íŋgliʃ 잉글뤼쉬

형 잉글랜드의, 잉글랜드 사람의 명 영어

• a young English lord 잉글랜드의 젊은 왕

22

burden
bə́ːrdn 버-r든

명 짐, 부담 (사람이나 동물에 의해 운반되는 무거운 짐)

- a financial burden 재정적인 부담
- a heavy burden 무거운 짐

load
lóud 르로우드

명 짐, 부담(운송수단에 의해 옮겨지는 짐을 뜻하는 가장 일반적인 말)

- a full load of fuel 연료를 가득 실은
- a load of debt 부채의 무거운 짐
- cargo (선박이나 항공기를 이용하여 먼 거리로 운반되는)화물, 트럭의 짐
- freight (항공, 육상, 수상을 포함한)화물

23

by
bái 바이

전 ~까지는, ~동안에(완료의 시간을 나타냄)

- by the end of March 3월 말 까지
- by six o'clock 6시 까지는

till
tíl 틸

전 ~까지, ~에 이르기까지(~까지 계속되다가 끝남)

- till tomorrow 내일 까지(줄곧)
- till six o'clock 6시 까지 줄곧

24

Capitol
kǽpitl 캐피틀

명 미국의 국회의사당, 옛 로마의 Jupiter신전

- The National Assembly Building 한국의 국회의사당

capitol
kǽpitl 캐피틀

명 미국의 주의회 의사당

capital
kǽpitl 캐피틀

명 수도, 중심지, 대문자   형 주요한, 으뜸의

- a capital city 수도

25

cash kǽʃ 캐쉬
명 현금, 현찰
- a cash price 현금가격

currency kɔ́:rənsi 커-뤈씨
명 통화, 화폐, (화폐의)유통
- local currency 국내 통화 • foreign currency 외국통화

26

catch kǽtʃ 캐취
동 (사람이나 물건을)잡다, 받아내다
- catch a ball 공을 잡다 • catch the train 기차를 잡다(타다)

capture kǽptʃər 캡춰r
동 붙잡다, 점령하다, 획득하다(큰 장애를 이긴 승리감을 표현)
- capture Microsoft's attention 마이크로소프트의 관심을 사로잡다
- capture a top guerrilla leader 게릴라 최고 지도자를 체포하다

27

charming tʃɑ́:rmiŋ 촤-r밍
형 매력적인, 아름다운(반하게 만드는)
- a charming woman 매력적인 여성 (귀엽고 매혹적인)

attractive ətrǽktiv 어트랙티v
형 매력적인, 사람의 마음을 끌어당기는
- attractive proposal 매력적인 제안(구미가 당기는 제안)

28

childish tʃáildiʃ 촤일디쉬
형 유치한, 어린애 같은
- a childish idea 유치한 생각

childlike tʃáildlàik 촤일들라읶
형 어린이 다운, 어린애 같은(좋은 의미로 사용)
- childlike voice 앳된 목소리

438

29

civic
sívik 씨빅

형 시민(공민)의, 공민으로서 어울리는

- civic duties 시민의 의무

civil
sívəl 씨블

형 시민의, 일반 시민의, 민간인의

- the civil rights movement 민권운동
- civil servants 공무원

civilian
sivíljən 씨빌리언

형 일반인의, 민간인의 **명** 민간인

- the civilian government 민간정부

30

classic
klǽsik 클래씩

형 일류의, 고전의, 전형적인

- classic myths 그리스.로마 신화
- a classic case 전형적인 사례

classical
klǽsikəl 클래씨컬

형 고전문학의, 고전적인(고대 그리스.로마 시대의 작가나 그 시대의 예술, 문화에 관한)

- classical music 고전 음악

31

climate
kláimit 클라이밑

명 기후(특정지역의 일년 이상 나타나는 weather의 상태)

- the temperate climate 온대기후

weather
wéðər 웨th더r

명 일기, 기상(어느 시점 혹은 일정 기간 동안의 날씨)

- the weather forecast 일기예보

32

compete
kəmpíːt 컴피-트
동 경쟁하다(서로 이기기 위해서 겨루다)
- compete against other applicants 다른 후보들과 경쟁을 벌이다

contend
kənténd 컨텐드
동 다투다, 경쟁하다(싸우고 경쟁하는 것, 논쟁하는 것)
- contend with fierce winds 맹렬한 바람과 싸우다
- contend with the global economic crisis 세계 경제위기와 싸우다

33

confident
kánfidənt 칸퓌던트
형 확신하고 있는, 자신 있는
- a confident manner 자신 있는 태도
- I am confident of~ ~을 확신한다

confidant
kánfidæ̀nt 칸퓌댄트
명 절친한 친구(비밀을 서로 이야기 할 수 있는 친구)
- his trusted confidant 그의 믿음직한 친구

34

Congress
káŋgris 캉그뤼ㅆ
명 의회, 국회
- 미국, 라틴아메리카의 국회

Assembly
əsémbli 어쎔블리
명 의회
- 미국의 주의회의 하원 · the National Assembly (대한민국) 국회
- parliament 영국 의회, 하원 · the Diet 일본 국회

35

considerate
kənsídərit 컨씨더륏
형 이해심이 있는, 사려 깊은
- considerate kid 신중한 아이
- be considerate of coworkers 동료들에게 마음씨 좋은

considerable
kənsídərəbəl 컨씨더뤄블
형 상당한, 많은, 중요한
- considerable money 상당히 많은 돈

36

convenient 형 (사용에)편리한, 형편이 좋은
kənvíːnjənt 컨뷔-니언트
- a convenient place 편리한 장소

comfortable 형 안락한, 편안한(육체적 정신적 고통을 주지 않는)
kʌ́mfərtəbəl 컴풔r터블
- comfortable life 안락한 생활

37

council 명 회의, 평의회, 지방의회
káunsəl 카운쓸
- the city council 시의회

counsel 명 상담, 협의, 충고 → 고문변호사, 법률고문
káunsəl 카운쓸
- the counsel of a physician 의사의 권고
- an independent counsel 특별검사

consul 명 영사
kánsəl 칸쎌
- the South Korean consul general 한국 총영사

38

crisis 명 위기, 중대기로(중대국면)
kráisis 크롸이씨쓰
- economic crisis 경제 위기

emergency 명 비상사태, 위급
imə́ːrdʒənsi 이머-r 쥔씨
- a state of emergency 비상사태

39

deceased
disí:st 디씨-쓰트
- 형 죽은, 사망한
- the deceased 고인

diseased
dizí:zd 디z자-z즈 ㄷ
- 형 병든 (대개 심각한 병)
- the diseased part of the lung 폐의 병든 부분

40

deception
disépʃən 디쎕션
- 명 속임, 사기 (좋은 뜻으로도 사용됨)
- use deception 속임수를 쓰다

fraud
frɔ́:d f프로-ㄷ
- 명 (범죄로서의) 사기, 기만
- a fraud case 사기 사건

41

decorate
dékərèit 데커뤠이트
- 동 꾸미다, 장식하다 (주로 방이나 건물을 꾸미다)
- lavishly decorated apartment 화려하게 장식된 아파트

ornament
ɔ́:rnəmənt 오-r너먼트
- 동 꾸미다, 장식하다 (보기 좋게 뭔가를 달아서 꾸미다)
- 명 장식
- ornament a room 방을 장식하다
- hair ornament 머리 장식

adorn
ədɔ́:rn 어도-rㄴ
- 동 꾸미다, 치장하다
  (그 자체로 아름다운 것을 장식하여 더 아름답게 하는 것)
- adorned with jewels 보석으로 꾸며진

delicious
dilíʃəs 딜**리**쉬어ㅆ

형 맛있는(맛이나 향이 좋은)
- delicious food 맛있는 음식

tasty
téisti **테**이쓰티

형 맛있는(구어로 사용됨)
- a tasty meal 맛있는 식사
- tasteful 멋을 아는, 운치 있는, 품위 있는
- appetizing 식욕을 돋우는
- savory 맛 좋은, (맛이)자극적인, 매콤한

desirable
dizáiərəbəl 디z**자**이러블

형 바람직한, 탐나는
- a desirable result 바람직한 결과

desirous
dizáiərəs 디z**자**이러ㅆ

형 바라는, 원하는
- be desirous to know 알고 싶어하는

doctor
dáktər **닥**터r

명 의사, 박사('의사'를 뜻하는 일반적인 말)
- see the doctor 병원에 가다

physician
fizíʃən 퓌z**지**션

명 의사, 내과의사
- a military physician 군의관
- surgeon 외과의사 • psychiatrist[sàikiǽtrist] 정신과의사
- dentist 치과의사 • pediatrician[pìːdiətríʃən] 소아과의사

45

door
dɔ́ːr 도-r
명 문, 출입구 (건물이나 방의 입구에 달린 문)
- the refrigerator door 냉장고 문

gate
géit 게이트
명 대문, 출입문 (주로 여닫는 구조의 대형 구조물)
- the main gate of the temple 사찰의 정문

entrance
éntrəns 엔트뤈쓰
명 입구, 입장, 들어감 (입학, 입사)
- the entrance of a tunnel 터널 입구
- the entrance exams 입학시험

46

drawing
drɔ́ːiŋ 드로-잉
명 (연필, 펜, 목탄, 크레용 등으로 그린) 그림, 데생, 도면
- a drawing pencil 제도 연필

sketch
skétʃ 쓰께취
명 스케치, 사생화, 밑그림, 약도
- a sketch map 약도
- cartoon 만화, (신문의)연재만화 • diagram 도형, 도표, 도식
- illustration (책의)삽화, 도해

47

drug
drʌ́g 드뤅
명 약, 약제, 마약 (medicine의 재료. 마약, 독극물까지 포함)
- drug addiction 마약중독

medicine
médəsən 메디씬
명 약 (특히 내복약) (병을 치료하는 약)
- a specific medicine 특효약 • liquid medicine 물약

48

early
ə́ːrli 어-r 을리

일찍이, 초기에(정해진 시간, 약속된 시간보다 일찍 또는 하루 일과가 시작되기 전)

- leave early 일찍 떠나다 • early in the morning 아침 일찍이

soon
súːn 쑤-ㄴ

곧, 머지 않아(어떤 시점에서 짧은 기간 내에)

- as soon as ~하자 마자
- shortly (soon보다 짧은 시간)곧, 얼마 안 있어
- immediately 즉각, 즉시(시간의 지체가 없음)

49

economic
ìːkənámik 이커나믹

⑱ 경제학의, 경제의, 경제상의(경제학 economics의 형용사)

- the global economic recession 세계적인 경제 침체

economical
ìːkənámikəl 이커나미클

⑱ 경제적인, 절약이 되는(경제, 절약 economy의 형용사)

- an economical car 경제적인 차

50

educational
édʒukèiʃənəl 에듀케이셔늘

⑱ 교육상의, 교육의, 교육적인

- an educational system 교육제도

educative
édʒukèitiv 에듀케이티v

⑱ 교육상 도움이 되는, 교육적인

- an educative tour 교육 시찰(교육을 목적으로 하는 여행)

51

effective
iféktiv 이**펙**티v

형 효과적인, 효력 있는(원하는 결과를 얻는, 목적을 달성하는)

- the most effective method 가장 효과적인 방법

efficient
ifíʃənt 이**퓌**션트

형 능률적인, 효과가 있는(효율적으로 원하는 결과를 얻는)

- efficient fuel consumption 효율적인 연비
- more efficient management 보다 효율적인 관리

effectual
iféktʃuəl 이**펙**츄얼

형 효과적인, 유효한(예측한 결과나 효과를 내게 하는 힘. 그런 결과를 낸 것을 나중에 묘사할 때)

- effectual demand 유효수요
- the most effectual measures 가장 효과적인 수단

52

emigrate
éməgrèit 에**미**그뤠이트

동 다른 나라로 이주하다, 이민 가다

- emigrate to Canada 캐나다로 이민 가다

immigrate
íməgrèit 이**미**그뤠이트

동 다른 나라에서 이주하다, 이민 오다

- immigrate to the United States 미국으로 이주해 오다

53

ensure
inʃúər 인**슈**어r

동 안전하게 하다, 확실하게 하다, 보증하다(미래의 일을 확실하게 보증한다는 의미로 guarantee에 가까운 뜻)

- ensure everyone's safety 모든 사람을 안전하게 하다

insure
inʃúər 인**슈**어r

동 보험에 들다, 보증하다, 안전하게 하다
(ensure와 비슷하지만 '보험에 들다'는 의미로 주로 사용)

- insure against catastrophes 재난보험에 들다
- assure (사람을 안심시키고 납득시키는 것) 보증하다, 보장하다
- make sure 확인하다, 확신하다

54

evening í:vniŋ 이-v 닝
명 저녁, 밤(일몰 후 잠잘 때까지)
- Good evening! 안녕하세요.(저녁인사) • this evening 오늘 저녁

night náit 나잍
명 밤, 야간(해가 질 때부터 동이 틀 때까지)
- the middle of the night 한 밤중

55

evidence évidəns 에뷔던ㅆ
명 증거, 물증(특히 과학적, 법적인 증거, 근거)
- DNA evidence DNA 증거

proof prú:f 프루-f
명 증명, 증거(어떤 것의 진실, 정당성을 입증하는 것)
- the proof of the formation of a stem cell 줄기세포 형성의 증거
- proof of the value of Twitter 트위터의 가치를 입증하는 증거

testimony téstəmóuni 테ㅆ터모우니
명 증언, 증명(법정에서의 선서, 구두로 제출된 증거)
- the testimony of the defendant 피고의 증언

56

everyday évridèi 에v뤼데이
형 매일의, 일상의
- everyday life 일상생활

every day évri dei 에v뤼 데이
부사구 날마다
- eat every day 날마다 먹다

57

everyone
évriwÀn 에v뤼원
대명 **누구든지, 모두**(3명 이상의 사람을 모두 가리킴, = everybody, 단수취급)
- everyone else = everybody else 다른 모든 사람

every one
évri: wÀn 에v뤼원
대명 **모든 사람**(것)(사물을 가리켜 '모든 것' 또는 셋 이상의 사람을 개별적으로 가리킴 = each one)
- every one of them 그들 어느 누구나

58

experience
ikspíəriəns 일ㅆ피어뤼언ㅆ
동 **경험하다 체험하다**(폭넓은 체험)
- experience the world 세상을 경험하다
- experience terrible traffic 교통지옥을 경험하다

undergo
Àndərgóu 언더r 고우
동 **시련을 당하다, 고난을 당하다**
(고생과 곤란하고 위험한 일을 경험하는 것)
- undergo a dramatic change 극적인 변화를 겪다
- under go bankruptcy 파산을 당하다

59

few
fjú: f퓨-
형 **조금밖에 없는**(수에 대하여) 대명 **소수**
- very few people 극히 적은 수의 사람들

little
lítl ㄹ리틀
형 **작은, 적은**(크기와 양에 대하여) 대명 **조금**
- the little boy 그 작은 소년

a few
조금은 있는(few와의 차이는 주관적인 판단)
- a few persons 몇몇 사람들 • a few days later 몇 일 후

a little
조금은 있는(little에 비해 양이 조금은 더 있는 그 차이는 주관적인 판단)
- a little problem 사소한 문제 • a little long 조금은 긴
- quite a few 꽤 많은 수의 • only a few 극소수의, 조금 밖에 안 되는
- not a few 적지 않은, 상당수의 • quite a little 많은, 상당한
- only a little 극히 적은, 조금 뿐인 • not a little 적지 않은, 상당한

fog
fɔ́(ː)g f포ㄱ
명 (짙은)안개
- the sea fog 짙은 바다 안개(해무)

mist
míst 미쓰트
명 안개(물체를 어렴풋이 볼 수 있는 fog보다 옅은 안개)
- the morning mist 아침 안개

haze
héiz 헤이z
명 안개, 아지랑이, 연무(fog와 mist에 비해 옅은 상태이며 습기는 없음)
- the haze of cigarette smoke 담배 연기

smog
smɔ́g 쓰모-ㄱ
명 스모그, 연무(공업지대의 스모그)
- the best way to reduce smog 스모그를 줄이기 위한 최선의 방법

62

freedom
fríːdəm 프리-덤
명 자유(구속이 없는 상태, 자기의 권리를 마음대로 행사 하는 것)
- freedom of thought 사상의 자유

liberty
líbərti 리버티
명 자유, 해방(통제와 제한으로부터의 자유를 강조, 구속에서 자유를 얻는 해방)
- fight for liberty (압제로부터의)자유를 위해 싸우다

63

fresh
fréʃ 프뤠쉬
형 새로운, 신선한
- fresh air 신선한 공기

pure
pjúər 퓨어r
형 순수한, 깨끗한(다른 것이 섞이지 않은)
- pure air 깨끗한 공기

64

garden
gáːrdn 가-r든
명 정원, 채소밭(꽃이나 야채를 심은 뜰)
- a kitchen garden 가정용 채소밭
- zoological gardens 동물원

yard
jáːrd 야-r드
명 (잔디를 심은 집 앞의)뜰, 울타리로 둘러 싸인 땅
- in the front yard 앞 뜰에서

court
kɔ́ːrt 코-r트
명 (건물에 둘러싸인)안마당, 안뜰, 코트
- a tennis court 테니스 코트

65

ghost góust 고우ㅆㅌ
- 명 유령, 망령(죽은 사람의 혼, 주로 죽은 사람이 살아있을 때 모습으로 등장)
- the ghost of a little girl named Abbee 앱비라는 이름의 어린 소녀 유령

spirit spírit 쓰피륕
- 명 영, 영혼(비물질적인 존재를 표현할 때 가장 많이 사용)
- an evil spirit 악마, 악령

phantom fǽntəm 팬텀
- 명 환영, 유령(실체가 없는 모습)
- a phantom ship 유령선

66

gift gíft 기프트
- 명 선물(개인이나 단체에 격식을 차려서 전달하는 물건)
- a gift to next generation 다음 세대에게 주는 선물
- a birthday gift 생일 선물

present prézənt 프뤠z즌트
- 명 선물(개인적인 관계에서 주고받는 물건)
- a Christmas present for you 너에게 줄 크리스마스 선물

67

gold góuld 고울ㄷ
- 형 금의, 금으로 만든
- a gold ring 금반지

golden góuldən 고울든
- 형 금빛의, 귀중한
- golden hair 금발

68

grave gréiv 그뤠이v
명 무덤(죽은 사람을 묻은 장소 전체를 지칭)
- a grave robber 도굴범
- my father's grave 내 아버지의 무덤

tomb tú:m 투-ㅁ
명 무덤, 묘비, 묘석(땅속이나 지상에 시체를 묻기 위해 만든 곳, 묘비, 기념비)
- the Tomb of the Unknown Soldier 무명용사의 무덤
- the royal tomb 왕의 무덤(왕릉)

69

handful hǽndfùl 핸ㄷ풀
명 한 움큼, 한 줌, 소량
- a handful of salt 소량의 소금

handy hǽndi 핸디
형 바로 곁에 있는, 다루기 쉬운, 편리한
- a very handy tool 아주 편리한 도구

70

handmade hǽndméid 핸드메이드
형 손으로 만든, 수제의(기계가 아닌 내 손으로 만든 것을 강조)
- handmade clothing 수제 의류

homemade hóumméid 호움메이드
형 집에서 만든, 국산의(handmade의 장소가 집임을 강조)
- homemade pizza 집에서 만든 피자

71

healthy hél θi 헬th씨
형 건강한
- a healthy body 건강한 몸

healthful hélθfəl 헬th쓰펄
형 건강에 좋은
- healthful vegetable 건강에 좋은 야채

sound sáund 싸운ㄷ
형 (심신이) 건전한, 건강한
- A sound mind in a sound body. 건강한 신체에 건전한 정신

72

hear híər 히어r
동 듣다, ~이 들리다 (자기 생각과는 상관없이 귀에 들어와서 들리는 것)
- hear his voice 그의 목소리를 듣다

listen lísən ㄹ리쓴
동 듣다, 귀를 기울이다 (주의해서 듣다)
- Listen to me. 내 말을 들어 봐.

73

height háit 하이트
명 높이, 키 (일반적인 높이)
- the height of an Oscar statue 오스카 상의 높이

altitude æltətjùːd 앨터튜-드
명 해발 높이, 고도 (지표나 해상에서의 높이)
- an altitude of 5242 meters 해발 5242미터

stature stǽtʃər 쓰때춰r
명 키, 신장
- despite being small in stature 단신임에도 불구하고

historic
histɔ́(:)rik 히씨**토**-뤽
- 형 역사의, 역사적인, 역사적으로 중요한
- a historic building 역사적으로 중요한 건물
- historic relics 유물

historical
histɔ́(:)rikəl 히씨**토**-뤼컬
- 형 역사의, 역사적 사실에 기반한
- historical facts 역사적 사실
- a historical character 역사적 인물

history
hístəri **히**씨터뤼
- 명 역사
- Oriental history 동양의 역사

chronicle
krάnikl ㅋ**롸**니클
- 명 연대기, 편년사, 기록(연대순으로 기록한 것)
- a chronicle of the drug scandal 마약 스캔들의 기록

hole
hóul **호**울
- 명 구멍, 굴, 갱
- a hole in the wall 벽에 생긴 구멍

crater
kréitər ㅋ**뤠**이터r
- 명 분화구, (운석이 떨어져 생긴)구멍
- the inside of the crater 분화구 안에서
- cavity 구멍, 충치 구멍 • hollow 움푹한 곳

77

holiday
húlədèi 할러데이
- 명 휴일, 공휴일(미국에서 주로 기념하기 위한 휴일)
- a public holiday 공휴일

vocation
voukéiʃən 뷔케이션
- 명 휴가(일에서 쉬는 휴일)
- summer vacation 여름 휴가(여름 방학)

78

holy
hóuli 호울리
- 형 신성한, 성스러운(종교적인 의미뿐만 아니라 순결하고 거룩하게 여기는 것에도 사용)
- a holy love 거룩한 사랑

sacred
séikrid 쎄이크뤼드
- 형 신성한, 성스러운(종교적인 의미로)
- Renaissance sacred music 르네상스 교회음악

divine
diváin 디봐인
- 형 신의, 신이 준
- a divine revelation 신의 계시

79

homework
hóumwə̀ːrk 호움워-ㄹ크
- 명 숙제, 가정에서 하는 일(부업)
- finish my homework 내 숙제를 끝내다

housework
háuswə̀ːrk 하우ㅆ워-ㄹ크
- 명 집안일, 가사
- do some housework such as cleaning 청소 같은 집안일을 하다

455

80

house
háus 하우ㅆ
명 집(주로 건물로써의 집)
- at my house 내 집에서

home
hóum 호움
명 집, 가정, 가족(요즘은 house와 같이 사용되는 추세)
- a sweet home 단란한 가정
- home price 주택가격

residence
rézidəns 뤠z저던ㅆ
명 주거, 주택, 대저택(법률상의 거주지 혹은 대저택)
- the presidential residence 대통령 관저

81

human
hjú:mən 휴–먼
형 인간의
- the human gene map 인간의 유전자 지도

humane
hju:méin 휴–메인
형 인정 있는, 자비로운
- humane people 인정 있는 사람들
- the Humane Society 동물 보호 협회

82

humor
hjú:mər ㅎ유–mr
명 유머, 익살, 해학(wit에 비해 정적임)
- a sense of humor 유머 감각

wit
wít 위ㅌ
명 기지, 재치(humor에 비해 지적임)
- your quick wit 당신의 예리한 기지
- irony (본래의 뜻과 의도된 뜻 사이의 모순을 가리켜서)빈정댐, 비꼼, 아이러니, 반어
- satire 풍자, 비꼼(특히 권력에 대한 비꼼)

456

83

hungry
hʌ́ŋgri 헝ㄱ뤼
형 배고픈
- I'm hungry. 배고파요.

starve
stáːrv 쓰따ㅡr v
동 몹시 배 고프다
- I'm starving. 배고파 죽을 지경이야.

84

idle
áidl 아이들
형 한가한, 놀고 있는 (필요에 의해 쉬고 있는 것도 포함)
- the idle rich 유한계급

lazy
léizi ㄹ레이z지
형 게을러 빠진 (능력까지 부정하는 비난의 의미)
- a lazy man 게으른 놈

85

illustrate
íləstrèit 일러ㅆ트뤠이트
동 설명하다 (예를 들어 설명하다, 예시하다)
- illustrate the difference 그 차이를 보여주다

demonstrate
démənstrèit 데먼ㅆ트뤠이트
동 증명하다, 설명하다 (실제로 해 보이다)
- demonstrate the power 힘을 실제로 보여주다

86

imaginary
ìmǽdʒənèri 이매줘네뤼
- 형 상상의, 가공의 (상상 속에서만 존재하는, 실재하지 않는)
  - an imaginary animal 상상 속 동물

imaginative
imǽdʒənətiv 이매줘너티v
- 형 상상력이 풍부한, 상상력을 내보이는
  - an imaginative idea 상상력이 넘치는 아이디어

imaginable
imǽdʒənəbəl 이매줘너블
- 형 상상할 수 있는
  - at every imaginable place 상상할 수 있는 모든 곳에

87

incorrect
ìnkərékt 인커뤡트
- 형 부정확한, 틀린
  - incorrect information 정확하지 않은 정보

false
fɔ́ːls f포-을ㅆ
- 형 그릇된, 사실이 아닌, 거짓의 (대개 속이려는 의도)
  - false advertising 허위 과장광고

88

incredible
inkrédəbəl 인크뤠더블
- 형 (너무 좋거나 너무 엄청나서)믿을 수 없는, 대단한
  - nature's incredible power 자연의 놀라운 위력

unbelievable
ʌ̀nbilíːvəbəl 언빌리-뷔블
- 형 믿기 힘든
  - almost unbelievable story 거의 믿기 힘든 이야기

89

industrious indʌ́striəs 인더ㅆ트뤼어ㅆ
형 부지런한, 근면한
- industrious workers 부지런한 일꾼들

industrial indʌ́striəl 인더ㅆ트뤼얼
형 산업의, 공업의
- industrial accidents 산업재해

90

intelligent intélədʒənt 인텔러전트
형 지성을 갖춘, 이해력이 있는 (동물에도 사용)
- an intelligent robot 지능형 로봇

intelligible intélədʒəbəl 인텔러줘블
형 알기 쉬운, 이해하기 쉬운
- an intelligible statement 이해하기 쉬운 진술

intellectual ìntəléktʃuəl 인털렉츄얼
형 지적인, 지능적인 (고도의 이해력과 지력을 갖춘. 인간에게만 사용 됨)
- intellectual curiosity 지적인 호기심

91

interested íntəristid 인터뤠ㅆ티드
형 흥미를 가지고 있는 (어떤 것에 관심을 가진, 이해관계가 있는)
- be interested in 흥미를 가진
- all interested parties 모든 관계 당사자들

interesting íntəristiŋ 인터뤠ㅆ팅
형 흥미있는, 재미있는 (관심을 불러 일으키는 성질이 있는)
- interesting results 흥미로운 결과

funny fʌ́ni 풔니
형 웃기는, 재미있는 (익살 맞고 유머가 있는)
- a funny thing 웃기는 일

92

interpret
intə́ːrprit 인**터**-r 프뤼트
- 뜻을 해석하다, 통역하다 (다른 나라 사람의 말 뜻을 해석하는 것)
- interpret his words literally 그의 말을 글자 그대로 해석하다

translate
trænsléit 트뢘쓸**레**이트
- 번역하다 (다른 나라의 글을 우리말로 해석해서 옮기는 것)
- translate from English into Korean 영어를 한글로 번역하다

93

interrupt
ìntərʌ́pt 인터**뤂**트
- 가로막다, (진행을) 방해하다
- interrupt organization of a labor union 노조 설립을 방해하다

interfere
ìntərfíər 인터**퓌**어
- 간섭하다 (훼방하여 피해를 주다, 말참견하다), (이해가) 충돌하다
- interfere with company personnel policy 회사의 인사정책을 간섭하다
- break in 말참견하다, 침입하다 • disturb 마음을 어지럽게 하다, 방해하다

94

introduction
ìntrədʌ́kʃən 인트뤄**덕**션
- 서문, 머리말
- 본문의 이해를 돕기 위해 저자가 쓴 글

preface
préfis 프**뤠**퓌ㅆ
- 서문, 머리말
- 본문과 상관 없는 저술의 목적 등에 대한 내용

foreword
fɔ́ːrwəːrd f**포**-r 워-rㄷ
- 서문, 머리말
- 저자 이외의 사람이 쓴 것으로 preface와 비슷함

460

95

irritate
frətèit 이뤄테이트

동 (기분을 나쁘게 하여)짜증나게 하다, 초조하게 하다(일시적인 성냄, 자극)

- irritate China 중국을 짜증나게하다
- irritate a baby's sensitive skin 애기의 민감한 피부를 자극하다

provoke
prəvóuk 프뤄v보우ㅋ

동 화나게 하다, 도발적인 행동으로 자극하여 ~하게 하다

- provoke an armament race 군비경쟁을 촉발하다

96

jail
dʒéil 줴일

명 감옥, 구치소

- 영국에서는 gaol(jail과 발음이 같음), 미국에서는 주로 경범죄나 미결수를 가두는 구치소
- a suspended jail term of one year 집행유예 1년

prison
prízn 프뤼z즌

명 감옥, 교도소

- 미국의 주 교도소(대개 장기간 감금)
- 150-year prison term 150년 징역형
- penitentiary (미국의)교도소

97

kind
káind 카인ㄷ

형 친절한, 다정한(동정심, 인정이 있는 성질을 강조)

- a kind husband 다정한 남편

kindly
káindli 카인들리

형 상냥한, 다정한(겉으로 나타난 행위와 모습을 강조)

- a kindly smile 상냥한 미소

98

king
kíŋ 킹
명 왕, 임금
- the King Of Israel 이스라엘의 왕

Majesty
mǽdʒisti 매줘ㅆ티
명 왕, 왕족(왕이나 여왕을 직접 부를 때 사용)
- Your Majesty! 폐하!
- queen 여왕 monarch 군주, 제왕(홀로 지배하고 있는 지배자임을 강조)

99

land
lǽnd ㄹ랜드
명 (바다에 대비되는 것으로서의)땅
- the land of promise 약속의 땅

ground
gráund 그롸운드
명 (생활 터전으로서의)땅, 토지
- grounds 운동장, 건물 주변의 땅
- about 50,000 ground forces 약 5만의 지상군 병력

earth
ə́ːrθ 어-r th ㅆ
명 지구, (지구를 이루는)땅 (land나 ground처럼 소유권의 대상이 아님)
- the Earth's gravity 지구의 중력

100

language
lǽŋgwidʒ ㄹ랭그위쥐
명 (체계로서의)말, 언어, 국어
- Korean language 한국어

speech
spíːtʃ 쓰삐-취
명 (language를 사용하여 입으로 표현 하는)말, 언어
- a speech impediment 언어장애

101

last læst 라쌔트
형 맨 마지막의 (뒤에 계속되는 것이 없음)
- your last chance 너에게 주어진 마지막 기회
- last week 지난 주
- the last 가장 ~할 것 같지 않은
- the last person to talk about this
  이것에 대해 절대로 이야기 하지 않을 것 같은 사람

latest léitist 레이티쓰트
형 가장 최근의 (뒤에 계속 될 수 있음)
- the latest technology 최신 기술

102

late léit 레이트
형 늦은 (정해진 시간보다 늦게 온, 시간이 늦은)
- until late summer 늦여름까지

delayed diléid 딜레이드
형 미뤄진, 지연된 (시간이 지체 된)
- delayed speech 언어지체

103

late léit 레이트
부 늦게, 늦어져
- arrived late 늦게 도착했다

lately léitli 레이틀리
부 최근에 (주로 현재완료형에서)
- can't sleep lately 최근에 잠을 잘 수 없다

104

laugh
læf ㄹ래f

[동] 소리 내어 웃다 [명] 웃음, 웃음소리

- make me laugh 나를 웃기다

smile
smáil ㅆ마일

[동] 소리를 내지 않고 웃다, 미소 짓다 [명] 미소

- playful smile 장난스런 미소
- chuckle 킬킬 웃다, 싱글싱글 웃다, 킬킬 웃음
- giggle 낄낄 웃다, 낄낄 웃음(웃음을 참으며 킥킥거리는 것)

105

lay
léi ㄹ레이

[동] 누이다, 두다, 놓다

- lay, laid, laid (현재-과거-과거분사)
- lay down 아래에 놓다, 내리다
- lay him on the ground 그를 땅 위에 누이다

lie
lái ㄹ라이

[동] 눕다, 놓여 있다, ~에 있다

- lie, lay, lain (현재-과거-과거분사)
- lie down 드러눕다, 굴복하다
- lies in the following facts 다음과 같은 사실에 있다

106

league
lí:g ㄹ리-ㄱ

[명] 연맹, 동맹, 리그(alliance와 비슷하지만 보다 정식으로 이루어지는 맹약)

- the League of Nations 국제 연맹
- Major League Baseball (미국)메이저 리그 야구

alliance
əláiəns 얼라이언ㅆ

[명] 동맹, 연합, 결연(혼인으로 인한 결합, 국가나 단체간의 상호이익을 위한 결합)

- a military alliance 군사 동맹
- coalition (이익이 상반된 집단이나 파벌이 일시적으로 결합) 연합, 제휴
- confederation 연합, 연방 (국가들 사이의 영구적이고 긴밀한 결합)
- federation 연맹, 연방 (여러 국가가 정치적으로 통일을 이룬 것)
- union 연합, 동맹 (유럽연합 European Union)

107

learn
lə́ːrn 러-rㄴ

동 배우다, 익히다 (학습을 통하여 알다, 지식을 얻다)
- learn how to use a computer 컴퓨터 사용법을 배우다
- learn English 영어를 말하는 법을 배우다

study
stʌ́di 스떠디

동 연구하다, 공부하다 (면밀히 조사하고 파악하는 행위)
- study ecology 생태학을 연구하다
- study English 영어에 대하여 배우다 (문법, 단어 등)

108

legal
líːgəl 리-걸

형 법률상의, 법률에 관한, 법률에 위반되지 않는
- the legal service market 법률서비스 시장

lawful
lɔ́ːfəl 로-풜

형 법으로 허용된, 합법의, 적법의
- lawful procedures 합법적인 절차
- legitimate (법,관습,도덕에 따르는)정통의, 옳은

109

liquid
líkwid 리크위드

명 액체
- a drop of the liquid 액체 한 방울

liquor
líkər 리 리커r

명 알코올 음료, 술
- hard liquor 독주(알코올 도수가 높은 술)

110

list [líst 리쓰트]
몡 (=listing) 무엇을 적어 둔 목록, 일람표
- a credit-watch list 신용불량자 명단

catalog [kǽtəlɔ̀ːg 캐탈로-ㄱ]
몡 (도서관, 박물관 등에서 소장하고 있는) 목록, 카탈로그
- a library catalogue 도서 목록
- index 책의 색인, 찾아보기

111

literal [lítərəl 리터뤌]
혱 문자의, 글자대로 해석하는
- a literal translation 직역

literary [lítərèri 리터뤄뤼]
혱 문학의, 문학적인
- a literary talent 문학적인 재능

literate [lítərit 리터륏]
혱 읽고 쓸 수 있는, 학식 있는
- the most literate city in the United States
  미국에서 읽고 쓸 수 있는 사람이 가장 많은 도시

112

loose [lúːs 르루-쓰]
혱 매지 않은, 풀린 통 매듭을 풀다, 놓아주다
- the loose monetary policy 통화확장 정책

lose [lúːz 르루-z]
통 잃다, 놓치다, 감소하다, 손해보다, 지다
- lose weight 살을 빼다

113

magic
mǽdʒik 매쥑

명 마법, 마술
- a magic mirror 마법의 거울

sorcery
sɔ́ːrsəri 쏘-써뤼

명 (악마의 힘을 빌어 마법을 행사는 sorcerer가 벌이는)마법, 요술
- a man charged with sorcery 마법을 행한 혐의로 기소된 남자
- spell 주문, 주술, 마법

114

man
mǽn 맨

명 (성년의)남자, 사나이
- an old man 노인

male
méil 메일

명 (생물학적인 의미에서)남성, 수컷
- a male dog 수캐

guy
gái 가이

명 (친밀감을 드러내는 말)남자, 친구, 녀석
- you guys! 너희들!

115

marriage
mǽridʒ 매뤼쥐

명 결혼(식), 결혼 관계, 결혼 생활(결혼 의식을 가리키는 일반적인 말)
- marriage vows 혼인 서약

wedding
wédiŋ 웨딩

명 결혼의식, 혼례(결혼 의식에 초점)
- 10th wedding anniversary 결혼 10주년
- a wedding dress 웨딩 드레스   • a wedding hall 결혼 식장
- matrimony 결혼(격식을 차린 말로써 종교적 법적 의무가 강조됨)

116

meal míːl 미-을
명 식사, 한 끼니
• a simple meal 간단한 한 끼 식사

feast fíːst 퓌-ㅆㅌ
명 축하연, 연회(잘 차려진 특별한 식사)
• a wedding feast 결혼 피로연

banquet bǽŋkwit 뱅ㅋ윝
명 정식 연회, 축하연(공식적인 절차에 의한 정찬)
• a banquet hall 연회실

117

meaning míːniŋ 미-닝
명 의미, 뜻, 의의(말의 뜻)
• the meaning and value of peace 평화의 의미와 가치

significance signífikəns 씨ㄱ니퓌컨ㅆ
명 의의, 의미, 중요성(저변에 깔려 있어서 바로 파악이 안 되는 의미, 중요성)
• the significance of his speech 그의 발언에 담긴 의미
• implication 함축되어 있는 의미, 암시
• sense (특정한 문맥에서의)의미, 요지

118

melt mélt 멜ㅌ
통 녹다, 녹이다(얼음이 녹아서 물이 되듯이 고체가 액체가 된다)
• melt in water 물 속에서 녹는다

dissolve dizálv 디z잘v
통 용해하다, 녹이다(서로 섞는 것, 용해시키다)
• dissolve sugar in water 설탕을 물에 녹이다

memorable
mémərəbəl 메머뤄블
형 기억할 만한, 잊지 못할
- the most memorable moment 가장 잊지 못할 순간

memorial
mimɔ́:riəl 미모-뤼얼
형 기념의, 추도의
- attend a memorial event 추모 행사에 참여하다
- Seoul National Memorial Board 서울 국립 현충원

merit
mérit 메륕
명 장점, 칭찬할 만한 가치(상대적 비교에서 나오는 것으로서 반드시 뛰어남을 의미하지는 않음)
- one of Korea's merits 한국이 가진 장점 중의 하나

excellence
éksələns 엑썰런ㅆ
명 (merit보다 강한 의미로서) 우수, 탁월
- the excellence of his skill 그의 기술의 탁월함

mind
máind 마인드
명 마음, 정신, 지성(지성과 관련된 마음, body와 대비되는 정신)
- peace of mind 마음의 평화

heart
hɑ́:rt 하-트
명 마음, 감정(감정, 정서와 관련된 마음)
- a big heart 너그러운 마음

122

monk
mʌ́ŋk 멍ㅋ

명 수도사, 수사(priest가 되기도 하고 아니기도 함)
- a Buddhist monk (불교의)스님

reverend
révərənd 뤠붜뤈드

명 ~님(성직자에 대한 경칭)
- the Reverend (rev.) Billy Graham 빌리 그래함 목사님

priest
priːst 프뤼-ㅆ트

명 (가톨릭과 동방정교회)사제, 신부, 성직자
- a Buddhist priest (불교의)스님
- confess to the priest 신부에게 고해하다

minister
mínistər 미니ㅆ터r

명 개신교 목사, 성직자
- Minister Billy Graham 빌리 그래함 목사
- pastor 목사(영국에서 비국교파) • clergyman 영국 국교회의 목사
- preacher 설교자

123

motion
móuʃən 모우션

명 움직임, 운동(추상적인 운동이나 움직이는 상태를 표현)
- an impeachment motion 탄핵 움직임
- a motion picture 영화

movement
múːvmənt 무-v먼트

명 운동, 활동(구체적인 움직임, 운동)
- every movement of the suspect 용의자의 모든 움직임

124

mysterious
mistíəriəs 미ㅆ티어뤼어ㅆ

형 신비한, 이해하기 어려운(호기심이나 경외감을 일으키는)
- mysterious deaths 의문의 죽음들

mystical
místikəl 미ㅆ티컬

형 신비적인(종교적인 계시 같은 신비경험에 의한)
- mystical experience 신비체험

470

nation
néiʃən 네이션

명 국민, 국가(같은 정부에 속한 people)
- appeal to the nation 국민에게 호소하다

people
pí:pl 삐-플

명 사람들, 국민(문화와 관습을 공유하는 것에 초점)
- the Korean people 한국 사람들
- folk 사람들(허물없는 사이, 가까운 친척, 공동체 일원에 사용.)
- race 인종, 민족 • tribe 부족, 종족

nearly
níərli 니어r을리

부 거의, 매우 가까이
- nearly 1,000 people 거의 천 명

almost
ɔ́:lmoust 오-을모우ㅆㅌ

부 거의, 대체로(nearly보다 정도와 거리가 더 가깝다)
- almost in the middle of the world 세계의 거의 한 중앙에

necessity
nisésəti 니쎄써티

명 (강한)필요, 필요성(꼭 필요한 것임을 강조)
- the necessity for the three-way talks 3자 회담의 필요성
- the necessities of life 생활 필수품

need
ní:d 니-ㄷ

명 필요, 욕구(necessity 에 비해 필요에 대한 절실한 감정이 개입된 말 = 욕구)
- in need of help 도움을 절실하게 필요로 하고 있는
- need for haste 서두를 필요

128

nervous
nə́ːrvəs 너-r 뷔ㅆ
- 형 신경질적인, 초조한
- a nervous breakdown 신경쇠약

tense
téns 텐ㅆ
- 형 긴장한, 절박한
- the tense relationship between the U.S and the North 북미간 긴장 관계

129

novel
návəl 나v블
- 명 소설(주로 장편소설)
- an adaptation of a novel 소설의 각색

story
stɔ́ːri 쓰또-뤼
- 명 이야기, 소설(장, 단편을 가리지 않음)
- short story 단편소설

fiction
fíkʃən 퓍션
- 명 가공의 이야기, 소설
- a science fiction 공상 과학 소설

romance
rouméns 로우맨ㅆ
- 명 주로 남녀 애정 소설, 중세의 기사 이야기
- a reader of romances 애정소설의 독자

130

often
ɔ́(ː)fən 오-f픈
- 부 자주(많이 반복해서 일어난 것을 강조)
- not often 드물게

frequently
fríːkwəntli fㅍ류- ㅋ원틀리
- 부 자주, 종종(규칙적으로 일어나거나 짧은 시간 간격을 두고 일어나는 것을 강조)
- say frequently 종종 말한다

131

odd
ád 아ㄷ

[형] 이상한, 기묘한, 홀수의

• an odd sight 이상한 장면

odds
ádz 아ㄷz

[명] 가능성, 승률, 배당률

• The odds are good. 승산이 크다.

132

outdoor
áutdɔ̀ːr 아웉도–r

[형] 집 밖의

• outdoor sports 야외 스포츠

outdoors
àutdɔ́ːrz 아웉도–r z

[부] 문 밖에서, 옥외에서

• want to play outdoors 실외에서 놀기를 원하다

133

owe
óu 오우

[동] ~에게 돌려야 한다, ~의 덕택이다(빚지고 있다, 은혜를 입고 있다)

• owe my success to my parents 내 성공은 부모님 덕택이다

due
djúː 듀–

[형] 원인을 ~에 돌려야 할(due to 원인이 ~에 있다)

• due to road maintenance 도로 정비 때문에

134

pair
pέər 페어r

[명] 한 쌍, 한 벌(한 쪽이 없으면 다른 쪽은 소용이 없어지는 관계)

• a pair of socks 양말 한 켤레

couple
kʌ́pəl 커플

[명] 한 쌍, 두 개(상관관계가 없는 같은 종류 두 개)

• a couple of years 2년 • a young couple 젊은 연인(부부)

135

past
pǽst 패ㅆㅌ

[형] 지나간, 여태까지의(바로 직전에 일어난)

- the past month 과거 1개월

former
fɔ́:rmər f포-머r

[형] 전의, 이전의(순서나 시간에서 먼저인, 예전에는 그랬지만 지금은 아니다는 의미로)

- the former chairman 전 회장
- the former 전자(두 개 중에서 처음 것을 가리켜) (the latter 후자)

136

perhaps
pərhǽps 퍼r햅ㅆ

[부] 어쩌면, 아마도(maybe, 가능성이 반반)

- Perhaps we can do it. 어쩌면 우리는 그것을 할 수 있을 거야.

probably
prábəbli ㅍ롸버블리

[부] 아마, 필시, 십중팔구는(가능성이 크고 확실한)

- Probably we can do it. 필시 우리는 그것을 할 수 있을 거야.

137

personal
pə́:rsənəl 퍼-rㅆ늘

[형] 개인의, 자기만의

- customers' personal information 고객의 개인 정보

personnel
pə̀:rsənél 퍼-rㅆ넬

[형] 인사의 [명] 인원, 전직원

- personnel management 인사관리

138

phase
féiz 풰이z
명 **단계, 국면**(변화의 과정에서 나타나는 하나의 상)
- the first phase of the search 조사의 첫 단계

aspect
ǽspekt 애ㅆ펙트
명 **국면, 양상**(관찰자에게 보여지는 특징적인 외관)
- every aspect of daily life 일상생활의 모든 면

139

physical
fízikəl 퓌z지컬
형 (생물학적인 관점에서 인간, 동물의) **육체의, 신체의**
- physical labor 육체 노동

bodily
bάdəli 바덜리
형 **육체의**(정신과 구분되는 사람의 몸에 관한)
- bodily harm 신체의 상해

140

physics
fíziks 퓌z직ㅆ
명 **물리학**
- physics experiments 물리학 실험

physician
fizíʃən 퓌z지션
명 **의사, 내과의사**
- the best physician 가장 좋은 의사

physicist
fízisist 퓌z지씨ㅆ트
명 **물리학자**
- the Nobel Prize-wining physicist 노벨상을 수상한 물리학자

475

141

picture
píktʃər 픽춰r

명 그림, 사진, 화면(사람과 사물의 모습을 표현했다는 의미로써 그림, 사진, TV나 영화의 한 장면에 이르기까지 광범위하게 사용)
- draw a picture 그림을 그리다

painting
péintiŋ 뻬인팅

명 그림, 회화(수채화, 유화를 의미)
- oil painting 유화
- image 모습, 모양, 이미지 • portrait 초상화
- drawing (선으로 표현된 그림)소묘, 데생, 도면

142

pig
píg 피-ㄱ

명 돼지(새끼 돼지)
- near a pig farm 양돈장 근처에서

swine
swáin 쓰와인

명 돼지(집합적)
- swine flu 돼지독감

hog
hɔ́:g 호-ㄱ

명 돼지(특히 식용)
- treat him like a hog 그 사람을 돼지처럼 대하다

143

pigeon
pídʒən 피쥔

명 비둘기, 집비둘기(길들인 비둘기)
- a carrier pigeon 통신용 비둘기

dove
dʌ́v 더v

명 (평화와 유순함의 상징으로서의)비둘기(야생의 비둘기)
- a dove of peace 평화의 비둘기

144

plant
plǽnt 플랜트
명 대규모 공장(설비)
- nuclear power plant 원자력 설비

factory
fǽktəri 팩터뤼
명 (기계로 대량 생산하는)공장
- work at a factory 공장에서 일하다

mill
míl 밀
명 제작소, 제조 공장(주로 원자재 가공공장)
- a steel mill 제강 공장
- workshop 소규모 작업실, 공작실 • works 제작소
- shop 물건을 만들거나 수리하는 장소

145

possession
pəzéʃən 퍼z제션
명 소유물, 재산(가치의 높낮이에 대한 구별 없이 개인의 소물을 표현)
- illegal possession of marijuana 마리화나 불법 소유

asset
ǽset 애쎗
명 재산, 자산(귀중한 소유물, 유용한 것, 상업의 자산)
- the most important asset 가장 중요한 자산

146

praise
préiz 프뤠이z
명 칭찬, 찬양(칭찬과 인정)
- receive high praise 큰 칭찬을 받다

applause
əplɔ́ːz 어플로-z
명 박수갈채, 칭찬(박수를 치면서 성원을 보내는 것)
- receive enthusiastic applause 열광적인 박수갈채를 받다
- acclaim 갈채, 환호 • laud 찬미(가장 높은 praise)

prejudiced
préd‍ʒudist 프**뤠**쥬디쓰트

형 선입견(편견)을 가진

- your prejudiced opinion 당신이 가진 편견

partial
pá:rʃəl 파-r셜

형 불공평한, 편파적인 ('일부분의, 불충분한' 이라는 뜻으로도 사용된다)

- a partial judge 불공평한 재판관
- partially 부분적으로(완전하고 충분하지 못함을 강조하여)
- partly 부분적으로(전체가 아닌 부분을 강조하여)

presume
prizú:m 프뤼z주-ㅁ

동 추정하다, ~인가 생각하다(근거가 있는 추정으로 확신이 들어감)

- presume innocence 무죄라고 생각하다

assume
əsjú:m 어쑤-ㅁ

동 추정하다 ~라고 여기다(증거나 근거는 없이 가정하는 것)

- assume innocence 무죄로 여기다

principle
prínsəpl 프**륀**써플

명 원리, 원칙

- the principle of equal pay for equal jobs 동일 노동 동일 임금의 원칙

principal
prínsəpəl 프**륀**써플

형 주요한, 제 1의 명 우두머리, 장

- a principal factor 주요 원인

push
púʃ 푸쉬

동 밀다(자기와 반대 방향으로 미는 것, pull의 반대말)

- push a button 버튼을 누르다(문 열듯이 누르는 것)
- push the door open 문을 밀어서 열다

press
prés 프뤠ㅆ

동 내리 누르다(힘을 아래로 가하는 것)

- press a button 버튼을 누르다(리모콘 누르듯이)
- press clothes 옷을 다리미질 하다
- shove (힘을 주어 난폭하게)밀다 • thrust (세게)밀다, 떠밀다

puzzle
pʌ́zl 퍼즐

명 (재능이나 인내심을 시험하려는 목적의 게임)퍼즐, 머리를 쓰게 만드는 어려운 문제(수수께끼)

- a crossword puzzle 크로스워드 퍼즐(낱말 맞추기)

riddle
rídl 뤼들

명 수수께끼(헷갈리게 하려는 목적의 문제, 역설과 모순이 들어 있음)

- solve the riddle 그 수수께기를 풀다

152

rage
réidʒ 뤠이쥐

명 격노, 분격(노여움에 자제심을 잃은 상태)

- get into a rage 격노하다

fury
fjúəri f퓨어뤼

명 격노, 격분(광기를 보이는 파괴적인 분노)

- the fury of the sea 바다의 격노

153

random
rǽndəm 뢘덤
형 임의의, 닥치는 대로의(목적이나 계획이 없이 행하는)
- random violence 무차별적인 폭력

casual
kǽʒuəl 캐쥬얼
형 우연의, 되는 대로의(뜻하지 않게, 무심결에)
- a casual meeting 우연한 만남(비공식 만남)

154

reform
riːfɔ́ːrm 류-포-r口
통 개혁하다, 개정하다(결함 있는 것을 전면적으로 바꾸는 것)
- the military reform bill 군 개혁법안

re-form
riːfɔ́ːrm 류-포-r口
통 다시 고쳐 만들다
- re-form this country 이 나라를 다시 만들다
- improve 더 좋게 만들다, 개선하다

155

respectable
rispéktəbəl 뤼ㅆ펙터블
형 존경할 만한, 훌륭한
- respectable and politically neutral scholars
  존경 받으며 정치적으로 중립적인 학자들

respectful
rispéktfəl 뤼ㅆ펙트펄
형 경의를 표하는, 공손한
- a respectful young man 공손한 젊은이

respective
rispéktiv 뤼ㅆ펙티v
형 각각의, 각자의
- go our respective ways 우리 각자의 길을 가다

480

156

retire
ritáiər 뤼타이어r

[동] 물러가다, 은퇴하다(포기, 체념, 양보의 의미)

- retire from political life 정계에서 은퇴하다

withdraw
wiðdrɔ́ː 위thㄷ 드로-

[동] 빼다, 물러나다(신중한 고려에 따라 철회하다, 취소하다)

- withdraw from the war on terror 테러와의 전쟁에서 물러나다
- retreat (할 수 없이)물러가다, 후퇴하다

157

ride
ráid 롸이ㄷ

[동] 타다, 타고 가다 [명] 타고 감, 태움
(다른 사람이 운전하는 탈것에 타는 것, 자전거, 오토바이, 말 등을 타는 것)

- ride a bike 자전거를 타다 • get a free ride 공짜로 타다

drive
dráiv ㄷ롸이 v

[동] 운전하다, 차로 가다(자기가 운전하는 것을 타고 가는 것)

- Don't drink and drive. 음주운전 하지 마라.

158

rotate
róuteit 로우테이ㅌ

[동] 회전하다, 회전시키다(그 자체의 축이나 중심을 둘레로 회전하는 것)

- rotate cyclonically 격렬하게 회전하다

revolve
riválv 뤼발v

[동] 회전하다, ~의 주위를 돌다(특히 다른 물체를 중심으로 궤도를 도는 것)

- revolve round the sun 태양 주위를 돌다
- roll (공이나 바퀴가)구르다, 회전하다 • spin (빨리)돌리다, 회전시키다
- turn (축이나 주위를)돌다, 돌리다, 방향을 바꾸다

159

rumor
rúːmər 루-머r
- 명 소문, 풍문
- all sorts of false rumors 온갖 종류의 유언비어

gossip
gásip 가씹
- 명 (특히 타인의 사생활에 대한)이야기나 소문
- gossip about you 당신에 대한 소문

160

rush
rʌ́ʃ 뤄쉬
- 동 돌진하다, 쇄도하다, 돌진시키다(급하게 서둘러 움직이는 것, 쇄도하는 것)
- rush to a conclusion 성급하게 결론 내다

dash
dǽʃ 대쉬
- 동 돌진하다, 급히 가다(짧은 거리를 돌진해간다는 의미로 목표에 초점이 있음)
- dash out of the darkness 어둠 속에서 뛰어 나오다

161

sample
sǽmpəl 쌤플
- 명 견본, 실례(전체의 일부분으로서 큰 전체를 대표하는 작은 부분)
- a sample of your blood 너에게서 채취한 혈액 샘플

specimen
spésəmən 쓰뻬써먼
- 명 표본, (검사와 연구를 위한)시료(과학적 연구를 위하여 고른 sample)
- a mineral specimen 광물 표본

162

scatter
skǽtər 쓰깨터r
- 동 흩뿌리다, 흩어지다 명 흩뿌리기, 살포(어수선하게 흩어진 것에 초점)
- scatter hundreds of smaller bomblets 수백개의 소형 폭탄을 살포하다

distribute
distribjuːt 디쓰트뤼뷰트
- 동 분배하다, 살포하다(골고루 퍼뜨리는 것, 분배에 초점)
- distribute the ballots 투표용지를 나누어 주다

163

scene / siːn 씨-ㄴ
- 명 (개개의)장면, 풍경
- a familiar scene 낯익은 광경

scenery / síːnəri 씨-너뤼
- 명 (집합적으로)무대장면, 풍경(자연의 전체 풍경)
- the most beautiful scenery in the world 세상에 가장 아름다운 풍경

164

search / sə́ːrtʃ 써-r 취
- 동 찾다, 수색하다
- search a hundred million Web pages on the Internet 인터넷에서 백 만개의 웹페이지를 검색하다

seek / síːk 씨-ㅋ
- 동 찾다, 추구하다(노력하고 시도하는 것, search for)
- seek the truth 진리를 찾다

165

several / sévərəl 쎄붜뤌
- 형 몇 개의, 여럿의(보통 3개 이상 5개 전후로 some 보다 적은 수)
- several nuclear wars 여러 번에 걸친 핵전쟁

a few / əfjúː 어 f퓨-
- 형 얼마의, 몇 개의(2-3개, 전체에 비해서 적은 수)
- a few hours later 몇 시간 후

166

show ʃóu 쇼우 — 몡 쇼, 구경 거리, 전람회, 방송의 프로
- new reality show 새로운 리얼리티 쇼 프로그램

performance pərfɔ́ːrməns 퍼r f포-r먼ㅆ — 몡 공연(무대에서 하는 공연)
- violin performance 바이올린 공연

167

sin sín 씬 — 몡 죄, 잘못(종교상의 죄, 도덕적인 잘못)
- a sense of sin 죄의식

crime kráim ㅋ롸임 — 몡 (법률을 위반하는)범죄
- a payment for a crime 범죄에 대한 벌

168

size sáiz 싸이z — 몡 크기, 치수
- small mid-size business 중소기업

volume válju:m 발류-ㅁ — 몡 부피, 양, 체적(보통 흐르는 것의 부피)
- a tremendous volume of water 엄청난 양의 물

bulk bʌ́lk 벌ㅋ — 몡 부피, 용적, 덩치(큰 부피)
- the bulk of the money 대부분의 돈

mass mǽs 매ㅆ — 몡 (모양이 아니라 무게)질량, 큰 덩어리
- mass production 대량생산
- a mass of concrete 콘크리트 덩어리

484

skin
skín 쓰킨

명 사람의 피부, 동물의 가죽

- the wounded skin 상처 난 피부

leather
léðər 레th더r

명 무두질한 가죽

- durable leather 튼튼한 가죽
- fur 토끼털 같이 부드럽고 짧은 털이 있는 가죽, 모피 → 부드러운 털
- hide 큰 짐승의 생가죽

sleep
slí:p 쓸리-ㅍ

동 잠자다 **명** 수면, 졸음

- irregular sleep hours 불규칙적인 수면시간

nap
nǽp 냎

동 선잠 자다 **명** 낮잠

- have a nap 잠깐 낮잠을 자다
- drowse 꾸벅꾸벅 졸다 • doze 꾸벅꾸벅 졸다

slow
slóu 쓸로우

동 느리게 하다, 더디게 하다 (의도적으로 속도를 줄이는 것)

- export growth will slow to 10% this year
  올해 수출 성장률이 10%로 감소할 것이다

delay
diléi 딜레이

동 지연시키다, 연기하다 (방해를 함으로써 지연시키거나 뒤로 미루는 것)

- delay payment 지불을 지연시키다

172

slow slóu 쓸로우
형 (속도가)느린
- in slow motion 느린 동작으로

leisurely líːʒərli 리-줘일리
형 느긋한, 서두르지 않는
- at a leisurely pace 한가로이

173

snake snéik 쓰네이ㅋ
명 (일반적인)뱀
- the scale of a snake 뱀의 비늘

serpent sə́ːrpənt 써-r 펀트
명 (특히 크고 독이 있는)뱀
- the sea serpent 용

174

sometimes sʌ́mtàimz 썸타임즈
부 때때로, 이따금
- sometimes play with them 때때로 그들과 함께 논다

sometime sʌ́mtàim 썸타임
부 언젠가(미래의 막연한 때)
- sometime next week 다음 주 중 언젠가

175

somewhere sʌ́mhwèər 썸ㅎ웨어r
부 어딘가에
- somewhere around here 이 근방 어딘가에

anywhere énihwèər 에니ㅎ웨어r
부 어느 곳이든, 어디든지
- can go anywhere 어디든지 갈 수 있다

sour
sáuər 싸우어r
형 신, 시큼한(발효나 부패를 암시)
- sour grapes 신 포도

acid
ǽsid 애씨드
형 신, 산성의(본래 맛이 신, 화학용어로 산성의)
- acid condition 산성 상태

sponsor
spánsər 쓰판써r
명 후원자, 보증인, 광고주(책임지는 사람)
- a sponsor of terrorism 테러의 후원자

patron
péitrən 페이트뤈
명 (예술, 학문의)보호자, 후원자(은혜를 베푸는 사람)
- a patron of the arts 예술의 후원자

standard
stǽndərd 쓰땐더rㄷ
명 표준, 기준(양, 가치, 질 등을 비교하기 위한 공인된 척도나 본보기, 이상적인 표준)
- the Korean Industrial Standard 한국 공업 규격

criterion
kraitíəriən 크라이티어뤼언
명 표준, 기준(우수성과 가치 등을 판단하고 평가하는 기준)
- the criterion for success 성공을 판단하는 기준
- gauge 계량기준, 표준 치수 → (평가, 판단의)기준 척도
- measure 치수, 계량 단위, 계량 기준 → (평가, 판단의)기준 척도
- rule 자, 척도

storm
stɔ́ːrm 쓰**토**-ㄹㅁ
- 명 폭풍우
- yellow dust storm 황사바람

gale
géil 게일
- 명 강풍, 질풍
- from a gale to a hurricane 강한 바람에서 허리케인으로
- tempest (문학적 표현으로)폭풍우, 폭설(비유적으로 동란, 대소동)
- typhoon (태평양 서부에서 발생하는)태풍
- hurricane (멕시코만에서 발생하는 열대성 저기압)허리케인
- cyclone (열대성 저기압의 총칭으로)싸이클론

subject
sábdʒikt **쎕**직ㅌ
- 명 주제, 제목(다루는 주제, 제목)
- the subject of a new book 새 책의 주제

theme
θíːm th**씨**-ㅁ
- 명 주제, 테마(일관되게 흐르는 주제, 기본 개념)
- a theme park 테마 공원

topic
tápik 타픽
- 명 화제, 논제(화제나 이야기 거리로서의 주제, 부분적인 주제)
- the meeting's main topic 모임의 주요 주제

sudden
sádn **써**든
- 형 갑작스러운 (예측여부와는 관계없이 별안간 일어났다는 데에 초점)
- sudden death 돌연사, 급사

abrupt
əbrápt 어브**뤞**ㅌ
- 형 갑작스러운, 뜻밖의 (갑작스러운 변화로 기대에 어긋남 또는 불쾌감에 초점)
- abrupt ending 갑작스러운 결말

182

suit súːt 쑤-트
명 슈트(남성복 한 벌 혹은 여성 정장 한 벌)
- an old suit 낡은 정장

suite swíːt ㅆ위-트
명 (호텔의)스위트 룸, (물건의)한 벌
- a luxury suite 호화 객실

183

symbol símbəl 씸벌
명 상징, 부호
- the symbol of Christianity 기독교의 상징

emblem émbləm 엠블럼
명 (정부, 기관, 단체 등의)상징, 기장, 문장
- an emblem of the family 가문의 문장

logo lɔ́ːgou ㄹ로우고우
명 (회사, 상품, 조직 등을 나타내는 특별한)상징, 심벌 마크
- company logo 회사 로고

184

thankful θǽŋkfəl th쌩ㅋ풜
형 감사하는(어떤 일이 일어나서 다행이고 감사하는)
- I am thankful. 감사합니다

grateful gréitfəl ㄱ뤠이트풜
형 감사하는, 고마워하는(누군가의 호의에 감사하는)
- I am grateful. 감사합니다

appreciative əpríːʃətiv 어프뤼-쉬어티v
형 감사하는(진가를 인정하고 감탄하는 마음에서)
- I'm very appreciative. 매우 감사 드립니다.

489

185

thread θréd 쓰뤠드
명 무명실, 린네실
- a needle and thread 실을 꿴 바늘

string stríŋ 쓰트륑
명 끈, 줄 (thread보다 굵고 rope보다 가는 실)
- at the end of the string 줄의 끝에

yarn já:rn 야-ㄹㄴ
명 (직물용)실
- 100% cashmere yarn 100% 캐시미어 실

186

town táun 타운
명 읍, 시 (대개 village보다 크고 city 보다 작음)
- town council 읍(시) 의회

village vílidʒ 뷜리쥐
명 마을 (town 보다 작은 규모의 마을)
- a small village 작은 마을
- community 공동체, 지역사회

187

trunk tráŋk 트륑크
명 여행용 큰 가방
- in the trunk 여행용 큰 가방 안에

suitcase sú:tkèis 슈-트케이ㅅ
명 여행가방 (작은 의상가방)
- his suitcase 그의 여행가방

briefcase brí:fkèis 브뤼-ㅍ 케이ㅅ
명 서류가방
- my briefcase 내 서류가방

188

twilight
twáilàit 트와일라이트
🔢 (일몰 직후나 일출 직전의)어스름, 황혼, 여명
• in the twilight of his life 그의 인생의 말년에

dusk
dʌ́sk 더쓰ㅋ
🔢 땅거미, 황혼(twilight후 완전히 어두워지기 전)
• at dusk 땅거미가 질 때

dawn
dɔ́:n 도-ㄴ
🔢 새벽, 동틀 녘, 여명
• before dawn 해 뜨기 전에

189

unable
ʌnéibəl 언에이블
🔢 할 수 없는(일시적인 불능상태)
• be unable to ~할 수 없는

incapable
inkéipəbəl 인케이퍼블
🔢 할 수 없는, (개선이)불가능한(선천적 불능상태)
• be incapable of telling a lie 거짓말을 못 하는 (타고난 성격)

190

uninterested
ʌníntərìstid 언인터뤼스티드
🔢 무관심한, 냉담한
• be uninterested in ~에 무관심한

disinterested
disíntəristid 디쓰인터뤼스티드
🔢 사심이 없는, 공평한
• disinterested angel of mercy 사심이 없는 자비의 천사

191

unity
júːnəti 유-너티
- 명 단일(성), 통일, 단결(다양성에 반대되는 개념으로써의 결합, 일치, 통일)
- for the unity of the nation 국민들의 단결을 위하여

union
júːnjən 유-니언
- 명 결합, 연합(분할이 아닌 결합을 강조. 개인이나 조직의 결합, 연합)
- a teachers' union 교직원 조합

192

urge
ə́ːrdʒ 어-r쥐
- 통 재촉하다, 설득하다, 강요하다(어떤 사람에게 무슨 일을 하도록 강하게 설득하고 촉구하는 것)
- urge me to sign 나를 설득하여 서명하게 하다

drive
dráiv 드롸이v
- 통 몰아가다, ~하게 내몰다(더욱 자극하여 ~하게 하는 것)
- drive me crazy 나를 미치게 만들다

193

visible
vízəbəl 뷔z저블
- 형 눈에 보이는, 볼 수 있는
- visible injuries 눈에 보이는 상처

visual
víʒuəl 뷔쥬얼
- 형 시각의, 시각에 의한
- visual effects 시각적인 효과

194

visit
vízit 뷔z짙
- 통 방문하다, 찾아 가다
  (체류 기간의 길이와 상관없이 방문하는 경우이면 사용)
- plan to visit Korea 한국을 방문할 계획

call
kɔ́ːl 코-올
- 통 방문하다, 들르다(사적인 교제나 잠깐 들르는 경우에 주로 사용)
- call at his office 그의 사무실에 들르다

195

waste wéist 웨이ㅆ트
명 폐물, 쓰레기(일반적인 말)
- toxic waste 유해한 쓰레기

garbage gáːrbidʒ 가-ㄹ비쥐
명 (주로 부엌에서 나오는 음식)쓰레기
- in a garbage bag 쓰레기 봉투 안에

rubbish rʌ́biʃ 뤄비쉬
명 (쉽게 불로 태울 수 있는)쓰레기
- rubbish bin 쓰레기 통

trash træʃ 트래쉬
명 폐물, 쓰레기(다 쓰고 헐어서 중요하지 않게 된 것. 동물성이나 식물성 쓰레기는 아님)
- trash can 쓰레기 통

196

wear wéər 웨어ㄹ
동 입다(입고 쓰고 신고 끼는 것을 표현하는 말)
- wear a jacket 재킷을 입다

dress drés 드뤠ㅆ
동 옷을 입다, 옷을 입히다(up과 함께 '잘 차려 입다')
- need to dress up 잘 차려 입을 필요가 있다

197

woman wúmən 우먼
명 여성
- a single woman 독신 여성

female fíːmeil 퓌-메일
명 생물학적 여성, 암컷
- female employees 여직원들

198

wonder wʌ́ndər 원더
동 놀라다 명 경탄, 놀랄만한 것
· wonder at the timing 타이밍에 놀라다

wander wʌ́ndər 완더
동 정처 없이 돌아다니다, 방랑하다
· wander from place to place 여기저기 떠돌다

199

worker wə́ːrkər 우어-ㄹ 커r
명 일하는 사람, 근로자
· a volunteer rescue worker 자원 구조대원

workman wə́ːrkmən 우어-ㄹ ㅋ맨
명 (주로 손을 쓰는)노동자, 기술자, 장인
· a skilled workman 숙련공

laborer léibərər 레이버뤄r
명 노동자(육체노동자)
· a day laborer 일용직 노동자

200

writer ráitər 롸이터r
명 작가, 필기자(단순히 글을 쓰는 사람에서 직업적인 작가에 이르기까지)
· a freelance writer 자유 기고가

author ɔ́ːθər 오-th써r
명 저자, 작가(특정한 책의 저자, 주로 문학 작품의 저자)
· an anonymous author 익명의 저자

Part 3
INDEX

INDEX

a few 449, 483
a little 449
abandon 300
able 12
abnormal 207
absence 217
abuse 430
accept 13
accident 14
accurate 282
accuse 15
ache 258
acid 487
acknowledge 16
across 430
action 17
active 225
adapt 430
address 367
adept 430
admit 16
adopt 430
adorn 442
adult 18
advance 19
advice 20
advise 309
affect 21
afraid 22
age 267
aged 249
ago 431

agony 377
agree 23
agreement 92
aid 187
aim 295
alarm 337
alike 221
all 24
all together 431
alliance 464
allow 25
almost 471
alone 26
alter 65
alternate 431
alternative 431
altitude 453
altogether 431
amaze 27
amazing 422
ambiguous 404
amid 432
among 432
amount 28
amuse 137
ancient 29
anger 30
animal 432
announce 110
answer 31
antique 29
anxious 32

anywhere 486
apart 432
apparent 272
appear 340
applause 477
appreciative 489
apprehend 433
appropriate 160
apt 222
argue 33
army 433
arrange 34
arrive 35
ascend 74
ashamed 433
ask 36
aspect 475
Assembly 440
asset 477
association 434
assume 284, 478
attempt 37
attractive 438
author 494
authority 38
avenue 434
awake 412
award 39
aware 216
away 432
baby 40
back 434

bad 41
bake 59
banquet 468
bar 435
bare 42
barricade 435
barrier 435
base 43
basic 44
basis 43
battle 45
beach 46
bear 47
beast 432
beat 48, 49
beautiful 180
before 431
begin 50
behavior 17
believe 51
below 435
beneath 435
benefit 289
beside 436
besides 436
between 432
big 52
bill 218
bind 396
blend 234
blossom 161
bodily 475

bold 54
border 129
boss 436
bother 53
brave 54
break 436
breeze 420
brief 352
briefcase 490
bright 55
brilliant 55
bring 56
British 436
broad 57
brupt 488
brutal 103
build 58
bulk 484
burden 437
burn 59
by 437
call 492
calm 60
capable 12
capital 437
capitol 437
Capitol 437
capture 438
care 423
careful 61
cash 438
cast 395

casual 480
catalog 466
catastrophe 121
catch 438
caution 415
cautious 61
celebrated 152
celebration 63
center 62
ceremony 63
certain 381
chance 64
change 65
chaos 66
character 67
characteristic 68
charge 15
charming 438
chase 162
cheap 69
cheat 108
chief 436
childish 438
childlike 438
choice 70
chronicle 454
cite 301
civic 439
civil 439
civilian 439
claim 204
classic 439

497

INDEX

classical 439
classify 34
clean 416
clean 71
cleanse 71
clear 72
clever 362
client 73
climate 439
climb 74
close 75, 76, 135
clothes 77
clothing 77
coast 46
cold 78
collect 170
combine 88
come 79
comfortable 441
command 80
comment 314
common 81
company 82
compare 83
compel 164
compete 440
competition 230
complete 138, 265
component 131
comprehend 405, 433
conceal 84
concept 195

concerned 32
conclusion 85
conference 232
confidant 440
confidence 86
confident 440
confine 223
confuse 87
Congress 440
connect 88
consent 23
consequence 324
conserve 89
consider 90
considerable 441
considerate 441
construct 58
consul 441
consume 368
contain 200
contemporary 235
contend 440
content 333
continual 91
continue 268
continuous 91
contract 92
contrary 93
contrast 83
control 94
convenient 441
conversation 95

conviction 86
convince 270
cool 78
copy 197
correct 96, 97
cost 98
costly 146
council 441
counsel 20, 441
couple 473
court 450
courteous 276
cover 188
crash 99
crater 454
crazy 100
crime 101, 484
crisis 441
criterion 487
crowd 102
cruel 103
cry 104
cure 186
currency 438
custom 179
customary 408
customer 73
damage 184
danger 105
dark 106
dash 482
dawn 491

deadly 107
deceased 442
deceive 108
deception 442
decide 109
declare 110
decline 310
decorate 442
decrease 111
defeat 49
defect 156
defend 177
definite 112
degree 174
delay 280, 485
delayed 463
delicious 443
delight 275
delusion 196
demand 36
demonstrate 457
deny 113
depend 313
describe 114
desirable 443
desirous 443
destiny 115
destroy 116
determine 109
devise 206
different 117
difficult 183

dim 106
direct 94
dirty 118
disagree 119
disappear 120
disaster 121
disclose 325
discover 122
discuss 33
diseased 442
disgrace 349
disinterested 491
dislike 185
disorder 66
dispatch 342
display 123
dispute 298
dissent 119
dissolve 468
distant 154
distinct 72
distribute 482
district 427
disturb 53
divide 124
divine 455
division 338
doctor 443
door 444
doubt 125
dove 476
draw 293

drawing 444
dress 492
drive 481, 492
drop 150
drug 444
due 473
dusk 491
duty 126
eager 127
early 445
earth 462
eat 128
economic 445
economical 445
edge 129
educate 388
educational 445
educative 445
effect 21
effective 446
effectual 446
efficient 446
effort 130
eisurely 486
element 131
elementary 44
eliminate 316
embarrassed 433
emblem 489
emergency 441
emigrate 446
emotion 132

499

INDEX

employ 190
empty 133
enclose 383
encounter 231
encourage 134
end 135
endurance 262
enemy 136
engagement 291
English 436
enlarge 201
enormous 192
ensure 446
entertain 137
enthusiasm 261
enthusiastic 127
entire 138
entrance 444
envious 139
error 140
escape 141
especially 142
essential 240
eternal 143
ethical 236
evening 447
everlasting 143
every day 447
every one 448
everyday 447
everyone 448
evidence 447

evil 41
examine 391
example 144
excellence 469
exchange 402
execute 266
exercise 145
exhausted 397
exhibit 123
expect 191
expensive 146
experience 448
expert 147
extend 148
external 255
extraordinary 406
factory 477
fair 149
faithful 356
fall 150
false 458
familiar 151
famous 152
fancy 153
fantasy 153
far 154
fast 155
fat 392
fatal 107
fate 115
fault 156
fear 157

feast 468
feature 68
feeble 418
feed 128
feeling 132
female 492
few 448
fiction 472
fight 45
figure 245
filthy 118
final 158
find 122
firm 82, 159
first 254
fit 160
flee 141
flourish 376
flower 161
fog 449
follow 162
foolish 163
forbid 290
force 164, 281, 433
foreword 460
forgive 165
form 166
former 474
fortune 167
fraud 442
freedom 450
frequently 472

fresh 450
friend 168
frighten 169
frightened 22
function 251
funny 459
furnish 378
fury 479
gain 172
gale 488
gang 175
garbage 492
garden 450
gate 444
gather 170
gaze 226
general 171
generosity 398
genius 386
get 172
ghost 451
gift 451
give 173
glad 182
glide 359
glitter 351
go 79
gold 451
golden 451
gossip 482
grade 174
grant 173

grasp 341
grateful 489
grave 346, 452
grief 365
ground 462
group 175
grow 176
guard 177
guess 380
guide 178
guy 467
habit 179
handful 452
handmade 452
handsome 180
handy 452
happen 181
happy 182
hard 159, 183
harm 184
haste 193
hate 185
haze 449
heal 186
healthful 453
healthy 453
hear 453
heart 469
height 453
help 187
hide 188
high 387

hinder 286
hint 189
hire 190
historic 454
historical 454
history 454
hit 48
hog 476
hold 213
hole 454
holiday 455
holy 455
home 456
homemade 452
homework 455
hop 211
hope 191
house 456
housework 455
huge 192
human 456
humane 456
humor 456
hungry 457
hurry 193
hurt 194
idea 195
identical 332
idle 457
ignore 241
ill 353
illusion 196

501

INDEX

illustrate 457
imaginable 458
imaginary 458
imaginative 458
imitate 197
immediate 198
immigrate 446
implement 399
important 199
incapable 491
incentive 237
incident 14
include 200
incorrect 458
increase 201
incredible 458
industrial 459
industrious 459
inexpensive 69
inform 202
injure 194
inner 203
insane 100
inside 203
insist 204
inspire 134
instance 144
instant 198
insure 446
intellectual 459
intelligent 459
intelligible 459
intend 205
interested 459
interesting 459
interfere 460
interpret 460
interrupt 460
intimate 151
introduction 460
invent 206
irregular 207
irritate 461
jail 461
jealous 139
job 208
join 209
journey 210
jump 211
just 149
keen 212
keep 213
kid 40
kill 214
kind 461
kindly 461
king 462
knock 215
know 216
labor 130
laborer 494
lack 217
land 462
language 462
large 52
last 158, 463
late 463
lately 463
latest 463
laugh 464
law 218
lawful 465
lay 464
lazy 457
lead 178
league 464
learn 465
lease 318
leather 485
leave 321
legal 465
legend 219
let 220
liable 323
liberty 450
lie 464
lift 302
like 221
likely 222
limit 223
link 209
liquid 465
liquor 465
list 466
listen 453
literal 466

literary 466
literate 466
little 361, 448
live 224
lively 225
load 437
location 271
logo 489
lonely 26
look 226
loose 466
lose 466
luck 167
magic 467
main 227
maintain 379
Majesty 462
make 220, 228
male 467
man 467
many 229
marriage 467
mass 484
master 147
match 230
matter 375
mature 18
meal 468
mean 205
meaning 468
medicine 444
meet 231

meeting 232
melancholy 330
melt 468
memorable 469
memorial 469
menace 394
mend 319
merely 250
merit 469
method 417
middle 62
mill 477
mind 469
minister 470
minor 233
mist 449
mistake 140
misuse 430
mix 234
mob 102
modern 235
moist 419
momentary 389
monk 470
moral 236
motion 470
motive 237
move 238
movement 470
murder 214
mysterious 470
mystical 470

myth 219
naked 42
nap 485
narrate 114
nation 471
near 76
nearly 471
neat 239
necessary 240
necessity 471
need 320, 471
neglect 241
nervous 472
new 242
night 447
normal 243
note 244
notice 244
notify 202
novel 242, 472
number 245
numerous 229
obey 246
obligation 126
obscure 84
observe 246
occupation 247
odd 473
odds 473
offer 248
often 472
old 249

503

INDEX

only 250
operate 251
opinion 252
opponent 136
opportunity 64
opposite 93
order 80
ordinary 311
origin 253
original 254
ornament 442
outdoor 473
outdoors 473
outrage 30
outside 255
outstanding 256
owe 473
own 278
package 257
pain 258
painting 476
pair 473
pal 168
panic 157
parcel 257
pardon 165
part 259
partial 478
particular 260
passion 261
past 474
patience 262

patron 487
pause 371
pay 263
peak 400
peculiar 373
people 264, 471
perceive 308
perfect 265
perform 266
performance 484
perhaps 474
peril 105
period 267
permit 25
persist 268
person 264
personal 269, 474
personality 67
personnel 474
persuade 270
phantom 451
phase 475
physical 475
physician 443, 475
physicist 475
physics 475
picture 476
piece 259
pig 476
pigeon 476
pious 312
pity 385

place 271, 296
plain 272
plan 273
plant 477
pleasant 274
pleasing 274
pleasure 275
polite 276
ponder 393
portion 350
position 277
possess 278
possession 477
possible 279
postpone 280
power 38, 281
powerful 374
practice 145
praise 477
precious 410
precise 282
predict 283
preface 460
prejudiced 478
prepared 306
present 451
preserve 89
press 479
presume 478
pretend 284
prevailing 285
prevalent 285

prevent 286
previous 287
price 98
priest 470
principal 227, 478
principle 478
prior 287
prison 461
private 269
probable 279
probably 474
problem 288
produce 228
profession 247
profit 289
progress 19
prohibit 290
prolong 148
promise 291
proof 447
property 297
prophesy 283
propose 248
protect 292
proverb 336
provoke 461
public 81
pull 293
pupil 294
pure 450
purpose 295
push 479

put 296
puzzle 87, 479
quality 297
quantity 28
quarrel 298
question 288
quick 155
quiet 299
quit 300
quote 301
race 329
rage 479
raise 176, 302
random 480
range 303
rank 277
rarely 304
rational 305
reach 35
ready 306
real 307
rear 434
reasonable 305
recall 315
receive 13
recognize 308
recommend 309
reduce 111
reflect 90
re-form 480
reform 480
refuse 113, 310

regard 322
regular 311
religious 312
rely 313
remark 314
remarkable 256
remember 315
remove 316
renew 317
renovate 317
rent 318
repair 319
reply 31
require 320
rescue 334
reside 224
residence 456
resign 321
respect 322
respectable 480
respectful 480
respective 480
responsible 323
rest 436
result 85, 324
retire 481
reveal 325
reverend 470
revise 96
revolve 481
reward 39
rich 326

INDEX

riddle 479
ride 481
right 97
road 327
roar 425
rob 328
romance 472
rotate 481
rubbish 492
ruin 116
rumor 482
run 329
rush 482
sacred 455
sad 330
safe 331
salary 263
same 332
sample 482
satisfy 333
save 334
say 335
saying 336
scare 169, 337
scatter 482
scene 483
scenery 483
scent 363
scheme 273
scope 303
search 483
section 338

secure 331
seduce 390
see 339
seek 483
seem 340
seize 341
seldom 304
selection 70
send 342
sensation 343
sense 343
sensible 344
sensitive 344
separate 124
sequence 345
series 345
serious 346
serpent 486
several 483
severe 347
shake 348
shame 349
shape 166
share 350
sharp 212
shelter 292
shift 238
shine 351
short 352
show 484
shut 75
sick 353

sight 354
sign 355
signal 355
significance 468
significant 199
silent 299
sin 484
sincere 356
single 357
situation 369
size 484
sketch 444
skill 358
skin 485
sleep 485
slide 359
slim 360
slow 485, 486
small 361
smart 362
smash 99
smell 363
smile 464
smog 449
snake 486
sob 104
soft 364
sole 357
solid 370
sometime 486
sometimes 486
somewhere 486

506

soon 445
sorcery 467
sorrow 365
sound 453
sour 487
source 253
speak 366
specially 142
specific 112, 260
specimen 482
speech 367, 462
spend 368
spirit 451
sponsor 487
stand 47
standard 243, 487
start 50
starve 457
state 369
stature 453
steady 370
steal 328
stern 347
still 60
stop 371
storm 488
story 372, 472
strange 373
stray 414
street 434
stride 413
string 490

strong 374
student 294
study 465
stupid 163
subject 488
substance 375
succeed 376
sudden 488
suffering 377
suggest 189
suit 489
suitcase 490
suite 489
sum 401
supply 378
support 379
suppose 380
sure 381
surprise 27
surrender 382
surround 383
suspect 125
sway 384
swine 476
swing 384
symbol 489
sympathy 385
take 56
take place 181
tale 372
talent 386
talk 95, 366

tall 387
tap 215
task 208
tasty 443
teach 388
technique 358
tell 335
temporary 389
tempt 390
tender 364
tense 472
test 391
testimony 447
thankful 489
theme 488
thick 392
thin 360
think 293
thread 490
threaten 394
through 430
throw 395
tidy 239
tie 396
till 437
tired 397
tolerance 398
tomb 452
tool 399
top 400
topic 488
total 401

INDEX

tour 403
town 490
trade 402
translate 460
trash 492
travel 403
tremble 348
trip 210
triumph 411
trivial 233
troop 433
true 307
trunk 490
trust 51
try 37
twilight 491
unable 491
unbelievable 458
uncertain 404
under 435
undergo 448
understand 405
union 434, 492
unity 492
universal 171
unusual 406
urge 492
use 407
useless 409
usual 408
utilize 407
vacant 133

vain 409
valuable 410
value 424
vanish 120
various 117
victory 411
view 252, 354
village 490
violation 101
visible 492
visit 492
visual 492
vocation 455
volume 484
wake 412
walk 413
wander 414, 494
want 421
warn 415
wash 416
waste 492
watch 339
way 327, 417
weak 418
wealthy 326
wear 492
weather 439
wedding 467
wet 419
whole 24
wide 57
wind 420

wish 421
wit 456
withdraw 481
woman 492
wonder 494
wonderful 422
worker 494
workman 494
worry 423
worth 424
writer 494
yard 450
yarn 490
yell 425
yield 382
young 426
youthful 426
zone 427

헷갈리는 영단어
알쏭달쏭